KB143361

중국 사상의 기원

무에서 예로, 예를 인으로

중국 사상의 기원

무에서 예로, 예를 인으로

리쩌허우 지음
이유진 옮김

由巫到禮 釋禮歸仁

글항아리

일러두기

- 책명은 『 』, 편명·논문은 「 」로 표시했다.
- 한자는 처음 나올 때 한 차례만 병기하는 것을 원칙으로 하되, 필요한 경우에
  는 중복 병기했다.
- 인명은 몰년을 기준으로 신해혁명(1911) 이전의 인물은 우리 한자음으로 표기
  하고 그 이후 시대의 인물은 현대 중국어 발음을 따랐다.
- 원서의 강조는 고딕체로 표기했다.

이 책은 전에 썼던 4편의 글과 새로 쓴 3편의 글로 구성되어 있다. 무巫에서 예禮로 들어가고 다시 인仁으로 귀결한 것은 중화中華 문화의 관건이다. 비록 학계에서는 잠잠하지만 매우 긴요한 문제다. 이상의 글들은 서로가 호응하며 하나로 연결되기에 이미 발표했던 글 역시 함께 수록한다. 되풀이된 부분에 대해서는 독자의 양해를 구한다.

리쩌허우

2014년 8월

여든넷에 베이징京華의 임시 거처寓所에서

차례

1장

무사 전통을 말하다[1]

1_ 「무사 전통을 말하다說巫史傳統」, 1999. 『기묘오설己卯五說』에 실렸던 글이다.

신명神明의 도움만 알고 수數에 통달하지 못하면 무巫이고, 수를 알
되 덕德에 통달하지 못하면 사史다. (…) 나는 사·무와 같은 길을
가지만 귀착점이 다르다.[2]

　　　　　　　　　　　　　－공자孔子, 『마왕두이 백서馬王堆帛書』 「요要」

　20여 년 전(1978) 나는 사상사를 쓰는 데 두 종류의 방식(역사적
방식과 철학적 방식, 즉 "내가 육경을 주석하는 것我注六經"과 "육경이 나
를 주석하는 것六經注我")이 있을 수 있다고 주장했다가 비판을 야기
한 적이 있다. 부끄럽게도 나는 지금도 여전히 "육경이 나를 주석하
는" 방식의 글쓰기를 할 수밖에 없다. 즉 개념을 만들고[3] 시각을 제
공해서 현상을 성찰할 따름이다. 그래서 대부분이 가설 형식의 단
이다. 사료의 배열이나 논리적 논증은 상당히 정밀하지 않다.

2_　"贊而不達於數, 則其爲之巫, 數而不達於德, 則其爲之史. (…) 吾與史巫同途而殊歸者也."
3_　질 들뢰즈·펠릭스 가타리Gilles Deleuze & Felix Guattari, 『철학이란 무엇인가What is
　　 Philosophy』, Columbia UP, 1994.

하지만 관건을 드러냄으로써 일깨움을 얻을 수 있게 한다면, 이런 방식의 글쓰기로 거둘 수 있는 이상적인 효과일 것이다.

나는 이전에 '실용이성實用理性' '낙감樂感문화' '정감본체情感本體' '유가와 도가의 상호보충儒道互補' '유가와 법가의 호용儒法互用' '하나의 세계' 등을 제기하여 중국의 문화와 사상을 설명하고자 했는데, 지금은 '무사巫史 전통'이라는 용어로 그것들을 통섭하고자 한다. 내가 중국 문화의 특징을 묘사하는 개념으로 이 용어를 사용하는 이유는 중국 문화의 근원이 바로 여기에 있기 때문이다. 나는 세 권의 중국사상사론4을 통해 공자부터 마오쩌둥毛澤東까지 다루었다. 이 글에서는 주로 공자 이전을 논의하고자 한다. 공자는 전통의 전환적 창조자다.5 공자 이전에는 아주 오래된 무사 전통이 있었다.

내 생각에는, 중국 문명에는 특히 중요한 두 가지 징후徵候가 있다. 하나는 혈연종법 가족으로 연결된 씨족체제Tribe System이고, 또 하나는 이성화된 무사 전통Shamanism rationalized이다. 양자는 긴밀히 하나로 연결되어 있으며 오랫동안 갖가지 형태를 통해 오늘날까지 이어지고 있다. 이 글에서는 사상사에 한정시켜서, 이성화된 무사 전통만 다루기로 하겠다.

4_ 『중국근대사상사론』(1979), 『중국고대사상사론』(1985), 『중국현대사상사론』(1987)을 가리킨다.—옮긴이

5_ 리쩌허우는 '전환적 창조'라는 용어를 즐겨 사용하는데, 린위성林毓生이 제기한 '창조적 전환'을 뒤집어 '전환적 창조'라는 개념을 제시한 것이다. 리쩌허우는 이미 정해진 모델(미국 모델) 속으로 전환하는 '창조적 전환'에 의문을 제기하며 새로운 모델을 창조할 것을 주장했다. 그가 말한 전환적 창조는 혁명적 창조가 아니라 천천히 바뀌가는 창조로, 혁명이 아닌 개량을 요구하는 맥락과 한데 연결되어 있다.—옮긴이

무·군 합일

신석기시대 고고 발굴에 의하면, 중국 문화의 중대한 원시 현상 가운데 논쟁의 여지없이 확실한 것은 조상 숭배다.[6] 조상 숭배는 정말로 오래되었고 자료가 매우 많다. 다른 여러 문화에도 조상 숭배가 존재하는데, 중국의 경우 그 특징은 다음과 같다.

1. 원고시대부터 은殷·주周에 이르기까지 조상 숭배와 상제上帝 숭배의 합일성 혹은 일치성.

중국 상고시대의 지상신至上神과 조상신의 관계에 대해 역사학자들은 각기 의견이 다르다. 양자의 '합일' 혹은 '일치'에는 다양한 형태가 있을 수 있지만, 양자가 긴밀히 연관되어 있다는 점은 거의 모든 학자가 인정한다. 예를 들면 왕궈웨이王國維는 제곡帝嚳이 은나라(상나라)의 조상이라고 보았는데, "상나라 사람은 자신들이 제곡에서 비롯되었다고 여겼기에 제곡을 제사지냈다"[7]는 것이다. 궈모뤄郭沫若는 "복사卜辭에 나오는 제帝는 바로 고조高祖 기夔"이며 "지상신 '제'이자 그들의 선조"라고 했다.[8] 천멍자陳夢家는 "조상 숭배가

6_ "화하華夏 인본주의를 구성하는 데 가장 중요한 제도적 요소는 씨족 조직이고, 가장 중요한 신앙 요소는 조상 숭배다. 제도와 신앙은 본래 같은 사항의 두 측면이다." "상商나라 왕은 비록 천신天神·대신大神·호천昊天·상제上帝 및 해·달·바람·구름·비·눈·토지·산천 등 자연신을 제사지냈지만, 종교 신앙 전반에 있어서 조상 숭배가 확실히 압도적으로 우세했다."(허빙디何炳棣, 「화하 인본주의 문화: 연원·특징 및 의의華夏人本主義文化: 淵源·特徵及意義」, 『21세기二十一世紀』 총33기, 93쪽·96쪽·97쪽, 1996.)
7_ 왕궈웨이王國維, 『고사신증古史新證』 「은의 선공선왕殷之先公先王」(『왕궈웨이문집王國維文集』 제4권, 6쪽, 베이징: 중국문사文史출판사, 1997).
8_ 궈모뤄郭沫若, 『청동시대靑銅時代』 「선진 천도관의 발전先秦天道觀的發展」(『모뤄문집沫若文集』

천신 숭배에 점차 가까워져 혼합되었으며, 은나라 이후의 중국 종교에서 상당한 입지를 구축했다. 즉 조상 숭배가 천신 숭배를 압도했다"[9]고 했다. 쉬푸관徐復觀은 "은나라 사람의 종교성은 주로 조상신의 지배를 받았다. 그들과 천제天帝의 관계는 모두 조상을 중개인으로 삼은 것이었다. 주나라 사람의 정황도 이와 같다"[10]고 했다. 장광즈張光直는 '상商'이라는 글자의 함의가 바로 조상 숭배이며, "상나라 사람의 세계관에서 신의 세계와 조상의 세계 사이의 차이는 미미한 정도였다"고 보았다.[11]

조상은 살아서는 인간이고 죽어서는 신이 되었다. 살았을 때 바로 반신半神이었다. 살아서나 죽어서나 조상(주로 씨족 우두머리의 조상)은 '가국家國'─본 씨족·부락·부족(추방酋邦)·국가─의 생존과 연속을 지켜준다. 여기서 인간과 신, 인간의 세계와 신의 세계, 인간의 공적과 신의 업적은 언제나 직접 연결되어 있고 연관되어 있으며 혼연일체다.

『예기禮記』에서는 "문왕文王이 제사지낼 때 산 사람을 섬기듯 죽은 이를 섬겼다"[12]고 했으며, 공자는 "사람을 섬기지도 못하는데 어찌 귀신을 섬길 수 있겠는가"[13]라고 했다. 이것은 모두 '조상을 섬기는' 것에 바탕하고 있다. 삶과 죽음, 인간과 신의 경계는 뚜렷이 나

　　권16, 15쪽·19쪽, 베이징: 런민人民문학출판사, 1962).

9_　천명자陳夢家, 『은허복사종술殷墟卜辭綜述』, 562쪽, 베이징: 중화서국中華書局, 1988

10_　쉬푸관徐復觀, 『중국인성론사中國人性論史』, 17쪽, 타이베이臺北: 타이완상무인서관臺灣商務印書館, 1969.

11_　장광즈張光直, 『중국청동시대中國靑銅時代』, 346쪽, 타이베이: 롄징출판사업공사聯經出版事業公司, 1994.

12_　"文王之祭也, 事死者如事生"(「제의祭義」)

13_　"未能事人, 焉能事鬼"

뉘지 않으며, 하나로 연결되어 상호 작용하는 것이었다. 현대의 민간풍속에서 사람이 죽은 뒤에 가족과 자손이 갖가지 '명기明器'(그릇을 비롯해 종이로 제작한 집에 이르기까지 여러 부장품)를 함께 묻는 것은 바로 2000년 전에 "산 사람을 섬기듯 죽은 이를 섬겼던 것", 즉 조상 숭배가 구체적으로 연속된 것이다.

2. 더욱 중요한 것은 이러한 '연결' '연관' '일체'가 원고시대에는 매우 구체적이고 실재적으로 실현되는 루트가 있었다는 사실이다. 그것은 바로 '무巫, Shaman'14다.

'무'는 상고시대에 매우 오래되고 복잡한 변천 과정을 거쳤다. 그중 중요한 관건은, 원시시대에 "누구나 무사가 되었던家爲巫史"데서 "하늘과 땅의 자유로운 소통이 끊긴絶地天通" 상황으로 바뀐 뒤로는 '무'가 '군君'(정치 우두머리)의 특권적인 직능으로 바뀌었다는 점이다. 복사를 보면 "제우무帝于巫" "제동무帝東巫" "제북무帝北巫"와 같이, '무'가 '제帝'와 늘 관련되어 있음을 알 수 있다. 또한 예제禮制에 있어서 "침전寢과 종묘廟가 서로 연결되어 있다"는 것은, 인간세상의 일과 귀신을 받드는 일이 동일하게 연결된 장소에서 처리되었다는 의미다.15

이후에 무巫·축祝·복卜·사史의 전문적인 관직으로 분화되었다

14_ 무巫는 샤먼Shaman으로, 장광즈의 주장을 따른다. 천라이陳來, 『고대 종교와 윤리古代宗敎與倫理』(베이징: 싼롄三聯서점, 1996), 45쪽 참고.

15_ "종묘와 침전은 앞뒤로 연이어 있다. 종묘는 조상의 신령이 거주하는 곳이고 침전은 군왕이 늘 머무는 곳이다. 종묘는 (…) 제사 체계의 중추인 동시에 참배·알현·장례·사냥·헌부獻俘, 그리고 관료에게 상을 내리거나 제후와 회합하는 등의 중요한 전례를 거행하는 장소다."(허빙디, 「화하 인본주의 문화: 연원·특징 및 의의」, 『21세기』 총33기, 98쪽.)

하더라도 최대의 '무'는 여전히 '왕' '군君' '천자天子'였다. 천명자는 "왕은 정치 우두머리지만 여전히 여러 무의 우두머리였다"[16]고 했다. 장광즈는 "무는 하늘과 인간을 소통하게 하며, 왕은 무의 우두머리"[17]라고 했다. 각종 전문적 직능을 지닌 무·축·복·사가 있긴 했지만 최종적으로 가장 중요한 것은, 정치 우두머리인 '왕'이 최대의 '무'가 되어 신의 세계와 인간의 세계를 소통시킴으로써 최종적으로 결단을 내리고 행동을 지도하는 것이다. 이는 정치 우두머리가 하늘과 인간을 소통하는 최고의 신권을 근본적으로 장악하고 있었음을 의미한다.

왕王·옥玉·무巫·무舞 사이의 동일성이라는 중요한 사실史實을, 고고학 발견과 문헌 기록에서 모두 강조하여 서술하고 있다. 쑤빙치蘇秉琦에 따르면 "5000년 전의 홍산紅山문화, 다원커우大汶口문화, 량주良渚문화 단계에서 옥기는 최초의 왕권 상징물이 되었으며 (…) 왕권이 신권을 농단했고, 옥기는 하늘과 소통하는 신기神器가 되었다."[18]『설문해자說文解字』에서는 "옥으로 신을 섬기는 것이 무巫"[19]라고 했다. 갑골문甲骨文에서는 "묻습니다. 왕이 춤을 추면 길할까요?"[20] "묻습니다. 왕이 춤추지 말까요?"[21]라고 했다.

이러한 '무·군 합일'(즉 정치와 종교의 합일)은 조상-천신 숭배의

16_ 천멍자, 「상대의 신화와 무술商代的神話與巫術」, 『옌징학보燕京學報』 제20기, 535쪽, 1936.
17_ C. K. Chang(장광즈), 『미술·신화·제사Art, Myth and Ritual』, 45쪽, Harvard UP, 1983.
18_ 쑤빙치蘇秉琦, 『화인, 용의 후손, 중국인華人·龍的傳人·中國人』, 249쪽, 선양瀋陽: 랴오닝遼寧대학출판사, 1994.
19_ "以玉事神爲之巫"
20_ "貞, 王其舞, 若?"
21_ "貞, 王勿舞"

합일(즉 신과 인간의 합일)과 실제로 동일한 것이다. 오랜 과정 속에서 왕권이 신권을 나날이 압도·대체했지만[22], 양자(무·군)의 일치와 결합은 시종일관 해체되지 않았다.[23] 즉 원고시대의 대무사大巫師로부터 요堯·순舜·우禹·탕湯·문文·무武·주공周公에 이르기까지, 이윤伊尹·무함巫咸·백익伯益 등이 포함된 이들 유명한 원고시대와 상고시대 정치의 큰 인물은 모두 정치 통치권(왕권)과 정신 통치권(신권)을 한 몸에 지닌 대무大巫였다. 이에 대한 문헌 기록은 다음과 같다.

■ 전욱顓頊

귀신에 의거해 예의를 제정했다.[24](『대대례기大戴禮記』「오제덕五帝德」)

제帝 전욱의 주요한 업무는 중重과 여黎에게 명하여 '하늘과 땅의 소통을 끊은 것絶地天通'이다. (…) 오직 그(중)와 제 전욱만이 하늘의 일을 관장하게 되었다.[25] 전욱이라는 이름은 분명, 사람이 나

22_ "중국 고대사회의 역사적 추세는 왕권이 신권보다 날로 높아져 신권을 능가하는 것이었다. (…) 늦어도 하夏 혹은 그보다 이른 룽산龍山시대에 그랬다."(장중페이張忠培, 『밍바오월간明報月刊』, 1996.10.)

23_ "군君은 윤尹과 구ㅁ로 구성된 것인데, 입으로 명령을 내린다君從尹從ㅁ, ㅁ以爲號."(『설문설文』) "복사에서 군君과 윤尹 두 글자는 항상 호용互用되었다."(리쉐친李學勤) 윤尹은 성스러운 직무로, 신에 관한 일을 맡았다.

24_ "依鬼神以制義."

25_ 쉬쉬성徐旭生, 『중국 고사의 전설시대中國古史的傳說時代』, 76쪽, 베이징: 문물文物출판사, 1985.

뭇가지와 옥을 잡고서 춤을 추는 데서 그 의미를 취한 것이다.[26]

■ 우禹·하후계夏后啓

무의 걸음걸이巫步는 우를 많이 흉내 낸다.[27] (『법언法言』 「중려重黎」)

우보禹步라는 것은 하夏나라 우가 만든 법술로, 신령을 소환해서 부릴 때의 걸음걸이다.[28] (『동신팔제원변경洞神八帝元變經』 「우보치령禹步致靈」)

대락지야大樂之野, 하후계가 여기서 구대九代를 추고 두 마리의 용을 탔다.[29] (『산해경山海經』 「해외서경海外西經」)

옛날에 하후계가 시초점을 치고 용을 타고서 하늘에 올라갔다. 고요皐 陶한테서 점을 쳤는데, 고요가 점쳐 말했다. "길하고 반드시 함께할 것 이니, 신과 교통할 것이다."[30] (『태평어람太平御覽』 권82에서 인용한 『사기史 記』)

26_ 저우처쭝周策縱, 『고대 무의와 '육시'古巫醫與'六詩'考』, 131쪽, 타이베이: 롄징출판사업 공사, 1986.

27_ "巫步多禹."

28_ "禹步者, 蓋是夏禹所爲術, 召役神靈之行步." 무엇을 '우보禹步'라 하는지에 대해 여러 의 견이 있다. 대체로 모종의 무술巫術과 관련된 춤이다. 완원阮元은 '하夏'라는 글자가 바 로 '무무'라고 여겼다. "하夏는 무무다. 曰는 춤추는 사람의 손 모양을 본뜬 것이고 夊은 춤추는 사람의 발 모양을 본뜬 것이다夏也. 曰象舞者手容, 夊者舞者足容."(대동戴侗, 『육서고六書故』.)

29_ "大樂之野, 夏后啓於此舞九代, 乘兩龍."

30_ "昔夏后啓筮, 乘龍以登於天. 枚占於皐陶. 皐陶曰: '吉而必同, 與神交通.'"

장광즈는 '구대'가 무무巫舞라고 보았으며, "하후계는 확실히 무"31라고 했다.

■ 탕의 유명한 '탕도湯禱(탕왕의 기도)'

옛날 탕이 하나라를 멸하고 천하를 다스렸는데, 큰 가뭄이 들어 5년이나 수확을 하지 못했다. 이에 탕은 자신의 몸을 바쳐 상림桑林에서 기도했다. (…) 머리카락을 자르고 손을 갈아서 자신을 희생으로 삼았다. (…) 비가 크게 내렸으니, 탕이 귀신의 조화와 인간사의 전환에 통달한 것이다.32(『여씨춘추呂氏春秋』「계추기季秋紀·순민順民」, 『묵자墨子』 등)

■ 문왕에서 주공까지33

문왕이 위에 계시니, 아 하늘에서 빛나시는구나.34(『시경詩經』「대아大雅·문왕」)

문왕께서 점을 쳐서 하늘의 명을 평안히 받으셨다.35(『상서尙書』「대고大誥」)

31_ 장광즈, 『중국청동시대 2집二集』, 64쪽, 싼롄서점, 1990.
32_ "昔者湯克夏而正天下, 天大旱, 五年不收. 湯乃以身禱於桑林. (…) 剪其髮, 磨其手, 以身爲犧牲. (…) 雨乃大至, 則湯達於鬼神之化人事之傳也."
33_ 문왕文王이 바로 대무大巫다. 쉬푸관의 『중국인성론사』, 27쪽에서 이용한 일본인의 저작을 보라.
34_ "文王在上, 於昭于天."
35_ "寧王惟卜用, 克綏受玆命."

문왕께서 우리에게 매우 보배로운 거북을 남겨주셨으니, 하늘의 밝음
을 이어받아 천명天命에 나아간다.36(『상서』「대고」)

이윤과 무함 등도 왕과 같았으며, 후대 은나라 왕의 제례를 향
유한 대무 겸 정치 우두머리였다.

옛날에 성탕成湯이 명을 받으셨을 때는 당시에 이윤 같은 이가 있어 황
천皇天에 이르렀다. 태갑太甲 당시에는 보형保衡 같은 이가 있었고, 태무
太戊 당시에는 이척伊陟과 신호臣扈 같은 이가 있어서 상제上帝에게 이르
렀다.37(『상서』「군석君奭」)38

이들은 모두 후대의 유가가 찬양해 마지않던 '성군聖君·현상賢相'
이다. 본래 상고시대에 씨족·부락·추방酋邦을 이끌던 가부장적 정
치 우두머리는 뛰어난 용기와 굳건한 성격을 갖추어야 할 뿐만 아
니라 미래를 예견하고 행동을 지도할 초인적인 지혜가 요구되었다.
『상서』「대우모大禹謨」에서는 "백익伯益이 우를 도왔다益贊於禹"고 했

36_ "寧王遺我大寶龜, 紹天明, 卽命."
37_ "昔成湯旣受命, 時則有若伊尹, 格於皇天. 在太甲, 時則有若保衡. 在太戊, 時則有若伊陟·
臣扈, 格於上帝."
38_ "복사에 보이는 함무咸戊·진무盡戊를 「군석君奭」에서는 모두 무함巫咸·무현巫賢으로 칭
했다. 「군석」에서의 이척伊陟과 신호臣扈가 복사에서는 척무陟戊·학무學戊로 칭해졌다.
따라서 복사에서 무戊를 호號로 삼은 명신名臣이 당시에는 무격巫覡의 부류였다. 그렇다
면 나는 상대商代 중엽의 정치를 신권정치라고 대담히 말하겠다."(딩산丁山, 『상주 사료 고
증商周史料考證』, 64쪽, 중화서국, 1988.)

는데, 소疏에서 "찬贊은 명明이고 좌佐다"[39]라고 했다. 주注에서는 "찬은 보좌해서 성취를 돕는 것이며 은미한 것이 드러나도록 하는 것이므로 명明이라고 풀이한다"[40]고 했다. "은미한 것을 보고서 드러날 것을 안다見微知著"는 말은 후대에 선견지명을 뜻하는 관용어가 되었다. 이것이 바로 '보좌하여 돕고' '밝혀서 돕는' '무'의 기능 즉 '찬'의 기능이다. 장광즈는 이렇게 말했다.

> 귀신은 앞서 아는 것이 있고 (…) 살아 있는 사람은 귀신의 이러한 지혜를 얻고자 힘쓴다. (…) 이러한 지혜를 장악한 사람이 정치권력을 갖는다. 따라서 상대에는 무와 정치가 밀접하게 결합되어 있었다.[41]

'무'를 언급하면 사람들은 이미 전문화된 '무·축·복·사' 및 후대 소전통小傳統에서의 무녀巫婆와 박수神漢 등을 떠올리게 마련이다. 확실히 '무'는 점차 지위가 하락하여 최후에는 민간 구나驅儺문화로 몰락했다. 역사적으로 '무'가 이렇게 된 까닭은, 왕권이 나날이 신권을 능가하면서 하늘과 인간을 소통시키는 '무'가 갈수록 '왕'에게 종속되었기 때문이다. 왕권과 왕이 이렇게 될 수 있었던 것은, 신과 인간을 소통하는 '무'의 특질이 나날이 직접적으로 이성화됨으로써 상고시대 군왕과 천자의 체제화·도덕화된 행위와 품격이 되었기 때문이다. 이것이 바로 중국 상고시대 사상사의 최대 비밀이다. '무'의 기본 특질은 '무·군 합일' '정교政教합일'의 루트를

39_ "贊, 明也, 佐也."
40_ "贊者, 佐而助成, 而令微者得著, 故訓爲明也."
41_ 장광즈, 『중국청동시대 2집』, 65쪽.

통해서 직접적으로 이성화되어 중국 사상의 대전통大傳統의 근본적 특징이 되었다. 중국 대전통에서 '무'의 특징은 이성화된 형식을 통해 견고하게 보존되고 이어져 내려와 중국 사상과 문화를 이해하는 열쇠가 되었다. 이에 비하면 소전통에서의 '무'는 그다지 중요하지 않다.

'무'의 특질

그렇다면 '무巫의 특질'은 무엇일까?

갑골문에서 무巫는 ✚의 형태로 많이 나타난다. 무舞에 해당하는 ✷ 역시 흔히 볼 수 있다. 이 글자들은 비를 기원하는 것 혹은 비를 기원하며 춤추는 것과 관련이 있다. 복사뿐 아니라『주례周禮』『시경詩經』『예기』 같은 문헌에도 '무舞'자가 많이 보인다.[42] 그 당시 '춤'은 종류가 굉장히 많고 상당히 중요했다. 양사오仰韶 마자야오馬家窯 채도분彩陶盆에 그려진, 여럿이 손잡고 춤추는 자태는 이

42_ 복사: "큰비가 내리고 무는 나가지 않았다大雨, 巫不出"(『은허문자 외편殷墟文字外編』 410), "춤을 추면 비가 올까요?其舞其雨?"(을편乙編 5112), "외치면서 춤을 추면 비가 올까요? 외치면서 춤을 추면 비가 오지 않을까요?乎舞有雨? 乎舞亡雨?"(전全 638). 문헌: "무巫는 축祝이다. 여자로서 신을 섬기는 데 능하며 춤을 통해서 강신하는 자다巫, 祝也. 女, 能事無形, 以舞降神者也"(『설문』), "나라에 큰 가뭄이 들면 무를 거느리고 춤추며 기우제를 지낸다若國大旱, 則帥巫而舞雩"(『주례周禮』). 민간 전통: 먀오족苗族의 제사는 춤과 관계가 있다. "무술巫術은 인간과 조상 사이의 소통 수단이 되고 제사 활동에서 복을 구하고 재앙을 피하는 중요한 양식이 되었다"(장쯔천張紫晨,『중국 무술中國巫術』, 91쪽, 상하이: 싼롄서점, 1990). 이족彝族 장례의식의 모든 단계는 죄다 무술과 관련되어 있다(장쯔천, 같은 책). "예가 사라지면 시골에서 구하라禮失而求諸野"고 했는데, 오늘날 산지 지역 소수민족의 무술로서의 춤은 상고시대 중원中原문화가 전해진 자취일 것이다.

러한 무무巫舞의 형상이다.[43]

무가 춤추는 가장 중요한 목적은 비를 기원하는 것이다. 복사에
는 비를 기원하는 내용이 많은데, 무가 춤추며 비를 기원하는 것은
농경민족에게 가장 중요한 큰일로, 전체 씨족과 부락의 생존 및 삶
과 밀접한 관계가 있기에 막중한 지위를 차지했다.

무의 춤과 무술 활동은 비를 기원하는 것뿐만 아니라 다른 갖가
지 제사 활동(당시에는 제사가 매우 많았는데 복사의 기록에 따르면 사
홀, 닷새마다 제사를 지냈다) 및 병을 치료하고 약을 구하는 일과도
관계가 있었다.[44] 그것은 일련의 매우 복잡한 의례儀禮의 형식 규범
으로 발전했는데, 나는 이것을 '무술 의례'라고 칭한다.[45] 무술 의례
의 주관적 목적은 하늘과 인간을 소통시키고 조상과 화합하고 씨
족에게 복을 내리는 것이다. 그것의 객관적 효과는 씨족을 응집시

43_ 리쩌허우, 『미의 역정美的歷程』 참고. 장광즈는 양사오 채도에서의 사람 머리 모양의 호
壺와 물고기를 머금고 있는 사람의 도안에도 무술의 의미가 있다고 보았다. 장광즈, 『중
국 고고학 논문집·양사오문화의 무격 자료中國考古學論文集·仰韶文化的巫覡資料』, 타이베
이: 렌징출판사업공사, 1995.

44_ 『산해경山海經』에는 '무巫'에 관한 수많은 기록이 있는데, 그 특징은 '산에 거하는 것居山'
과 치병治病이다. '산에 거하는 것'이란, 하늘과 땅을 오르내리며 신과 인간을 소통시키
는 것이다. 치병이란 '불사의 즐거움을 다루는 것操不死之藥'으로 모두 무술巫術이다. "영
산이 있는데, 무함·무즉·무반·무팽·무고·무진·무례·무저·무사·무라 등 열 명의 무
당이 여기서 오르내리며 온갖 약이 이곳에 있다.有靈山, 巫咸·巫卽·巫盼·巫彭·巫姑·巫眞·
巫禮·巫抵·巫謝·巫羅十巫, 從此升降, 百藥爰在."(「대황서경大荒西經」) ─ 원주. 리쩌허우가 "불사
의 즐거움을 다루는 것操不死之藥"이라고 한 구절은 다음의 『산해경』 「해내서경海內西經」
에 따르면, "불사약을 쥐고 있다操不死之藥"의 오기인 듯하다. "개명의 동쪽에 무팽·무
저·무양·무리·무범·무상이 있는데, 알유의 주검을 둘러싸고 모두 불사약을 가지고
죽음의 기운을 막고 있다. 알유는 뱀의 몸에 사람의 얼굴로, 이부의 신하에게 죽임을
당했다.開明東有巫彭·巫抵·巫陽·巫履·巫凡·巫相, 夾窫窳之尸, 皆操不死之藥以距之. 窫窳者, 蛇身人
面, 貳負臣所殺也." ─ 옮긴이

45_ 리쩌허우, 「공자 재평가孔子再評價」, 『중국사회과학中國社會科學』 제2기, 1980.

키고 질서를 유지하며 집단을 공고히 하고 생존을 유지하는 것이다.

자세히 설명하자면, '무의 특질' 중에서 다음 네 가지가 가장 중요하다.

1. '무술 의례'는 주로 직접적으로 집단의 인간사를 위해 행해지는 것으로서, 매우 구체적인 현실적 목적과 물질적 이익을 지닌다. 단지 개체의 정신적 수요나 영혼의 위안 따위를 위해 행해지는 건 절대 아니다. 비를 내리게 하고 액막이를 하고 복을 기원하는 것 등이 모두 그러하다. 무사巫師는 병을 치료하는 것을 비롯해 주로 신명神明을 통해 육체를 치료한다.

2. '무술 의례'는 매우 복잡한 일련의 행위·용모·자태·언어로 이루어지며, 여기에는 번거롭고 자질구레한 동작과 고난도의 기교가 포함되어 있다. 그것은 신명과 소통하는 성스러운 의식holy ritual이기 때문에 조금의 실수도 있어서는 안 된다. 따라서 무사巫師 본인, 의례에 참가하는 사람, 전체 씨족 집단의 성원 모두에게 매우 엄격한 요구와 규범이 수반된다. 반드시 따라야 하며 어기면 안 된다. 그렇지 않으면 집단 전체에 대재난이 닥치게 된다. 무술 의례의 이러한 측면은 이후 각종 방술方術·기예·의약 등의 전문적 학술로 발전했다.

3. 가장 중시할 만한 점은, 이러한 '무술 의례' 활동을 통하여 귀신과 천지에 작용하고 영향을 미치고 강박하며[46] 심지어는 제어하고 주재함으로써 인간(씨족 집단)의 '길吉'과 '복福'이 생겨난다고 상

46_ 후세에 민간에서 '용왕'을 햇볕에 쪼여 비를 구한 것 역시 이것의 흔적이다.

상되었다는 것이다. 예를 들면 무의 춤은 하늘로 하여금 비를 내리고 재앙을 없애고 복을 베풀도록 하는 것이다. 여기에서 인간의 능동성이 매우 두드러진다. 피동적인 부탁·기원이 아니라 능동적인 정신(행위 동작에서부터 심리 의식에 이르기까지)으로 충만한 활동이 관건이 되었다.[47]

　무술 의례에서 내외內外·주객主客·인신人神은 혼연일체가 되어 구별할 수가 없다. 특히 중요한 점은, 그것이 심신일체이며 영혼과 육신으로 양분되지 않고 활동 과정을 중시하며 객관 대상을 중시하지 않는다는 것이다. '신명'이란 몸과 마음이 병행하는, 말로 설명할 수도 한정할 수도 없는 광적인 무술 활동 자체에서 발현하는 것이지 어떤 곳에 고립·정지된 채 독립적으로 존재하는 게 아니기 때문이다. 신은 인간의 무술 활동을 벗어난 대상적 존재가 아니다. 이와 반대로 인간의 무술 활동이야말로 '신명'이 발현하는 전제가 되었다. '신'의 존재와 인간의 활동을 구분할 수 없으며, '신'은 독립적이고 자족적인 초월적·초험적 성질이 없다.

　4. '무술 의례'에서는 정감적 요소가 매우 중요하다. 무술 활동은 무사巫師 혹은 모든 참가자가 무아지경에 빠진 광적 상태로, 이것은 비이성적이고 무의식적인 강렬한 정감이 발현한 것이다. 그런데 그 구체적인 움직임에 있어서는, 앞에서 말한 것처럼 엄격한 형식 규범이 요구되며 복잡하고 세밀한 의례와 결합된다. 무아지경의 광적 정서가 이지理智에 의해 강력히 제어됨으로써 상상·이해·인지 등의 여러 요소를 포함한 정감 상태로 발전하게 되는 것이다.

47_　이것이 바로 무술이 종교와 다른 점이다. 프레이저Frazer의 『황금가지』, 막스 베버Max Weber의 『종교사회학』 등 참고.

이러한 정감은 동물과 구별되며, 인간만이 지닌 다양한 심리 기능의 복합물이 최초로 드러난 것이다. 따라서 동물의 심리와 다른 '인성'을 빚어내는 데 무술 의례가 결정적 작용을 했다. 두렵고 잔인한 비이성적인 갖가지 광란의 자학 형태(몸을 불사르고 살을 베고 불에 지지는 것 등)일지라도, 이지적 인식과 상상의 요소가 여전히 내재되어 있다. 하지만 동물에게는 무아지경의 광적 정감이 없다. 무술은 상상 속에서 대상을 지배하고 제어하며, 상상과 감정 속에서 대상과 하나가 된다. 이것은 후대의 과학기술에는 없는 것이다.

지금까지 나는 '무'의 특징이 동태적이고 격정적이고 인간 중심이며, 인간과 신이 분리되지 않는 '하나의 세계'에 속한다는 것을 지적하고자 했다. 이와 비교하자면, 종교는 보다 정태적이고 이성적이고 주체와 객체가 명확히 나뉘며 신과 인간이 분리되는 '두 개의 세계'에 속한다. 무술과 달리 종교의 숭배 대상(신)은 대부분 주체의 밖과 위에 존재한다. 따라서 종교에서 '신과 인간의 합일'의 신비감은 대부분 깊은 생각 속에서의 깨달음이나 순간적인 하늘의 계시 같은 인간의 정관靜觀 상태에서 존재한다. 서양은 무巫의 미혹에서 벗어나 과학(무술의 기예에서 발전해 나온 인지)과 종교(무술의 정감에서 전환된 정감)의 두 길로 나아갔다. 한편 중국은 '무'에서 '사史'로 나아갔고, '예禮'(인문)와 '인仁'(인성)의 이성화 단계로 직접적으로 이행했다.

따라서 다음에서 살펴볼 문제는 '무'가 어떻게 이성화되었느냐 하는 것이다.

'무'에서 '사'로

'무'에서 '사史'로 나아간 것이 관건이다. 이것은 물론 오래되고 복잡한 과정이었다. 지금으로서는 구체적으로 알기가 매우 어렵다. 다음은 추측 가능한 현상에 근거해 가정적으로 논의한 것일 따름이다.

중국 상고시대의 문헌과 고고자료에서 점복에 관한 기록이 가장 빛난다. 복卜과 서筮는 무巫와 직접적으로 관련되어 있으며, 무로부터 발전해 나온 정태적 형식이다. "무함巫咸이 시초점筮을 만들었다."[48](『세본世本』) "('무巫'라는 글자는) 펼쳐진 점대 형태를 본뜬 것으로, 서筮의 본래 글자다. (…) 점대가 무의 도구인 것은 걸음쇠와 곱자가 장인의 도구인 것과 같다."[49] 고고자료에 따르면 룽산龍山문화와 얼리터우二里頭문화에는 불에 달궈 점치는 데 사용한 (소·양·사슴의) 뼈가 있었다.[50] 룽산 시기에 이미 뼈점骨卜이 있었던 것이다. 거북점龜卜은 뼈점에서 변화되어 나온 것이다. 그리고 시초점筮은 거북점에서 변화되어 나온 것이다. 라오쭝이饒宗頤는 거북점과 시초점에 모두 수數가 존재한다고 여겼는데, "거북점은 생수生數에 속하고

48_ "巫咸作筮"

49_ 『금문고림金文詁林』, 1975(장광즈, 『중국청동시대 2집』, 42쪽에서 인용) 『주례周禮』에는 또 다음과 같이 나와 있다. "구서九筮의 이름은 첫째 무경, 둘째 무함, 셋째 무식, 넷째 무목, 다섯째 무역, 여섯째 무비, 일곱째 무사, 여덟째 무삼, 아홉째 무환이다九筮之名, 一曰巫更, 二曰巫咸, 三曰巫式, 四曰巫目, 五曰巫易, 六曰巫比, 七曰巫祠, 八曰巫參, 九曰巫環." 이로써 무巫와 서筮가 서로 통한다는 것을 알 수 있다.

50_ 쑤빙치 주편, 『중국통사中國通史』 제2권, 340쪽, 상하이런민출판사, 1994.

시초점은 성수成數에 속한다"[51]고 했다. 여기서 중요한 것은, 거북점과 시초점이 이미 집단(또는 개체로서의 무사巫師)의 동태적 활동에서 개체의 정태적인 숫자 연산으로 변화되긴 했지만 앞에서 말한 '무의 특질'을 보존하고 있었다는 점이다.

1. 거북점과 시초점은 인간사, 주로 왕의 정치 활동에 이바지했다. 세속성과 실용성이 매우 강렬하고 뚜렷했으며, 심령의 위안을 위한 게 아니었다. 그것은 무군巫君의 정치적 다스림과 밀접한 관계가 있었다.

거북점과 시초점을 치는 것은, 선대의 성왕聖王이 백성으로 하여금 때와 날을 믿게 하고 귀신을 공경하고 법령을 두려워하게 하려는 것이다. (…) 그러므로 "의심이 나서 점을 치게 되었다면 더 이상 주저하지 말고, 날을 정해서 실행하게 되었다면 반드시 그날에 실천해야 한다"고 했다.[52]("예기』「곡례曲禮 상」)

2. 거북점과 시초점에는 복잡하고 어려운 일련의 기교와 규범이 있는데, 특히 숫자 연산의 복잡한 시스템이 존재한다.

3. 거북점과 시초점은 모두 미래를 예견하기 위한 것이다. 그것

51_ 『라오쭝이 사학 논저선饒宗頤史學論著選』, 52쪽, 상하이고적古籍출판사, 1993. 주목할 만한 것은 귀鬼("유혼은 변화한다遊魂爲變")와 신神("정기는 물物이 된다精氣爲物") 역시 숫자 계산(9·6, 7·8)에 포함되었다는 점이다.

52_ "卜筮者, 先聖王之所以使民信時日, 敬鬼神, 畏法令也. (…) 故曰: 疑而筮之, 則弗非也. 日而行事, 則必踐之."

은 단순한 기도가 아니라, 조상(신)에게 묻고 답을 요구(반드시 대답이 있다)함으로써 의혹을 해결하고 자신의 행동을 결정해 좋은 일을 추구하고 나쁜 일을 피하는 것이다. "시초의 덕은 둥글고 신묘하니 (…) 길흉을 백성과 더불어 근심하여, 신묘함으로써 미래를 알고 지혜로써 지나간 일을 갈무리한다."[53](『주역周易』「계사繫辭」) 거북점과 시초점의 능동성과 선견지명이 매우 두드러지며, 그것 자체가 바로 신의 현현 즉 '신의 계시'다. '신'은 이러한 활동 가운데 있으며 결코 활동의 대상적 존재로서 중요한 게 아니다.

4. 거북점과 시초점은 이지성理智性과 인지성이 분명한 활동이지만 정감의 요소 역시 충만하다. "정성을 다하면 영험해진다誠則靈"를 기본 준칙으로 삼는 것은, 거북점과 시초점을 치는 사람, 점을 치는 활동 그리고 점이 이바지하는 대상(왕)에게 반드시 두려움畏·공경敬·충실忠·정성誠 등 주관적 정감의 상태로 진입하여 이를 드러낼 것을 요구하며 여기에 관건이 있다. 여기서 정감과 상상은 이지와 한데 섞여 있는데, 그것은 논리적 인식이 아니라 심미적 민감함이다.

이상은 모두 앞에서 말한 무술 활동과 같거나 서로 통한다.

그런데 시초점의 큰 특징은 숫자 연산에 있다. 뼈점에 이미 조합을 이룬 숫자가 존재하는데, 수의 출현은 무의 광적인 신체 조작활동을 수가 대체하게 되었음을 의미한다. 즉 훨씬 객관적이고 냉정하며 인지적 요소가 강한 숫자 연산으로써 길흉을 밝히고 미래를 예측하며 화복을 판단하고 행동을 결정하게 되었음을 의미하는

53_ "蓍之德圓而神, (…) 吉凶與民同患, 神以知來, 藏以知往."

것이다. 초기에는 숫자가 늘 도상과 연결되어 있었다. 이는 "상象과 수數가 서로 의지하는象數相倚"(왕부지王夫之) 도상-숫자 시스템이다. 그것의 성숙한 형태가 이른바 '하도河圖' '낙서洛書', 팔괘八卦와 주역이다. 하도와 낙서란 무엇인가? 그것이 거북점·시초점과 어떤 관계인지 학자들마다 의견이 다른데 여기서 논의하지는 않겠다. 한편 '시초점' '수' '점복'이 팔괘·주역54과 직접적으로 관계가 있다는 것은 예나 지금이나 인정하는 바다. 견해가 각기 다르고 의견이 일치하지 않지만 자료는 정말 많다. 그중에서 몇 가지만 인용하기로 한다.

◎ 역易이란 사물의 운명을 점치는 것이다.55(『마왕두이 백서』)

◎ 천天은 1이고 지地는 2다, 천은 3이고 지는 4다, 천은 5이고 지는 6이다, 천은 7이고 지는 8이다, 천은 9이고 지는 10이다. 천수가 다섯이고 지수도 다섯이다. (…) 무릇 천수와 지수를 합하면 55이니, 이것이 변화를 이루어 귀신을 행하는 바다.56(『주역』「계사」)

◎ 복희伏羲가 팔괘를 그린 것은 수數에서 비롯되었다.57(『한서漢書』「율력표律曆表」)

54_ "역易은 점복의 이름이다" "사람들은 간역簡易, 불역不易, 변역變易으로 그것을 해석했으나 모두 잘못된 것이다."(상빙허尙秉和, 『주역상씨학周易尙氏學』, 1쪽, 중화서국, 1980.) "역에 태항太恒이 있고 (…) 팔괘八卦가 길흉을 낳았다는 것은 북신北辰·천지天地·사상四象·팔절기八節氣가 팔괘로 전환되어 길흉을 정하는, 완전한 점서占筮 행위의 순서를 말하는 것이다."(천야권陳亞軍, 『도가문화연구道家文化研究』 제3집, 92쪽, 상하이고적출판사, 1993.)
55_ "夫易, 古(占)物定命."
56_ "天一地二天三地四天五地六天七地八天九地十. 天數五, 地數五. (…) 凡天地之數五十有五, 此所以成變化而行鬼神者也."
57_ "自伏羲畫八卦, 由數起."

◎ 시초점은 수다.[58](『좌전左傳』 희공僖公 15년)

◎ "수가 어디서 나왔소?" 상고商高가 대답했다. "수의 법칙은 원圓과 방方에서 나왔습니다. 원은 방에서 나왔고 방은 곱자矩에서 나왔습니다." (…) "방은 땅에 속하고 원은 하늘에 속합니다. (…) 땅을 아는 자는 지혜롭고 하늘을 아는 자는 성스럽습니다. 지혜는 구勾[59]에서 나오고 구는 곱자에서 나왔습니다.[60](『주비산경周髀算經』)

✚(무巫)자 역시 장인이 지닌 걸음쇠規와 곱자矩(수학·기하학의 도구)로, 상·주 시대에 무는 수학자였다. 이를 통해 볼 때, 전설에서 '성인'이 '하도'와 '낙서'를 만들고 팔괘와 주역을 만들었다고 하는 것은 바로 무사와 무술 자체의 변화·발전을 나타내는 것이라고 추측할 수 있다. 이것이 바로 '무술 의례'가 '수'(시초점·거북점·역易)를 통해서 이성화로 나아간 구체적인 역사 경로다.

『주역』에서 "하늘과 땅이 각자의 위치를 정하고, 산과 못이 기운을 통하고, 우레와 바람이 서로 부딪쳐 교류하고, 물과 불이 상호 조화를 이룬다"[61]고 한 것은 외재적 대상을 객관적으로 묘사한

58_ "筮, 數也."
59_ 구勾는 직각삼각형에서 직각을 낀 두 변 가운데 짧은 변(밑변)을 가리킨다. 이는 피타고라스의 정리에 해당하는 '구고현勾股弦의 정리'와 관계된 용어다. 직각삼각형에서 직각을 낀 두 변 가운데 긴 변(높이)이 고股이고 빗변이 현弦이다. 『주비산경周髀算經』에서는 구:고:현의 비율을 3:4:5로 보았다. 지름이 1인 원의 둘레(원주圓周) 3을 구勾에 대응시키고 한 변이 1인 정사각형의 둘레(방주方周)를 고股에 대응시켰는데, 이는 수학의 기본 도형을 원과 사각형으로 본 데서 나온 것이다.—옮긴이
60_ "請問數安從出?' 商高曰: '數之法出於圓·方. 圓出於方, 方出於矩.' (…) '方屬地, 圓屬天 (…) 知地者智, 知天者聖. 智出於勾, 勾出於矩.'"
61_ "天地定位, 山澤通氣, 雷風相薄, 水火相濟"

듯하지만 사실은 무술 활동에서 각종 자연사물을 상상적으로 추동했던 것(오늘날의 소전통에도 이런 식으로 자연대상을 추동하는 무술이 잔존한다)에서 비롯되었을 것이다. 『주역』에서 말하는 "좌선左旋으로 과거를 알고 우선右旋으로 미래를 아는 것" 역시 무술에서의 신체 동작인 '왼쪽으로 도는 것'과 '오른쪽으로 도는 것'에서 유래했을 것이다. 팔괘가 본래 무술의 춤과 밀접한 관련이 있음을 이미 어떤 학자가 논증했다.[62]

요컨대 본래 무술 의례에서 매개 혹은 도구였던 자연대상과 각종 활동은 모두 이 이성화 과정에서 기호적 체계 및 체계적 조작으로 변화되었다. 그것은 나날이 대상화·객관화·서사화되었지만 두려움·공경·충실·정성 등 강렬한 정감과 신앙이 여전히 그 안에 포함되어 있었다. 주의를 기울일 만한 점은, 이러한 무술 활동이 숫자 연산의 기호 활동으로 변화하는 중에서도 독립적이고 지고지상의 인격신 관념이 여전히 나타나지 않았다는 것이다. 이와 반대로 명백히 드러난 점은, 신비한 연산 속에서의 인간의 주도권과 능동성이다.

'무巫'와 마찬가지긴 하지만 거북점과 시초점은 군왕의 활동, 특히 정치활동과의 연계가 더욱 두드러졌기 때문에 중대한 정치·군사 사건의 경험을 기록·보존하고 널리 퍼뜨렸다. 즉 불가사의하고 설명하기 어려운 '신의 뜻神意'과 '하늘의 계시天示'가 인간(씨족·부락·추방)의 역사 사실事實 및 경험과 결부될수록, '신의 뜻'과 '하늘의 계시'는 경험적인 이성적 범례와 해설을 점점 더 획득하게 되었

62_ 저우빙周氷, 『무·무·팔괘巫·舞·八卦』, 베이징: 신화新華출판사, 1991.

다. 『주역』의 효사爻辭와 괘사卦辭에는 많은 역사적 사실이 보존되어 있다.[63] 역사적 경험으로서 그것들은 이미 '신의 계시' '하늘의 뜻'과 섞여서 하나가 되었다. 이것 역시 '무에서 사로' 나아가는 이성화 과정의 구체적 표현이다. 무술의 세계가 기호(상징)의 세계, 숫자의 세계, 역사적 사건의 세계로 변했다. 거북점과 시초점, 수, 역易 및 예제禮制 체계(자세한 내용은 다음을 보라)의 출현이 바로 무에서 사로 나아가는 데 핵심적 일환이었음을 알 수 있다.

천명자는 은대의 대량의 복사가 "왕실의 문서"[64]라고 했다. 리징츠李鏡池는 "(『주역』의) 괘사와 효사는 복사卜史가 점을 친 기록"[65]이라고 했다. 그 이전 사람들도 언급한 바 있다. "주나라의 세습 관직 가운데 가장 중요한 것은 사史였다. 사가 없다면 언어가 없고 사가 없다면 문자가 없다. (…) 『역易』이란 복서卜筮의 역사다."[66](공자진龔自珍) "천도·귀신·재앙·상서로움·복서·꿈을 대쪽에 기록하는 것은 무엇인가? 이것은 사의 직분이다."[67](왕중汪中)

『예기』「예운禮運」에서는 "왕의 앞에는 무가 있고 뒤에는 사가 있다"[68]고 했다. 여기서 말한 것은 공간이다. 나는 이것을 시간으로 해석하고 싶다. 즉 '무'를 계승하여 점복과 제사 활동을 통해 왕에게 이바지한 직명을 총칭하여 '사'라고 간주한다. 장자莊子가 다음

63_ 구제강顧頡剛, 『주역 괘효사 중의 고사周易卦爻辭中的故事』 참고.

64_ 천명자, 『은허복사종술』, 636쪽, 중화서국, 1988.

65_ 리징츠李鏡池, 『주역탐원周易探源』, 21쪽, 중화서국, 1978.

66_ "周之世官大者史, 史之外, 無有語言焉, 史之外, 無有文字焉. (…) 易也者, 卜筮之史也."(공자진龔自珍, 「고사구침론 2古史鉤沈論二」.)

67_ "天道·鬼神·災祥·卜筮·夢之備書於策者, 何也? 此史之職也."(왕중汪中, 『술학述學·좌씨춘추석의左氏春秋釋疑』.)

68_ "王前巫而後史"

과 같이 말한 것이 바로 이를 일컫는다.

옛사람은 본성을 완비했다. 신명에 호응하고 천지의 법칙을 따르고 만
물을 기르고 천하를 조화롭게 하고 은택이 온 백성에게 미치도록 했
다. 근본 원리에 밝았고 말단의 법도 역시 틀어쥐었으며, 상하·사방으
로 통달했고 사시가 원활했으며, 작든 크든 정밀하든 거칠든 그 운행
은 없는 곳이 없었다. 뚜렷하여 제도로 나타난 것은 옛 법이나 세상에
전해지는 사史에 아직도 많이 보존되어 있다."69(『장자』「천하天下」)

요컨대 '사'는 '무'이며 '무'의 계승이다. "축사祝史와 무사巫史는 모
두 무이고, 사 역시 무다."70 한편 '사'는 결국 '무'가 이성화된 새로
운 단계로, 그 특징은 복서卜筮, 즉 '수'를 장악했다는 것이다.

그 가운데 매우 중요한 점은, '사'와 '무'가 천문·역법을 장악했
다는 것이다. 이것은 바로 '천상天象을 인식하고' '천도를 안다'는 것
이다. 고고 발굴에 의하면, 양사오문화 초기의 고분에 놀랄 만한
천문지식이 이미 존재했다. 그것은 본래 '무술 의례'와 결합된 것으
로, '무'의 중요한 내용이다. "수술數術은 모두 명당明堂·희화羲和·사
복史卜의 직분"71(『한서』「예문지藝文志」)으로, 희화의 관직은 무사巫史
에서 비롯되었다. 『예기』「월령月令」에는 성좌星座를 조상과 함께 제
사지내는 내용이 나온다. 별자리의 변화로 인간사의 길흉을 점쳤

69_ "古之人其備乎. 配神明, 醇天地, 育萬物, 和天下, 澤及百姓. 明於本數, 係於末度, 六通四
辟, 小大精粗, 其運無乎不在. 其明而在數度者, 舊法世傳之史, 尙多有之."
70_ 천명자, 「상대의 신화와 무술」, 『옌징학보』 제20기, 535쪽, 1936.
71_ "數術者, 皆明堂羲和史卜之職也."

던 것은 조상 숭배(제사)와 직접적으로 관련된 무술 활동의 흔적이
다.[72]

'무'와 '사'가 '천도를 아는 것'과 관련이 있음을 기록한 문헌이
매우 많다. "나는 고사瞽史가 아닌데 어찌 천도를 알겠는가?"[73](『국
어國語』「주어周語 하」) "옛날에 천수天數를 전한 자로, 고신高辛 이전
에는 중重과 여黎가 있었고 (…) 은상殷商 시기에는 무함巫咸이 있었
으며, 주 왕실에는 사일史佚[74]과 장홍萇弘이 있었다."[75](『사기』「천관서
天官書」) 『상서尙書』「순전舜典」에는 일월성신과 세시歲時가 기록되어
있고, 『국어』「주어」에는 무왕武王이 주紂를 칠 때의 천문역상天文曆
象이 많이 기록되어 있다. 이상은 모두 천상天象과 인간사, '천도와
인도人道가 직접 관련되어 있음을 보여주는 것이다.

"하늘은 위에 있고 땅은 아래에 있다. 너는 능히 천지를 본받아
백성의 부모가 되어라"[76](『여씨춘추呂氏春秋』「서의序意」)고 말한 것은,
천지·정치·인간사·귀신이 복서의 숫자를 통해 상호 연결·제약되
며 최종적으로는 왕이 장악한다는 말이다. '하늘을 아는 것'은 인
간을 다스리기 위한 것으로, 하늘과 인간이 서로 통하여 일체가 되
는 것은 여전히 '무의 특질'의 연장이다.

"요가 하늘을 본받고 우가 땅을 구획한 것堯則天, 禹敷土"은 중국
상고사의 양대 사건이다. '우가 땅을 구획한 것'은 홍수를 다스린

72_ 천문과 인간사의 관련성은 『사기史記』의 「역서曆書」와 「천관서天官書」를 참고.

73_ "吾非瞽史, 焉知天道."

74_ 사일史佚은 주 무왕武王 때의 태사太史 윤일尹佚을 가리킨다.―옮긴이

75_ "昔之傳天數者, 高辛之前重黎, (…) 殷商巫咸, 周室史佚萇弘."

76_ "爰有大圜在上, 大矩在下, 汝能法之, 爲民父母."

것이다. '요가 하늘을 본받은 것'은 치수 이전 시대에 천상天象을 측
정하고 따르고 다루었음을 나타낸다. '요'가 유가의 첫 번째 성군이
된 것은 바로 그가 대무사大巫師로서 '하늘을 본받았기' 때문이다.
'하늘을 본받는' 것에는 물론 숫자 연산이 존재하므로 역법과 관련
이 있다.[77]

   이상은 모두 본래의 무술 활동이 숫자 연산을 거쳐 질서화·도
식화된 이성적 루트를 말해준다. 천상과 역수曆數는 상고시대의 현
학顯學이었다. 『주례』「천관天官」에서는 "사는 관청의 문서를 관장하
여 통치를 돕는다"[78]고 했다. '사'가 통치를 도울 수 있는 것 역시
'사'가 '하늘의 뜻天意'을 알고 인간사와 연결시킨 데 있다.

   앞에서 말한 역사 경험과 천상역수天象曆數라는 양대 요소 외에
도 '무술 의례'의 이성화에서 소홀히 할 수 없는 요소가 또 있는데
바로 군사 활동이다. "나라의 큰일은 제사와 전쟁"이었다. (조상에
대한) 제사 의례와 군사 행위는 상고시대 군왕이 이끌고 처리했던
것으로, 전체 씨족·부락·추방의 생사존망과 관련되어 있는 가장
중요한 두 가지 활동이었다. 신석기시대 초기 홍산문화에서 이미
"신권과 군권이 한 사람에게 집중되었던 사실을 한결같이 보여준
다."[79]

   중국 상고시대가 보여주는 전쟁의 빈번함과 그 규모의 거대함은

77_ 페이정칭費正清과 라이샤오얼賴肖爾이 주편한 『중국: 전통과 변혁中國: 傳統與變革』(20쪽,
      난징南京: 장쑤江蘇런민출판사, 1992)에서는, '총사제總祭司'는 역법의 제정자로서 종교와
      세속의 이중 권력을 겸한다고 보았다.
78_ "史, 掌官書以贊治"
79_ 쑤빙치, 『화인, 용의 후손, 중국인』, 111쪽.

세계사에서 드물 것이다.

(전쟁 무기를 만들기 위해) 숲의 나무를 깎은 이래로 어느 날인들 전쟁이
없었던 적이 있는가? 대호大昊의 전쟁은 70번을 싸운 뒤에야 끝났고,
황제黃帝의 전쟁은 52번을 싸운 뒤에야 끝났고, (…) 목야牧野의 전투에
서는 피가 넘쳐흘러 절굿공이를 띄웠다.[80](나필羅泌, 『노사路史』)

중국에서 병서兵書가 일찍 성숙했다는 것이 바로 증거다. 그것은
무수한 전쟁 경험의 결정체이기 때문이다. 원고시대와 상고시대 전
쟁의 지도자는 신권·왕권·군권軍權이 한 몸에 집중된 '대무大巫'였
다. 하지만 객관적으로, 전쟁의 승부는 전략·전술을 이성적으로
기획하고 만들어낼 수 있느냐의 여부에 의해 상당 부분 판가름 난
다. 일찍이 나는 다음과 같이 강조했다.

오로지 전쟁에서, 오로지 전쟁을 꾀하고 전략을 만들고 전세를 판단
하고 전쟁의 유리한 시기를 선택하고 전술을 채택하는 데서, 비로소
고도로 냉철하고 냉정한 이지적 태도를 충분히 발휘할 수 있었으며 그
것(이지적 태도)의 거대한 가치를 가장 선명하게 표현해낼 수 있었다. 정
감(기쁨과 분노)의 관여, 미신적 관념, 비이성적 주재主宰는 순간의 전멸
을 가져올 수 있고 만회할 수 없는 심각한 결과를 낳을 수 있기 때문
이다. 반드시 먼저 혜아린 뒤에 전쟁을 해야 한다. 만약 감정에 따라

80_ "自剝林木而來, 何日而無戰? 大昊之難, 七十戰而後濟, 黃帝之難, 五十二戰而後濟, (…) 牧
野之戰, 血流漂杵."

일을 처리하고 신령의 지휘를 따른다면, 망국과 멸족을 초래할 수 있기에 이는 매우 위험한 일이다. 그래서『손자병법孫子兵法』의 시작 부분에서 말하길, "전쟁은 나라의 큰일로, 생사가 달린 지점이자 존망이 갈리는 길이므로 자세히 살피지 않을 수 없다"[81]고 했다.[82]

손자는 또 이렇게 말했다.

총명한 군주와 현명한 장수가 출병하면 승리를 거두고 성공이 남다른 것은, 먼저 (적의 정세를) 알기 때문이다. 먼저 아는 것은 귀신을 통해서가 아니고, (…) 반드시 사람을 통해서다.[83]

군사 행동을 이끌고 책임지는 '무'와 '군'으로서, 그가 행하는 '무술 의례'는 이러한 측면에서의 경험과 교훈의 제약과 영향을 받게 마련이다. 이로써 원래 무술 활동에 존재하던 비이성적 성분은 나날이 감소되는 반면, 현실적·인간적·역사적 성분은 나날이 증가·증강되었다. 또한 각종 신비적 정감·감지感知·인식은 나날이 이성화된 설명을 획득하는 방향으로 나아갔다. 전쟁 경험은 이런 방면에서 중요한 역할을 했는데, 이것은 매우 중요한 점이다.

중국 사상사의 진행 과정은, '무→사'로 나아가면서 나날이 이성화되었고 마침내 거북점이나 시초점을 치지 않더라도 길흉을 말할 수 있는 데까지 도달했다. 이것은 순자荀子가 "역易에 능한 사람

81_ "兵者, 國之大事, 死生之地, 存亡之道, 不可不察也."
82_ 리쩌허우,『중국고대사상사론中國古代思想史論』, 79쪽, 베이징: 런민출판사, 1985.
83_ "明君賢將所以動而勝人, 成功出於衆者, 先知也. 先知者, 不可取於鬼神, (…) 必取於人."

은 점을 치지 않는다"[84]고 말한 단계와 같다. '역'은 본래 점복인데, '역'을 행하면서 점을 치지 않은 것은 주공 특히 공자의 시대 및 그 이후일 것이다.

'덕'과 '예'

주나라 초에 이르면, 중국 상고시대 '무→사'의 이행에 질적인 전환점이 나타난다. 바로 주공 단旦이 '예악禮樂'을 만든 것'이다. 그 것은 '무사 전통'의 이성화 과정을 최종적으로 완성함으로써 중국 문화 대전통의 근본을 다졌다.

'덕'과 '예'는 이러한 이성화가 완성된 형태의 표지다.

문헌에서 주나라 초는 '덕을 공경하고敬德' '덕을 밝히는明德' 것 으로 유명하다. 주나라 금문金文에는 '덕德' 자가 많이 보인다. '덕' 을 어떻게 해석해야 하는지에 대해서는 의견이 분분하다. 나는 그 것이 최초에는 헌신과 희생으로 조상에게 제사지내던 무술과 관련 이 있었을 것이라고 생각한다. 그것은 무사巫師가 지닌 신기한 자질 이었으며[85], 뒤이어 "각 씨족의 관습법규"[86]로 전환되었을 것이다. '관습법규'란 유래가 오래된 원시 무술 의례가 체계화된 규범이다.

84_ "善爲易者不占"

85_ 벤저민 슈워츠Benjamin I. Schwartz, 『중국고대사상의 세계The World of Thought in Ancient China』, Belknap Press, 1985. 데이비드 힐·로저 에임스David L. Hull and Roger T. Ames, 『중국을 기대하다Anticipating China』, SUNY Press, 1995.

86_ 리쩌허우, 『중국고대사상사론』, 86쪽.

'덕'은, 무의 신기한 마력 및 '무술 의례' 규범을 따른다는 의미에서 군왕의 행위와 품격의 의미로 차츰 전환되었으며 최종에 가서야 비로소 개체 심성도덕의 의미로 변했다.

주나라 초에 언급된 '덕'은 두 번째 단계에 위치하는데, 여기서 '덕'이 가리키는 것은 군왕의 일련의 행위다. 하지만 일반적인 행위는 아니고 주로 제사·출정 등 중대한 정치 행위다. 오랜 세월이 흐르는 동안, 덕은 조상에게 제사지내는 활동인 무술 의례와 하나로 결합되었고, 차츰 변화되어 씨족·부락·추방의 생존과 발전을 유지하는 일련의 사회 규범·질서·요구·습관이 되었다. 즉 '덕'은 무엇보다도 먼저 '제사' '전쟁' 등 씨족·부락·추방의 중대한 활동과 관련된 비성문非成文 법규였다. '덕'이 주나라 초에 전대미문의 높은 위치까지 오르게 된 것은, 왕의 정치 행위를 핵심으로 하는 씨족-부락-국가의 규범체제 즉 '예악'을 주공이 그 당시에 전면적으로 구축했던 것과 관련이 있다. '예악의 제정'이라는 '덕정德政'은 안과 밖의 두 측면, 즉 '경敬'과 '예'로 구분할 수 있다.

'경'은 외경畏敬이다. 두려움·숭배·경앙 등 여러 심리 감정이 여기에 포함된다. 주나라 초의 문고文誥[87]에는 '경'이란 글자가 많다. 그것은 상고시대의 '무술 의례'에서 기원한 것으로, 원시 무술 활동에서의 무아지경의 광적 심리상태가 해명되고 명확해지고 이성화된 것이다. 하지만 공자와 『논어論語』에 이르기까지, '경'에는 신명神明에 대한 두려움·공포·경앙의 정감적 특징이 여전히 보존되어 있었다. 신명에 대한 이런 '외경'에는 바로 무술 의례의 특징적

87_ 문고文誥란 고대 제왕이 신하에게 명령을 하달할 때의 문서다.—옮긴이

정신이 담겨 있다. '경'의 특징에 대한 쉬푸관과 머우쫑싼牟宗三의 서술을 인용하고자 한다.

쉬푸관: 주나라 초에 강조한 경의 관념은 종교적 경건과 비슷하지만 사실은 다르다. 종교적 경건은, 인간이 자신의 주체성을 제거하고 신 앞에 자신을 던져 철저하게 신에게 귀의하는 심리상태다. 주나라 초에 강조한 경은 인간의 정신이다. 흩어져 있던 정신을 집중했고, 스스로 져야 할 책임 앞에서 자신의 관능적 욕망을 제거했으며, 자신의 주체적 적극성과 이성의 작용을 부각시켰다.[88]

머우쫑싼: '경' 가운데서, 우리의 주체는 결코 상제上帝가 있는 곳으로 내던져지지 않는다. 우리가 하는 일은 자아 부정이 아니라 자아 긍정 Self-affirmation이다. 경의 과정에서는 천명天命과 천도天道가 아래로 관통할수록 우리의 주체가 더욱 긍정되는 듯하다.[89]

즉 원전原典 유학에서 말한 '경'은 종교(예를 들면 서양의 기독교)에서처럼 자신(인간)을 부정하며 신에게 몰입하는 게 아니라, 자신의 생명·존재가 신과 동일하다는 것을 느끼는 데서 획득한 긍정이다. 쉬푸관과 머우쫑싼이 말한 '중국 철학의 특징'은 사실 무술 의례의 심리 인식에서 비롯된 정감적 특징이다. 그것은 대상화된 신의 형성과 숭배를 가리키는 게 아니라 활동 자체에서 생겨나는, 인간과

88_ 쉬푸관, 『중국인성론사』, 22쪽.
89_ 머우쫑싼牟宗三, 『중국철학의 특질中國哲學的特質』, 20쪽, 타이베이: 타이완학생서국學生書局, 1984.

신이 혼연일체된 느낌과 체험을 가리킨다. 따라서 여기서는 '초월'(초험)의 객관 존재인 신 관념이 생겨나지 않고, '신과 함께 존재'하는 신비한 외경의 심리상태가 이성화하여 행위 규범과 내재적 품격이 되는 것이다. 이것은 무술적 힘magic force이 점차 변화하여 무술적 도덕magic moral이 된 것이다. 이것은 '덕'의 내향화·내재화로, 최종적으로는 무엇보다도 먼저 정치 우두머리에게 요구되는 개체의 도덕적 역량이 되었다. 이는 훗날 도덕의 본보기이기도 하다.

간단히 말하자면, 원시 무군巫君이 갖고 있던 신명과 소통하는 내재적이고 신비한 힘인 '덕'이 후대의 천자가 갖추어야 하는 내재적인 도덕·품성·자질로 변화되었다. 이러한 도덕·품성·자질은 자아 희생·자아 징벌·자아 억제(예를 들면 제사지낼 때 반드시 금욕하고 재계하는 것 등)의 특징을 지닌 동시에 마법과 같은 신비한 힘도 지닌다. 이 모든 것은 무술 의례의 흔적이다.

'덕'의 외재적 측면은 '예'로 변화했다.

"무릇 덕은, 검약하여 법도가 있고 신분의 존비에 따라 차등이 있어야 합니다. 문물文物로 그것의 기강을 세우고 성명聲明으로 그것을 발양시켜서 백관百官에게 분명하게 보인다면, 백관이 경계하고 두려워하여 감히 기율을 어기지 않습니다."90(『좌전』 환공桓公 2년)

이것이 바로 '예'다. 궈모뤄는 이렇게 말했다.

90_ "夫德, 儉而有度, 登降有數. 文物以紀之, 聲明以發之, 以臨照百官, 百官於是乎戒懼, 而不敢易紀律."

예는 덕의 객관적 측면인 절문節文에서 탈피한 것이다. 고대에 덕을 갖춘 이의 모든 정당한 행위의 방식을 모은 것이 후대의 예가 되었다. 덕의 객관적 측면인 절문은 (…) 명백하게 '경'이라는 글자를 중시했다.[91]

『설문해자』에서 "예는 이履(밟다)다. (…) 시示와 예豊로 구성되어 있다"[92] "시示는 신神이다"[93]라고 했다. '예'가 본래는 무군巫君이 충심과 경외로 신을 섬기던 무술 활동이었음을 알 수 있다. 앞에서 말한 '우보禹步' 역시 무군의 가장 큰 덕행이다. 덕·무巫·예는 본래 긴밀히 연계되어 있었다. 『예기』 「제통祭統」에서 "예에는 다섯 가지가 있는데 제사보다 중요한 것은 없다"[94]고 했다. '예'는 우선 원시 무술의 제사 활동에서 유래했지만 역사 속에서 그것은 중요한 행위·활동·언어 등과 관련된 일련의 세밀한 규범으로 뻗어 나갔다.

무릇 제사에는 열 가지 윤리十倫가 있다. 귀신을 섬기는 도리를 구현하고, 군주와 신하의 의義를 구현하고, 아버지와 자식의 인륜을 구현하고, 귀천의 등급을 구현하고, 친소親疎의 차등을 구현하고, 작위와 상爵賞의 시행을 구현하고, 남편과 아내의 구별을 구현하고, 정사政事의 균형을 구현하고, 장유長幼의 질서를 구현하고, 상하의 관계를 구현하는

91_ 귀모뤄, 『청동시대』 「선진 천도관의 발전」(『모뤄문집』 권16, 25쪽).
92_ "禮, 履也. (…) 從示從豊."
93_ "示, 神也."
94_ "禮有五經, 莫重於祭."

것이다.95(『예기』「제통」)

무술 의례로서의 '제사'는, 사회적·정치적·윤리적 모든 질서가 명확한 등급에 따라 처리되도록 했다. 제사의 주요 대상이 조상이므로 조상과의 혈연·친소 관계의 차이에 따라 서로 다른 차등과 등차와 등급의 구분이 생겨났다. 이러한 구분은 제사의 의식·자태·용모·복식 등 구체적인 형식 규범에서 엄격하게 드러났다. 이것이 소위 '예수禮數'라는 것이다. '예' 역시 일종의 '수'다.

예가 존귀한 것은 그것의 의義가 존귀하기 때문이다. 그 의를 잃은 채 그 수數만을 벌여놓는 것은 축사祝史의 일이다. 그러므로 그 수를 펼칠수는 있지만 그 의는 알기 어렵다. 그 의를 알고 그것을 공경하며 지키는 것이야말로 천자가 천하를 다스릴 수 있는 까닭이다.96(『예기』「교특생郊特牲」)

여기에 나오는 '수'는 바로 앞에서 말한 규범화된 각종 질서·과정·행위·규칙 등 갖가지 디테일이다. "그 의는 알기 어렵다"는 것은, 어떤 측면에서 순자가 말한 것처럼 "(예는) 그것이 어디서 유래했는지 아직 알지 못한다"97는 것이며, 또 다른 측면에서는 천자가 반드시 그것의

95_ "夫祭有十倫焉. 見事鬼神之道焉, 見君臣之義焉, 見父子之倫焉, 見貴賤之等焉, 見親疎之殺焉, 見爵賞之施焉, 見夫婦之別焉, 見政事之均焉, 見長幼之序焉, 見上下之際焉."

96_ "禮之所尊, 尊其義也. 失其義, 陳其數, 祝史之事也. 故其數可陳也, 其義難知也. 知其義而敬守之, 天子所以治天下也."

97_ "(禮)未有知其所由來者也."

'의의'를 장악하고 이해해야만 비로소 천하를 잘 다스릴 수 있다는 것이다. 비성문非成文 규범인 '예'는, 가嘉·흉凶·길吉·빈賓·군軍의 오례五禮 및 "경례經禮 300가지, 곡례曲禮 3000가지"[98] 등과 같이 엄격하게 요구되는 각종 행위 규칙인 의문儀文 세목이자 엄중하고 신성한 의의를 지닌 중요한 도리다. 여기서 '예'는 바로 '이理'가 되었다.

『예기』「중니연거仲尼燕居」에서 "예라는 것은 이理"[99]라고 했으며, 『예기』「악기樂記」에서 "예라는 것은 결코 바뀌지 않는 이理"[100]라고 했다. 그것은 인간의 공적·사적 생활의 각 영역을 포괄한다. 크게는 '조정'의 관직 분업, 등급 질서(『주례』) 및 '분봉分封'·'적장嫡長 계승' 등의 정치 체계[101], 작게는 개인(주로 씨족 귀족)의 일상생활과 음식 및 응대와 진퇴(예를 들면 『의례儀禮』의 규범)에 이르기까지 모든 것을 상세히 열거하여 진술함으로써 명확한 기준을 부여했다. 이것이 바로 '예수'다.

이 '예수'는 원래 무술 활동에서의 신체·자태·걸음걸이·손짓·용모·언어 등에서 나온 것이다. 그것의 초超도덕적인 신성성·의례성·금욕성은 모두 무巫에서 비롯되었다. 공자는 "주나라는 이대(하나라·은나라)를 거울삼았으니 찬란하다, 그 문화여!"[102]라고 했다. 주공은 '예

98_ "經禮三百, 曲禮三千"
99_ "禮也者, 理也."
100_ "禮也者, 理之不可易者也."
101_ 오로지 적장자만 제사의 대권을 누릴 수 있는데, 이것이 바로 원시 무군제巫君制의 흔적이다. "천자는 천지사방의 오사五祀에 제사지내고 제후는 산천에 제사지내고 대부는 오사에 제사지내고 사는 조상에게 제사지낸다." 이 모든 것은 적장자가 실행하거나 주관한다.
102_ "周監於二代, 郁郁乎文哉."(『논어』) 이 글에서 인용한 공자의 말은 모두 『논어』에 나온다. 이하에서는 따로 주석으로 밝히지 않았다.

악을 만듦'으로써, 상고시대에 조상에게 제사지내고 신명과 소통하여 인간사를 지도하던 무술 의례를 전면적으로 이성화·체제화하여 이를 사회질서의 규범과 준칙으로 삼았다. 이것이 소위 "가까운 이를 가까이하고 존중해야 할 이를 존중한다親親尊尊"는 기본 규약이다. "가까운 이를 가까이하는 것에서의 차등과 어진 이를 존중하는 것에서의 등급이 예가 생겨나는 바탕이다."[103](『중용中庸』) '덕치'란 바로 '예치'임을 알 수 있다.

'무에서 사로의 이행'에서 '수'는 서복筮卜일 뿐만 아니라 '예수'도 포괄한다. 이것은 '예수'에서 수립된 인간세상의 관계(부부·부자·군신 등)가 신성성을 지니는 근본 원인이기도 하다. '예'는 '수'이자 '이理'이며, 신성성도 지닌다. 그것은 삼라만상을 포괄하고 하늘과 인간을 소통시키며 무술과 점복을 대체했다. 그것은 '인간의 길흉화복을 추정하는' 이성적 판단이 되었다. 이는 윤리·정치·종교가 합일된 중국 특징의 견실한 기초다.[104] '예'는 무술 의례에서 천지와 인간세상의 '바뀔 수 없는' 질서와 규범('이')으로 변했고, 이로써 인문화·이성화의 과정 역시 대략적으로 완성되었다.

103_ "親親之殺, 尊賢之等, 禮所生也."
104_ "과거에는 인간의 행위를 감찰하여 인간의 화복을 결정하는 것이 천명과 신이었지만 이제는 신도 천명도 아닌 예禮다. 『좌전』에서는 예로써 인간의 길흉화복을 추정했는데, 매우 빠른 반응이라고 말할 수 있다."(쉬푸관, 『중국인성론사』, 50쪽.) 『주례』 『좌전』에서부터 동중서董仲舒의 천인도식天人圖式의 '관제상천官制象天'에 이르기까지, 하늘과 인간이 서로 교차되는 무술 의례의 유기적 세계관은 확정적이고 체계적인 정치적 처리를 통해서 우주와 천지까지 질서화했다. 예를 들면 『주역』 『예기』에서 말한 "낮은 것과 높은 것이 펼쳐져 귀한 것과 천한 것이 자리를 잡았다卑高以陳, 貴賤位矣" "예는 천지의 질서다. 질서를 지우므로 만물이 구별된다禮者, 天地之序也. (…) 序, 故群物皆別" 등이다. 이것이 바로 종교·정치·윤리가 합일된 중국의 지속적 특징이다.

주나라 초에는 '덕' '경' '예'를 강조하는 동시에 주재하는 힘으로서의 '천명天命' '천도天道' 관념이 두드러졌다. 앞에서 언급했듯이, 무술 의례에서 비롯한 신명은 과정에 존재하는 것이지 대상이 아니다. 그것은 여기(주나라 초의 관념)까지 연속되어 있다. '천'은 바로 '천도' '천명'이지, 두드러진 의지와 개성을 지닌 인격신이 아니다. 오히려 그것은 인간이 추측하고 이해할 수 있는, "사시四時가 운행하고 만물이 생장하는"[105] 것과 같은 자연질서와 한데 뒤섞였다. 따라서 '천도' '천명'의 기본 특징은, 늘 행동과 변화 속에서 존재하며 인간의 생존·생명·활동·행위와 관련이 있다는 것이다.

중국에서 '천도'와 '인도'는 동일한 '도'다. 천·천도·천명·천의天意는 모두 '인도' 가운데 존재하고 현현한다. 따라서 이러한 '도'는 초험적 대상이 되기 어렵다. 그것은 오로지 '생생불식生生不息'의 큰 변화와 흐름 속에서, 인간과 만물의 생명과 생장 속에서, 군왕의 덕정과 예제 속에서, "하늘의 운행은 강건하니 군자는 스스로 강건해지기 위해 쉼이 없어야 한다"[106]는 인생의 분투 속에서만 드러난다. 『상서』「주서周書·채중지명蔡仲之命」에서는 "황천皇天은 따로 친한 이가 없으며 오로지 덕이 있는 사람을 돕는다"[107]고 했다. 『시경』「주송周頌·유천지명維天之命」에서는 "천명이여, 아! 아름답고 다함이 없구나.不已 아! 밝구나, 문왕의 덕의 순수함이여"[108]라고 했다. 이에 대해 주희朱熹는 "천명은 곧 천도다. 불이不已는 다함이 없음無窮을

105_ "四時行焉, 百物生焉"(『논어』「양화陽貨」)—옮긴이
106_ "天行健, 君子以自强不息."(『주역』「건괘乾卦」)—옮긴이
107_ "皇天無親, 唯德是輔."
108_ "維天之命, 於穆不已, 於乎不顯, 文王之德之純."

말한 것이다. 이 역시 문왕을 제사지낸 시"[109]라고 주석했다. 천도·천명은 인간과 함께할 뿐만 아니라 인간(군왕)의 덕정·선행이 천도·천명을 인간(군왕)에게 귀속시킬 수도 있다.

　이상을 통해 다음 두 가지를 알 수 있다. 첫째, 무술 활동과 마찬가지로 인간의 주관적 능동성이 매우 중요하다. 그것(인간의 주관적 능동성)은 천명·천도의 귀속 여부에 영향을 미치고 심지어는 천명·천도의 귀속 여부를 결정할 수도 있다. 둘째, 무술의 '신명'과 마찬가지로 천도·천명으로서의 '천'은 기능적 관념이다. 그것은 실체substance, entity를 통해 이해되고 형성된, 선명한 의지와 개성을 지닌 인격신이 아니다. "주나라 사람은 (…) 귀신을 섬기고 공경하되 멀리했다"[110](『예기』「표기表記」)고 한 것과 "귀신을 공경하되 멀리한다"[111](공자)는 것은 모두 이러한 의미다. 인격을 지닌 존재로서의 귀신은 결국 미신의 대상이다. 그것은 운행하고 유동하는, 생명력 강한 천명·천도가 결코 아니다.

　"하늘이 상象을 드리워 길흉을 드러내자 성인聖人이 이를 본떴으며, 하수河水에서 하도河圖가 나오고 낙수洛水에서 낙서洛書가 나오자 성인이 이를 본받았다."[112](『주역』「계사」) 『설문해자』에서는 "성聖은 통通이다. 이耳를 따른다"[113]고 했다. "이耳를 따른다"는 것은 "천도를 듣는다"는 것이다. 그런데 입口은 명령하는 것이므로 '성'은 바

109_ "天命卽天道也. 不已, 言無窮也. 以此亦祭文王之詩."
110_ "周人 (…) 事鬼敬神而遠之."
111_ "敬鬼神而遠之."
112_ "天垂象, 見吉凶, 聖人象之. 河出圖, 洛出書, 聖人則之."
113_ "聖, 通也, 从耳."

로 '왕'이다. 『주역』에서는 "성인의 큰 보물은 위位라고 한다"[114]고
했다. '성'은 한편으로는 신명과 통하고(안) 다른 한편으로는 백성
을 다스리니(밖), 이것이 바로 '내성외왕內聖外王'의 근원이다. 이는
『주역』에서 다음과 같이 서술한 바와 같다.

무릇 대인大人은 천지와 더불어 그 덕이 부합하고, 일월과 더불어 그
밝음이 부합하고, 사시와 더불어 그 질서가 부합하고, 귀신과 더불어
그 길흉이 부합한다. 하늘보다 앞서도 하늘이 어기지 않고, 하늘에 뒤
서서 천시天時를 받는다. 하늘도 어기지 않거늘, 하물며 사람과 귀신은
어떠하겠는가![115]

이는 매우 명석하면서도 대단한 신통력을 지닌 완벽한 대무사
(무군)의 표준 형상이 아닌가! 이것이 바로 상고시대의 '성인'이
다.[116] "성인은 상象을 세워 뜻을 극진히 하고 괘卦를 베풀어 진실됨
과 허위를 극진히 한다"[117] "신명의 덕과 통하고 만물의 정황을 분
류한다"[118] "신묘함으로써 미래를 알고 지혜로써 지나간 일을 갈무

114_ "聖人之大寶曰位."
115_ "夫大人者, 與天地合其德, 與日月合其明, 與四時合其序, 與鬼神合其吉凶. 先天而天弗違,
後天而奉天時. 天且弗違, 而況於人乎, 況於鬼神乎."
116_ 후한後漢의 『백호통白虎通』에 이르러서도 여전히 '성인'은 "소리를 듣고서 정황을 파악
하며 천지와 더불어 덕이 부합하고 일월과 더불어 밝음이 부합하는聞聲知情, 與天地合
德, 與日月合明" 등 "신과 정신적으로 통하는 자與神通精者"였다. '소리를 듣는 것'은 무사巫
師의 주문呪文의 흔적이다.
117_ "聖人立象以盡意, 設卦以盡情僞."
118_ "以通神明之德, 以類萬物之情."

리한다"[119] 등은 모두 앞에서 서술한 '무-복서卜筮-사'에 대한 상당히 정확한 묘사다. '무술 의례'의 이성화 과정이라는 측면에서 말하자면, '무'에서 '사史'로 그리고 '덕'과 '예'로 나아갔다. 무사巫師 자체의 이성화 과정이라는 측면에서 발하자면, '무'에서 '성'으로 즉 '무·군 합일'에서 '내성외왕'으로 나아갔다. 즉 조상을 통해 신명을 접하던 원시적 단계에서, '군자'의 '경덕수업敬德修業'과 '자강불식自强不息'으로 변화했고, 최종적으로는 '성인'의 "천지에 참여하여 화육을 돕는 것參天地, 贊化育"이 되었다. '성'은 '무'의 이성화의 연장이자 확대이며, 후세 유학이 가장 공경하는 이상이 되었다.

요컨대 '무술 의례'는 주나라 초에 철저히 분화되었다. 한편으로는, 무·축·복·사의 전문 관직으로 발전했고 이후 점차 민간으로 흘러들어 소小전통을 형성했다. 후대에는 도교와 합류해 민간의 각종 크고 작은 종교·미신이 되었다. 보다 중요한 다른 한편으로는, 주공의 '예악 제정' 즉 이성화된 체제의 수립을 거쳐서 천인합일·정교합일의 '무'의 근본 특질을 제도적으로 보존·연속함으로써 중국 문화 대전통의 핵심이 되었다. 이는 무술 의례가 종교와 과학의 갈림길로 나아갔던 서양과 다르다. 공자는 "너는 군자로서의 유자儒者가 되어야지 소인으로서의 유자가 되지 말라"[120]고 했는데, 여태껏 이에 대한 정확한 해석은 없었다. 나는 이것이 두 측면, 즉 대전통과 소전통의 차이를 말하는 것이라고 생각한다. 공자는 당시 유자[121]에게 경고하길, 민간 백성(소인)의 무사巫師나 박수가 되지

___

119_ "神以知來, 藏以知往."
120_ "汝爲君子儒, 無爲小人儒."
121_ '유儒'가 무엇인지에 대해서는 의견이 분분하다. 시라카와 시즈카白川靜, 로버트 에노는

말고 사대부가 담당해야 할 '성인' 예제의 수호자·전승자가 되어야
한다고 했다.

'인'과 '성'

공자는 인仁으로 예를 해석하여 사회의 외재적 규범을 개체의 내재적
자각으로 변화시켰다. (…) 가장 중요하고 주목할 만한 것은 심리 정감
의 원칙이다. 그것은 공학孔學 유가가 기타 학설이나 학파와 구별되는
관건이다.[122](『중국고대사상사론中國古代思想史論』)

공학은 인성 정감의 배양을 특히 중시했고, 동물성(욕慾)과 사회(이理)
의 융합·통일을 중시했다. 나는 이것이 실제로 '정情'을 인성과 인생의
기초·실체·근원으로 삼은 것이라고 여긴다.[123](『논어금독論語今讀』)

세속 가운데 심원함이 있고 평범 가운데 위대함이 있다. 이것이 바로
공자로 대표되는 중국 문화의 정신이다. 이러한 문화정신은 '세상에 임

'유儒'가 '유需', 즉 기우 의례를 집행하는 전문 기능을 지닌 무무자巫舞者에서 나왔다고
보았다. 로버트 에노Robert Eno, 『유가에 의한 하늘의 창조The Confucian Creation of
Heaven』, SUNY Press, 1990. 나는 이 견해에 동의한다. 옌부커閻步克(『베이징대학학
보』 1995. 5)는 '예豊'(禮)는 북의 이름으로, 무악舞樂 및 기우와 관련이 있다고 보았다.
20년 전에 나는 "유儒·유가儒家라는 명칭은 비록 늦게 나왔지만 제사 활동(예)과 관련
된 무·윤사尹史·술사術土로서의 '실질'은 일찍부터 존재했다"고 보았다.(「공자 재평가」,
『중국사회과학』 제2기, 1980)

122_ 리쩌허우, 『중국고대사상사론』의 '내용 제요提要', 1쪽, 런민출판사, 1985.
123_ 리쩌허우, 『논어금독論語今讀』, 18쪽, 허페이合肥: 안후이安徽문예출판사, 1998.

하면서도 세상을 뛰어넘는' 정감을 근원·기초·실재·본체로 삼는
다.[124] (『논어금독』)

이상 1980년대 초부터 1990년대 말까지 20년 동안 내가 말했
던 '정情 본체론'의 본향과 근원 역시 무사 전통에서 나온 것이다.

이전에도 거듭 말했듯이, 공문孔門 유학은 서양에서 말하는 철
학도 아니고 종교도 아니지만 오히려 그 두 기능을 겸하고 있다.
그 관건은, 인성과 정감의 배양·수립을 주제와 핵심으로 삼는 데
있다. 따라서 그것은 이지·인식의 측면뿐 아니라 정욕·신앙의 측
면도 지닌다. 공자는 '인'으로 '예'를 해석함으로써 '예'는 언어·자
태·의용儀容 등 외재적 형식일 뿐만 아니라 반드시 내재적 심리 정
감을 기초로 삼아야 한다고 강조했다.

예라 예라 하는 것이 옥과 비단을 말하는 것이겠는가? 악樂이라 악이
라 하는 것이 종과 북을 말하는 것이겠는가?[125]

사람으로서 어질지 않으면 예가 무슨 소용이며 사람으로서 어질지 않
으면 음악이 무슨 소용인가?[126]

당시의 '예'제는 이미 의표儀表 형식으로 완전히 전락했고, 원래
지니고 있던 내재적 심리의 대응 상태인 두려움畏·공경敬·충실忠·

124_ 리쩌허우, 『논어금독』, 29쪽.
125_ "禮云禮云, 玉帛云乎哉? 樂云樂云, 鐘鼓云乎哉?"
126_ "人而不仁如禮何? 人而不仁如樂何?"

정성誠의 정감과 신앙을 상실했다. 그래서 공자가 이처럼 큰소리로 외쳤던 것이고, "서술하되 창작하지 않으며 옛것을 믿고 좋아한다"[127]고 강조하면서 원래의 무술 의례가 엄격하게 요구했던 신성한 마음속 정감 상태를 되찾을 것을 요구했던 것이다.

그러나 이러한 '되찾음'이, 원시 무술 의례의 광적인 심리로 정말 돌아가는 건 결코 아니었다. 시대가 변했기에 이것은 불가능하고 또 그럴 필요도 없었다. 따라서 공자가 '되찾기'를 요구했던 것은 상고시대 무술 의례에서의 두려움·공경·충실·정성 등의 진실한 정감 요소 및 심리 상태, 즉 상고시대의 신성한 의례에 보존되었던 신성한 마음 상태였다. 이러한 마음 상태가 공자를 거쳐 이성화되었고 그것을 '인仁'이라 했다. 공자는 '인'을 세속의 일상생활·행위·언어·태도에서 실현할 것을 요구했다.

『논어』에는 '인'이 백 번도 넘게 나오는데 그 의미가 매번 다르다. '인'은 개념으로 규정할 수 없으며, 구체적인 상황과 대상에 따라 달라진다. '인'은 멀면서도("성聖과 인仁을 내가 어찌 감당할 수 있겠는가"[128]) 가깝고("인이 멀리 있는가? 내가 인을 하고자 하면 바로 인이 이를 것이다"[129]), 쉬우면서도("하루라도 자신의 힘을 인에 쓸 수 있는 사람이 있는가? 나는 힘이 부족한 사람을 보지 못했다"[130]) 어렵고("안회顔回는 그 마음이 석 달이나 인을 어기지 않으나 다른 이들은 하루나 한

127_ "述而不作, 信而好古."
128_ "若聖與仁, 則吾豈敢."
129_ "仁遠乎哉, 我欲仁, 斯仁至矣."
130_ "有能一日用力於仁者乎. 我未見力不足者."

달에 그칠 뿐이다"131), 단순하면서도("인이란 사람을 사랑하는 것이다"132) 복잡하다("모르겠다, 어찌 인하다고 하겠는가"133). 인은 어떤 특정한 형태가 아니라 매우 유연하면서도 온갖 심리상태·재능(통달達·단호果·청렴淸 등)과는 매우 뚜렷이 구분된다.

인이란 결국 무엇인가? 지금까지 확실한 해석은 없는 듯하다. 내 생각에 '인'은 부모와 자식 간의 정(효자孝慈)을 주축으로 삼아 뻗어 나간 것으로, 신성성을 지닌 '사랑愛'이라는 인간관계의 심리를 개괄적으로 총칭한 것이다. 여기서 공자는 무술 의례에 원래 존재했던 신비의 문("삶에 대해서도 모르는데 어찌 죽음을 알겠는가"134 "사람을 섬기지도 못하는데 어찌 귀신을 섬길 수 있겠는가"135)을 닫는 한편, 무술 의례의 공경·두려움·충실·정성·장엄莊·믿음信 등의 기본 정감과 심리상태를 강조하고 인문화·이성화하고 이를 세속의 일상생활과 인간관계 속으로 가져와 일상생활과 인간관계 자체가 신성한 의미를 지니도록 했다. 이로써 '예'를 윤리 심리학적으로 새롭게 해석했다.

공자가 대답했다. "옛날에는 정치를 함에 있어서 사람을 사랑하는 것을 중요하게 여겼습니다. 사람을 사랑하려면 예가 중요합니다. 예를 행하려면 공경함敬이 중요합니다. (…) 사랑하지 않으면 친하지 않고 공경

131_ "回也其心三月不違仁, 其餘則日月至焉而已矣."
132_ "仁者愛人."
133_ "未知, 焉得仁."
134_ "未知生, 焉知死."
135_ "未能事人, 焉能事鬼."

하지 않으면 바르게 되지 않습니다. 사랑과 공경은 정치의 근본입니다."136(『예기』「애공문哀公問」)

공자는 상고시대 무술 의례의 신성한 정감과 심리상태를, 세속의 생존에서 신성한 가치와 숭고한 효용을 지닌 인간세상의 정 즉 부부·부자·형제·친구·군신 간의 인간관계와 정감으로 '전환적으로 창조'함으로써 이를 정치의 근본으로 삼았다. 그것은 세속적이면서도 신성하고 평범하면서도 숭고하다. 이로써 '인'은 사람이 사람되는 내재적 근거가 되었다. 이것이 바로 공자가 주공을 계승하여 이룬 중대한 공헌이다.

주공이 '예악을 만들어' 외재적 무술 의례의 이성화의 최종 과정을 완성했다고 한다면, 공자는 '예'를 해석하여 '인'으로 귀결시킴으로써 내재적 무술 정감의 최종 과정을 완성했다. 이들 두 사람의 위대한 역사적 위치가 바로 여기에 있다. 주공과 공자를 병칭하는 데는 실로 그럴 만한 이유가 있다. 무술 의례의 내재적·외재적 두 측면에서의 이성화로 인해 중국은 서양에서처럼 과학과 종교, 이성·인지와 정감·신앙이 각자 독립적으로 발전하는 상황이 나타나지 않았다. 무술 의례의 이성화로 생겨난 것은 정감과 이성의 융합, 신앙·정감·직관·이지가 한데 결합된 실용이성의 사유방식과 신념 형태다.

몇 년 전137에 출토된 궈뎬郭店 죽간竹簡에는 인간의 정감 심리를

136_ "孔子對曰: '古之爲政, 愛人爲大. 所以治愛人, 禮爲大. 所以治禮, 敬爲大. (…) 弗愛不親, 弗敬不正. 愛與敬, 其政之本與.'"
137_ 1993년이다. ― 옮긴이

논술하거나 묘사한 내용이 많다. 또한 "예는 정에서 생겨난다禮生於情"는 것을 거듭 강조한다.

예는 사람의 정에 근거하여 행하는 것이다.[138]

만약 진정이라면 비록 잘못이 있더라도 미워하지 않으며, 진정이 아니라면 비록 어려운 일을 하더라도 귀하게 여기지 않는다.[139]

시작되는 것은 정에 가깝고, 귀결되는 것은 의義에 가깝다.[140]

이것이 바로 원전 유학의 전통이다. 공자에서 『중용』과 맹자孟子·순자에 이르기까지 모두 이러하다.

지성至誠의 도道는 앞일을 미리 알 수 있다.[141]

정성스럽지 않으면 아무 것도 없다.[142]

오직 천하의 지성만이 그 본성을 다할 수 있고 (…) 천지의 화육化育을 도울 수 있다.[143]

138_ "禮因人之情而爲之."
139_ "苟以其情, 雖過不惡. 不以其情, 雖難不貴."
140_ "始者近情, 終者近義."
141_ "至誠之道, 可以先知."
142_ "不誠無物."
143_ "唯天下至誠爲能盡其性 (…) 可以贊天地之化育."

천지의 화육을 알고 있으니, 어찌 의지하는 바가 있겠는가. 정성스러우니 인仁 자체이고, 깊고 깊으니 못淵 자체이고, 넓고 넓으니 하늘 자체다.[144]

이상에서처럼 특히 『중용』의 많은 단락과 장구章句는 이미 완전히 추상화·이론화되었지만 문구와 내용 모두 원래 무술 의례의 정신을 분명히 나타내고 있다. 그것은 바로 마음의 힘이 외부 사물과 천지를 지배할 수 있으며, 주관적 능동성이자 신비하고 난해한 원시적 근원이라는 생각이다. 『순자』에서 '성誠'을 강조한 것, 『예기』에서 음악은 천지와 화합할 수 있고 거대한 정치적 기능을 지닌다고 과장하여 해석한 것 모두 이와 같다.[145]

중국의 상고시대는 매우 완비된 상태로 발전한 씨족사회로, 통치에 있어서 '예악'을 특히 중시했다. '예'로 몸을 다스리고, '악'으로 마음을 다스렸다. 즉 외재적인 예의·규범(예)을 강조하면서 또 내재적인 심성·정감(인仁)을 강조했다. 유정섭俞正燮은 "삼대三代 이전의 책을 통틀어 볼 때 악樂 외에는 학學이라고 이를 만한 게 없다"[146]고 했다. '예' 역시 '악'에서 나왔으며, '악'으로 마음을 다스리는 것이 '예'로 몸을 다스리는 것보다 중요했다.

유가는 '민심을 얻는 것得民心'을 줄곧 강조했다.[147] 그것은 중국

144_ "知天地之化育, 夫焉有所倚. 肫肫其仁, 淵淵其淵, 浩浩其天."
145_ 리쩌허우, 『화하미학華夏美學』 제1장 참고.
146_ "通檢三代以上書, 樂之外無所謂學."
147_ 리쩌허우, 「궈뎬 죽간을 처음 읽은 인상의 개요初讀郭店竹簡印象記要」, 『세기신몽世紀新

의 정치·윤리·종교 삼자 합일의 내재적 핵심이다. 이렇듯 심리 정감으로 귀결되는 것은, 그리스에서 시작된 이성을 핵심으로 하는 서양의 전통과 다르다. 서양의 이성은 인격신인 하느님에서 유래했다. 하느님이 죽는다면 정감은 귀의할 데가 없고 이성 역시 의지할 데가 없게 된다. 중국은 그렇지 않다. 무·사로부터 나아간 것은, 이성 정신이 충만한 도덕-윤리 본체의 수립이었다.

"군자는 덕행으로 복을 구하기 때문에 제사지내는 일이 드물고, 인의仁義로 길함을 구하기 때문에 점치는 일이 드물다"148(『마왕두이 백서』「요」)고 공자가 말했다. 이것이 공자가 말한 게 아니라 하더라도, 무사巫史를 이성화한 원전 유학(순학荀學?)의 정신임은 확실하다. 이와 같은 정신을 이어받고 원전 유학을 계승한 이후, 주목할 만한 것은 다음과 같다.

> 한나라 유학에서든 송나라 유학에서든, '천天'을 '기氣'의 자연으로 간주하든 '이理'의 정신으로 간주하든, 주재主宰와 운명이라는 기존의 의미를 완전히 제거하지는 못했지만 이러한 의미는 확실히 최대한 퇴색되었다. 한나라 유학의 음양오행陰陽五行 우주론과 송나라 유학의 심성이기心性理氣 본체론은, 안과 밖의 두 측면에서 '천'이 인격신의 종교의 방향으로 발전하는 것을 방해했다.149

따라서 정감과 이성은 모두 이 세상의 인간관계에 의거하거나

夢』, 안후이문예출판사, 1998.
148_ "君子德行焉求福, 故祭祀而寡也, 仁義焉求吉, 故卜筮而希也."
149_ 리쩌허우, 『중국고대사상사론』, 320쪽.

귀속되었다. 이것이 바로 내가 말한 '실용이성'과 '낙감樂感문화'다. 이럴 수 있었던 까닭은 바로 그것들(유학 전통)이 앞에서 말한 '무사 전통'을 계승·발전시켰기 때문이다.

도가와 중국 문화의 기본 범주

"유가와 도가는 상보적이었다." 서로 보충할 수 있었던 것은, 양자가 비록 다르게 나타났지만 근원은 같고 기본적으로 공통 요소를 지니기에, 서로 연결되고 스며들고 상호 변화하고 보완할 수 있었기 때문이다. '근원이 같다'는 것은 양자 모두 원시 '무술 의례'에서 나왔다는 것이다.

앞에서 지적한 것처럼 무술 의례는 원시인류의 삶, 생산의 기교와 예술, 역사 경험을 대량으로 포함·보존하고 있다. 그것은 무술 활동을 통해 집중적으로 끊임없이 복습·숙련되어 자각적으로 인지되었다. 즉 무술 의례에 포함된 과학적 인지의 측면 역시 끊임없이 이성화되었다. 그것들은 최종적으로 상고시대의 각종 방기方技·의약·수술數術을 이루었다. 비록 온갖 신비한 포장에 둘러싸여 있었지만, 현실생활에서의 직접적 효용으로 인해 나날이 독립되어 매우 실용적인 기예가 되었다. 그 가운데 병서로 상징되는 군사 방면에서 가장 먼저 탈주술화가 이루어졌다. 이밖에도 역법·술수術數·방기, 그 다음으로 금본今本 『노자老子』를 대표로 하는 도가가 그 뒤를 이었다.

『노자』와 도가는 매우 복잡하다. 궈뎬에서 출토된 죽간과 마왕두이 백서에 근거하면, 금본 『노자』는 끊임없이 증가·개정되면서 수백 년을 거친 모음집이다. 서로 모순되는 부분이 적지 않지만 전체적으로는 체계를 이루었고 이것이 도가가 되었다.

유가와 도가는, "하나는 인仁을 추구하고 다른 하나는 지智를 추구"한 데서 구별된다.[150] 간단히 말해서, 유가가 역점을 두고서 보존하고 이성화한 것이 무술 의례에서의 외재적인 형식 측면과 인성 정감의 측면이라면, 『노자』와 도가는 무술 의례에서 인지와 관련된 지혜의 측면을 보존하고 이성화했다.

『손자병법』이 상고시대 이래의 풍부한 군사 경험을 개괄·총결했다면, 『노자』는 상고시대 이래의 수많은 나라의 흥망의 역사를 개괄·총결했다. 전하는 말에 따르면 노자는 사관史官이었으며 성패와 존망의 도를 두루 훑어보았다는데, 마땅히 근거가 있는 말이다. 상고시대의 성패와 존망은 대부분 군사적 승부와 관련이 있기 때문에 나는 일찍이 『노자』가 병가와 관련이 있다고 여겼다.[151] 수많은 나라가 멸망하고 부귀영화가 순식간에 사라지는 역사 경험의 깨달음을 통해서만 비로소 "금과 옥이 집에 가득하면 그것을 능히 지키기 어렵고, 부귀하되 교만하면 스스로 허물을 남긴다"[152]는 '무정 변증법無情辨證法'[153]의 개괄적 관념을 가질 수 있다.

나는 『중국고대사상사론』에서 『노자』를 세 측면으로 나누었다.

150_ 리쩌허우, 『세기신몽·철학탐심록世紀新夢·哲學探尋錄』, 안후이문예출판사, 1998.
151_ 리쩌허우, 『중국고대사상사론』 「손자·노자·한비자의 사상孫老韓合說」, 런민출판사, 1985.
152_ "金玉滿堂, 莫之能守, 富貴而驕, 自遺其咎."
153_ 리쩌허우, 『세기신몽·철학탐심록』.

사회적 측면에서는, 원시 씨족사회로 복귀하려는 환상이다. 정치적 측면에서는, "잘 알면서도 애매함을 유지한다知白守黑" "부드럽고 약한 것이 굳세고 강한 것을 이긴다柔弱勝剛強" 등 전쟁 경험에서 끌어올린 전략·권술權術이다. 철학적인 측면에서는 앞에서 말한 '무정변증법' 외에도 매우 난해하고 신비한 내용을 많이 보존하고 있는데, 예를 들면 다음과 같다.

골짜기의 신은 죽지 않으니 이를 현묘한 암컷이라 한다. 현묘한 암컷의 문이 천지의 근원이 된다. 면면이 이어져오면서 겨우 존재하는 것 같지만 그 쓰임은 다함이 없다.[154]

보아도 보이지 않는 것을 이夷라 하고, 들어도 들리지 않는 것을 희希라 하고, 만져도 만져지지 않는 것을 미微라고 한다. (…) 끊임없이 이어져 이름할 수 없고, 무형의 물無物로 다시 돌아간다.[155]

어슴푸레한 가운데 형상象이 있고, 어렴풋한 가운데 실물物이 있다.[156] 그윽하고 깊숙한 가운데 정精이 있고, 이 정은 지극히 참되어 그 가운데 믿음성信이 있다.[157]

이상에서 번뜩이는 것은 바로 신비한 무술 의례의 원시 면모다.

154_ "谷神不死, 是謂玄牝. 玄牝之門, 是爲天地根. 綿綿若存, 用之不勤."
155_ "視之不見名曰夷, 聽之不聞名曰希, 搏之不得名曰微. (…) 繩繩兮不可名, 復歸於無物."
156_ "惚兮恍兮, 其中有象, 恍兮惚兮, 其中有物."
157_ "窈兮冥兮, 其中有精, 其精甚眞, 其中有信."

이를 통해서만 비로소 이상의 언어와 묘사를 잘 이해할 수 있다. 따라서 오늘날 '본체 실재'로 해석되는 것이자 『노자』에서 가장 중요한 관념인 '도와 '무無'의 진실한 근원은 바로 무술 의례에 있다. '무無'는 바로 무巫이며 무舞이다. 그것은 원시 무무巫舞에서 나타나는 신명神明이다. 무巫가 춤을 추는 가운데 신명이 강림하니, 보아도 보이지 않고 들어도 들리지 않지만 효능은 스스로 드러난다. 그것은 모호하지만 실재하며, 모든 것을 포괄하면서도 아무런 지위가 없다. 물物인 듯하지만 물이 아니고, 신神인 듯하지만 신이 아니며, 느낄 수는 있지만 형용할 수는 없다. "현묘하고 또 현묘하며 모든 오묘함의 문"[158]이며, "예로부터 지금까지 그 이름이 시리지지 않았으니 이로써 만물의 시작을 본다. 내가 무엇으로써 만물이 시작되는 상태를 알겠는가? 이것을 통해서다."[159] 바로 여기서 깨달아 개괄해낸 것이 '무無'이며, 아울러 "바퀴통 가운데에 아무것도 없기 때문에 수레의 쓸모가 있다"[160] "그 가운데가 비어 있기 때문에 방의 쓸모가 있다"[161] 등 일상생활의 철리와 지혜로 확대되었으며, 권술·전략과 연계되어 현실생활에 이바지했다.

유가·공자·『논어』·『중용』뿐 아니라 도가·노자·『도덕경道德經』역시 상고시대의 무사 전통에서 유래하거나 변모했으며, "대상이 아닌 과정을 중시"하고 "영혼과 육체의 양분兩分이 아닌 심신의 일체를 중시"하는 기본 특징을 모두 지니고 있음을 알 수 있다.

158_ "玄之又玄, 衆妙之門."
159_ "自古及今, 其名不去, 以閲衆甫. 吾何以知衆甫之狀哉? 以此."
160_ "當其無, 有車之用."
161_ "當其無, 有室之用."

무술 의례는 유가와 도가뿐 아니라 모든 중국 문화의 원천이다. 이미 언급한 역수曆數·방술·의약·기예 외에도 중국 문화의 각 영역에서 공동으로 사용하는 기본 범주 역시 그러하다. 중국 문화의 범주 가운데 가장 중요한 네 항목을 다음에서 간략히 말하기로 한다.

1. 음양陰陽

원래 의미가 무엇인지에 대해서는 여러 견해가 있다. 예를 들면 하늘과 땅, 해와 달, 남자와 여자, 낮과 밤, 앞과 뒤, 청동기의 오목한 부분과 볼록한 부분 등이다. 음양이 하늘과 땅에서 비롯되었음은 새롭게 출토된 궈뎬 죽간이 실증하는 듯하다. 하지만 나는 음양이 최초에는 무술 조작操作에서의 동動과 정靜이라는 두 가지 기본 형태에서 유래했다고 생각한다. 동과 정은 구별·대립하면서도 서로 의지하고 연결되고 상호 보완한다. 또한 끊임없이 변동하는 활동 중에 놓여 있다.[162] 신명은 바로 여기서 강림한다. 소위 "한 번은 음이 되고 한 번은 양이 되는 것을 도道라고 한다"[163] "음양을 헤아릴 수 없는 것을 신이라고 한다"[164]는 것이 바로 이런 의미다. '음양'으로써 하늘과 땅, 낮과 밤, 해와 달, 남자와 여자 등을 구분하는 것은 후에 이런 관념이 대상화·서사화, 즉 이성화된 결과다. '음양'

162_ "무巫라는 글자는 두 가지 구형기矩形器를 대표하는데, 구형矩形은 방형(땅)을 그리면서도 원형(하늘)을 그리는 공구로, 무격巫覡 자신의 내부의 천지 혹은 음양의 결합을 대표할 수도 있다."(장광즈, 『중국 고고학 논문집』, 119쪽) '무격 자신'의 천지음양은 바로 무술 활동의 동動과 정靜의 두 상태라고 생각한다.

163_ "一陰一陽之謂道."

164_ "陰陽不測之謂神."

이 인체와 밀접한 관계로 충만하며, 밝음/어둠, 선/악, 하느님/마귀 등의 대립 개념이 아닌 근본 원인 역시 그것이 종교의 대상(객체)적 관념이 아니라 무술 자체의 활동 범주라는 데 있다. 이후 수數로써 '음양'을 설명하거나 '음양'이 점복으로 진입한 것 등은 바로 앞에서 말했듯이 무술 의례가 기호 활동으로 변화된 다음의 양상이다.

2. 오행五行

'음양'과 마찬가지로 '오행'의 유래에 관한 견해도 매우 많다. 예를 들면, 오방五方·오성五星·오제五帝·오덕五德 등이다. 나는 천인 교감의 피드백 체계로서 '오행'은, 바로 무술 활동에서 보편적으로 따르는 상사율相似律이 추상화된 이성의 산물이라고 생각한다. 『주역』에서 "같은 소리는 서로 응하고 같은 기운은 서로 찾는다"[165]고 한 것이, "같은 부류끼리 서로를 부른다同類相召"는 오행 도식圖式의 사유방식을 점차 구성했다. 그것은 논리사유와는 다른 유비연상類比聯想의 체계화다.

유비연상은 모호하면서도 정확하고, 감성적이고 다원적이며 창조성을 지닌다. 그것은 직관·상상·이해를 하나로 녹여 낸 것으로, 개념이나 논리사유로 철저히 규명할 수 있는 것이 아니다. 후세에 『회남자淮南子』에서, "무릇 만물이 감응하는 것은 현묘하고 심오하여 지식으로는 설명할 수가 없다. (…) 아마 감응해서다. (…) 아마 동動해서다"[166]라고 한 것이 바로 이를 말한 것이다. '오행'은 무술에

165_ "同聲相應, 同氣相求."
166_ "夫物類之相應, 玄妙深微, 知不能論, 辯不能解. (…) 或感之也. (…) 或動之也."

서 나왔고 신성성을 지니므로, 상고시대의 군왕이 오행을 '공경하며 사용'하거나 오행을 '깔보는' 것은 성쇠·성패와 관련되어 있었다. 따라서 그것은 결코 객관적인 논리추리가 아니라 실용이성의 사유방식이다.

3. 기氣

지금까지도 이 말은 외국어로 번역하기 어렵다. 그것은 몸이자 마음이고, 사람이자 하늘이고, 물질이자 정신이다. 그것은 영혼 soul, 이성reason, 의지will, 형식form이 아니다. 또한 물질matter, 질료 material, 경험experience, 공기air도 아니다. 하지만 그것은 양자의 의미를 동시에 지닌다. 그것은 '천지의 기'이자 인간세상과 관련된 '인기仁氣' '의기義氣' 등이기도 하다.[167] 요컨대 그것은 자연·천지와 관련되고 인간관계 및 인정人情과도 연관된다. 그것은 윤리("이 기는 의 義를 축적하여 생겨난 것"[168])에 속하고, 자연(호흡·토납吐納의 기)에도 속한다. 그것의 기본적인 특징은 무소부재無所不在하는 것이자 유동하여 고정되지 않는다는 것이다.

무릇 사물의 정기精는 화하면 생명이 된다. 아래서는 오곡을 낳고 위에서는 뭇별이 된다. 하늘과 땅 사이에서 유동하면 귀신이라 하고, 마음속에 간직하면 성인이라 한다. 따라서 기라는 것은 때로는 하늘에 오른 것처럼 밝고, 때로는 깊은 못에 들어간 것처럼 어둡고, 때로는 바

167_ 마왕두이 『일서佚書』, 『예기』 「향음주의鄕飮酒義」 등을 보라.
168_ "是氣也, 集義所生."

다에 잠긴 것처럼 축축하고, 때로는 산에 서 있는 것처럼 우뚝하다.169(『관자管子』「내업內業」)

'기'란 실제로 무술 활동에서 느끼고 파악한, 신비하면서도 현실적인 생명력이 이성화하여 승화한 것이다.

4. 도度

이것은 바로 내가 늘 강조하는 '중국 변증법'이다. P or P̄가 아니라 P≠P±이며, "지나친 것은 모자란 것과 같다過猶不及" 즉 '중용'이다. 그것은 개념을 명확히 하는 언어 변론술(예를 들면 그리스)이 전혀 아니다. 그것은 말로 설명하긴 어렵지만 장악할 수 있는 실용 진리다. 무엇보다도 그것은 기예의 실천 속에서 장악하고 깨달은 '합리성'이다. "조금 늘이면 너무 길어지고 조금 줄이면 너무 짧아진다."170 그것은 논리사유나 추리인식으로 전달하고 설명할 수 있는 것이 아니라 오로지 조작과 실천을 통해서만 획득할 수 있는 것이다. 이른바 "운용의 묘는 집중된 마음一心에 달려 있다."171 이러한 까닭은 그것의 뿌리가 무술 활동에서 기원한 고난도의 동작이기 때문이다. 꼭 들어맞는 고난도의 동작을 통해서만 비로소 신명과 소통할 수 있다. 이것이 바로 '도度'의 근원이다. 이후에 '도'는 군사의 도, 정치의 도, 일을 처리하는 도, 인간이 되는 도, 그리고 "즐기

169_ "凡物之精, 化則爲生, 下生五穀, 上爲列星. 流於天地之間, 謂之鬼神. 藏於胸中, 謂之聖人. 是故民氣, 杲乎如登於天, 杳乎如入於淵, 淖乎如在於海, 卒乎如在於己."
170_ "增之一分則太長, 減之一分則太短."
171_ "運用之妙, 存乎一心."

되 음란하지 않고 슬퍼하되 상심하지 않는"[172] 정감 배양의 도가 되었다.

　말로 설명하긴 어렵지만 장악할 수 있는 '꼭 들어맞음', 즉 '지나침도 없고 모자람도 없는' 도가 오늘날에도 각 영역에 여전히 존재한다. 이것은 바로 예술이기도 하다. 생활 예술, 정치 예술, 예술의 예술 및 요리 예술 등이 그것이다. 따라서 나는 '도가 실천 행동에서의 변증법이지, 언어·사유 속에서의 변증법이 아니라고 내내 강조했다. 도 역시 무술의례에서 기원했다.

　이상은 간략한 자료를 가지고 아주 개략적으로 다뤄본 것이다. 예컨대 무巫에서 서筮·사史·예제로 나아갔다는 것은, 이상적 형태로 단순화한 논리적 진술일 뿐이다. 실제 역사에서는 세 가지가 동시에 펼쳐지면서 제각기 진행되어 훨씬 다양하고 복잡했을 것이다. 이에 대해서는 향후 역사가들의 자세한 탐구가 이루어져야 한다. 이 글의 목적은 단지 논점을 부각시키는 데 있지, 전면성을 추구한 것은 아니다. 무술 의례에서 생기 있게 도약했던 먼 옛날 선민의 영혼과 생명을 불러내, 내가 매우 중요하다고 생각하는 원천과 일환을 사람들이 주목하게 됨으로써 화하문명의 기본 특질과 전통 정신을 보다 깊이 있고 정확하게 파악하길 바란다.

172_ "樂而不淫, 哀而不傷."

2장
'무사 전통을 말하다'에 대한 보충[1]

1_ 「'무사 전통을 말하다'에 대한 보충說巫史傳統'補」, 2005. 『역사본체론歷史本體論·기묘오설己卯五說』에 실렸던 글이다.

무에서 예로

1980년에 「공자 재평가」에서 '무술 의례'를 제기했고, 1999년에 「무사巫史 전통을 말하다」에서 이를 자세히 설명했다. 여전히 미진한 바가 있기에 좀 더 보충하고자 한다.

「무사 전통을 말하다」에서는 중국 문화와 철학의 특징이 원시 무술 활동의 이성화에서 비롯되었음을 논의했다. 여기서는 이를 이어받아, 그 이성화의 핵심이 바로 '무'에서 '예'로 나아간 데 있다고 본다.

그런데 먼저 분명히 해야 할 것은, 내가 말하는 '무'가 단지 무에만 한정되지 않는다는 것이다. 그것이 가리키는 것은 인류의 구석기시대 이래 각 민족에게 존재해왔던, 원시 집단의 직접적 생산 활동이 아닌 가무·의례·제사 활동이다. 따라서 '무'는 이전 글(「무사 전통을 말하다」)이나 이 글에서도 단지 '무·축·복·사'만을 지칭하는 게 결코 아니다. 물론 그들을 포함하긴 하지만 말이다. 이런 전문화된 '무'와 그 활동은 이전 글에서도 말했듯이 상대적으로 매우 부차적인 것이다.

따라서 내가 말하는 '무술 의례'와 '무에서 예로의 이행'은 그 유래가 오래되었으며, 가무-의례-제사의 매우 오랜 역사적 변천 과정을 거쳤다. 물고기와 용의 기호로 대표되는 '삼황오제三皇五帝' 시대부터 시작해서[2] "은나라가 하나라의 예를 따르고"[3] "주나라가 은나라의 예를 따라"[4] 주공이 '예악을 만든' 데 이르러서 비로소 기본적으로 완성되었으니[5], 적어도 수천 년 이상을 거친 것이다.

「공자 재평가」에서 말하길, '예'의 기본 특징은 "원시 무술 의례의 기초 위에서 후기 씨족 통치체계가 규범화·계통화"[6]된 것이라고 했다. 각 원시 집단에게 모두 존재했던 무술 활동을 바탕으로, 음식·혼인 등에서 시작된 생활 습속을 결합·통솔·기획함으로써 일련의 사회질서 체계와 일상생활 규범의 예의禮儀 제도를 전환적으로 창조해 냈다. 나는 이것이 바로 '무→예'라는 중국 상고시대의 독특한 이성화 루트라고 생각한다. 무가 이성화된 주요 성과 내지 집중적 체현이 바로 '예'다. 이것 역시 중국의 '무사 전통'이다. 이 전통이 중국 문화의 기본 정신과 주요 특질을 다졌다.

일반적으로 원시 무술은 비일상적으로 진행된 특수한 활동이지

2_ 리쩌허우,「중화문화의 근원 기호中華文化的源頭符號」.

3_ "殷因於夏禮."

4_ "周因於殷禮."

5_ 의례 제도의 형태가 갖추어진 시기가 주 목왕穆王 이후라고 보는 학자도 있다. '예' 관념의 형성은 춘추시대 초기에 이루어졌지만, 주공이 '예악을 만들었다'는 것은 아무도 부정하지 않는다. 류위劉雨·저우헝鄒衡·옌스안顔世安 등의 논저를 보라.

6_ 리쩌허우,『중국고대사상사론』, 8쪽, 베이징: 런민출판사, 1985.

만, 중국 상고시대의 예제禮制는 삶의 일상적 규범이었다. 따라서 '무에서 예에 이른 것'의 문제는 다음에 있다. 비일상적 활동(무)이 어떻게 삶의 상규常規와 사회질서(예)가 되었는가, '하늘과 땅의 자유로운 소통이 끊어진絶地天通' 이후 소수가 독점하던 활동(무)이 어떻게 사회 상층을 필두로 하여 다수가 보편적으로 실천하는 활동(예)이 되었는가, 광적이고 흥분한 반이성적인 강렬한 심리상태(무)가 어떻게 보다 명석하고 이지적인 요소를 내포한 '성誠' '경敬'의 심리(예)가 되었는가. 물론 이것은 예제의 모든 것이 원시 무술 활동에서 비롯되었음을 말하는 게 결코 아니다. 예제에서 사회질서와 일상규범을 통솔·인도·기획하는 데 사용된 기본 정신과 주요 특질이 원시 무술 활동에서 비롯되었음을 말하는 것이다. 그런데 이 양자('무'와 '예')가 어떻게 구체적으로 전환되고 맞물렸을까? 문헌에 증거가 없고 사료가 결핍된 것은 이전 글과 마찬가지다. 여기서 제기하는 것 역시 여전히 추측성의 논의일 수밖에 없다.

나는 이것의 핵심적 일환은 '제사祭'에 있다고 본다. '제사' 체제의 확립이 바로 전환적 창조의 핵심이다.

소위 '주례周禮'는 그 특징이 확실히 제사(조상)를 핵심으로 하는 원시 의례를 개조하여 계통화하고 확장함으로써 초기 노예제의 관습적 통치 법규(의제儀制)가 되도록 한 데 있다. 혈연 가부장제를 기초로 한 등급제도는 이 일련의 법규의 중추였다.[7] (「공자 재평가」)

<hr/>

[7] 리쩌허우, 『중국고대사상사론』, 10쪽.

「무사 전통을 말하다」에서는 신석기시대 이래 중국의 조상 숭배, 군무君巫 합일 및 무와 복서卜筮의 직접적 관련성을 서술하고 중국 상고시대의 무술·복서 등이 조상신을 주요 대상으로 하는 제사 활동이었음을 지적했다.[8] 또 「공자 재평가」에서는 현대 어원커鄂溫克족 조사 자료를 인용해 주례周禮를 인증했다. 최근 민족학 연구에 따르면, "씨족의 생존에 관심을 갖는 최고의 신직神職"[9]인 샤먼이 "5000~6000년 전 헤이룽장黑龍江 지역에 이미 생겨났다."[10] 그것은 한편으로는 "무의 신령한 형상이 어려 있으며"[11] "확실히 무술과 매우 밀접한 인연이 있고"[12], 다른 한편으로는 "예의 초기 형태를 이미 갖추고 있는데, 샤머니즘 제사에서는 땅에 대한 제사 및 그것과 관련하여 설치하는 신단神壇을 매우 중시했다."[13] 이 민속학 연구는, 중국 동북 지역 신석기시대 홍산문화(용의 고향)의 여신 사당을 비롯한 제단祭壇 및 제지祭地 연구와 상호 인증하기에 충분하다. "옥을 예로 삼고唯玉爲禮" "옥으로 신의 존재를 나타낸以玉示神" 것에 관한 중국의 많은 옛 문헌 기록은, 홍산·량주良渚 등 신석기문화의

8_ 조상 숭배가 화하華夏문화의 중요한 특징이라는 것은 「공자 재평가」에서 이미 강조했다. 화하문명이 다른 문명보다 훨씬 견고하고 영속적인 이유는, 허빙디何炳棣의 연구에 따르자면 중국 신석기시대 양사오仰韶 지역의 황토 지리가 '이동식 농경'이 아니라 '정주 농업'이었던 데 있다. 그의 정리에 따르면, "대대로 이곳에서 살며 이곳에서 죽고 이곳에서 장사지내는, 가장 비옥한 황토 지대라야만 인류 역사상 가장 발달한 가족제도와 조상 숭배가 생겨날 수 있다."(『독사열세 60년讀史閱世六十年』, 423쪽, 홍콩: 홍콩상무인서관, 2004.) 믿을 만한 견해라고 생각한다.

9_ 푸위광富育光, 『샤먼론薩滿論』, 52쪽, 선양: 랴오닝런민출판사, 2000.

10_ 푸위광, 『샤먼론』, 15쪽.

11_ 푸위광, 『샤먼론』, 5쪽.

12_ 푸위광, 『샤먼론』, 147쪽.

13_ 푸위광, 『샤먼론』, 16쪽.

옥기(옥룡玉龍·옥종玉琮)의 발견과 더불어서 '이중 증거'로써 '무에서 예로의 이행'이 '제사(조상신에 대한 제사)'를 매개로 진행되었음을 말해준다.

중요한 것은, 갑골문이 말해주듯 상대에는 매년 365일 날마다 제사지내고 점쳤다는 사실이다. "은나라 왕은 일년에 평균 이틀마다 한 번씩 조상에게 제사지내야 했다."[14] 또한 천간天干·지지地支, 즉 그 당시의 천문역법 지식에 맞춰서 순차적이고 규칙적으로 진행되었다. 이것은 '제사'가 원시 집단의 비일상적 무술 활동과는 달라지기 시작했으며 군왕 및 상층집단이 거의 매일 반드시 진행해야 하는 '일상생활'의 중요한 구성 부분이 되었음을 의미한다. 이처럼 조상신을 둘러싸고 이루어지는 매일의 제사 의례와 점복이 바로 '예'의 시작이다. "예에는 다섯 가지가 있는데 제사보다 중요한 것은 없다."[15](『예기』 「제통」) '제사'를 통해, 원시 집단의 무술 활동 및 그것에 포함된 각종 토템숭배와 금기법칙이 일련의 확정적인 의례 제도로 변하게 되었다. 그것은 위로부터 아래에 이르기까지 전체 사회의 일상생활을 나날이 지배하면서 최종적으로는 집단이 반드시 따라야 하는 규범 제도가 되었다.

「무사 전통을 말하다」에서, '무·군 합일' 및 '왕이 무의 우두머리'였던 것이 바로 무사 전통이 이성화되는 데 중요한 요소였다고 했다. 그 원인은 중국의 상고시대에 전쟁이 매우 빈번했기 때문이다. 예를 들면, 우禹의 시기에는 '만국'이라 칭했는데("우가 제후들을

14_ 머우중젠牟鍾鑒·장젠張踐, 『중국종교통사中國宗敎通史』 상권, 95쪽, 베이징: 사회과학문헌출판사, 2003.

15_ "禮有五經, 莫重於祭."

도산塗山에 모이도록 했는데 옥백玉帛을 바친 자가 1만이었다"[16], 『좌전』 애공哀公 7년) 주나라 무왕이 주紂를 칠 때에는 단지 '팔 백 제후'만 남았다. 신석기시대를 연구하는 고고학자에 따르면, "룽산시대 왕권의 세력은 신권을 능가했는데, 그 원인을 살펴보면 첫째는 전쟁의 필요였다. (…) 둘째는 하늘과 조상에 대한 숭배였다" "현재로서 확인할 수 있는 것은 전쟁으로 인해 생겨난 군사 지휘권이 장기간 발전하면서 왕권으로 변했다는 것이다."[17]

왕권은 군권軍權에서 비롯되었으며, '무·군君 합일'은 세속의 왕권이 무술의 신권을 나날이 압도했음을 말해주는 것이다.[18] 보다 중요한 것은, 군사와 전쟁이 요구한 규칙성·질서성·등급성 즉 이성화된 각종 요소의 영향과 침투로 인해 원래의 무술-제사 활동의 내재적 심리와 외재적 의례 역시 나날이 체제화·차서화次序化·규범화·정형화되었다는 점이다. "나라의 큰일은 제사와 전쟁에 있다."[19](『좌전』 성공成公 13년) 사실 중국 상고시대의 진정한 비밀은 '전쟁'과 '제사'의 연관에 있다. 나는 전쟁이 중국 상고시대 문화와 사상의 형성에 매우 중요한 역할을 했다고 줄곧 생각했다. 그것은 중국 상고시대 사상이 이성화를 향해 나아가는 데 기초 내지 원인이었다. 이는 단지 '무→예'의 과정에서뿐만 아니라 후세의 도가와

16_ "禹合諸侯於塗山, 執玉帛者萬國."
17_ 장중페이張忠培, 「중국문명의 기원과 형성 연구의 몇 가지 문제에 관하여關於中國文明起源與形成研究的幾個問題」, 『중원문물中原文物』, 2002. 5.
18_ 갑골문은 상나라 왕이 독자적으로 점쳐서 묻고 그 결과를 보고서 최종적으로 판단을 내리는 최고의 신권을 향유했음을 말해준다.
19_ "國之大事, 在祀與戎."

법가의 발생과 형성에서도 작동했다.[20]

병가가 전쟁의 승패와 국(고국古國·방국方國)[21] 족(씨족·부락) 존망의 역사 경험을 총결한 것과 직접적으로 관련하여, 「공자 재평가」에서는 '무에서 사로의 이행'을 논의했다. 즉 역사 경험을 결합함으로써 무술 활동과 신의 뜻을 해석하는 점복이 나날이 경험화되도록 한 이것은 일종의 이성화이기도 하다. 쉬푸관이 말하길, "은대의 정치 경험의 전승은 대체로 무에게 의지했고, 주대 이후에는 사에게 의지했다."[22] 여기서 '정치 경험'은 당연히 주요 경험인 전쟁-군사 경험을 포괄한다. 소위 '사관'으로서 노자는 "성패·존망·화복·고금의 도를 두루 기록했다."[23](『한서』「예문지」) 『노자』에서 "금과 옥이 집에 가득하면 그것을 능히 지키기 어렵다"[24]고 한 것은 바로 전쟁 경험과 관련이 있다.

역사 경험에는, 국가 존망이 달린 전쟁 경험 외에 다른 방면의 경험과 지식도 물론 포함된다. "왕이 말했다. '저 사람은 훌륭한 사관이다. (…) 삼분三墳·오전五典·팔색八索·구구九丘를 읽을 수 있다.'"[25](『좌전』 소공昭公 12년) 공안국孔安國의 「상서·서序」의 설명에 따르면, "복희伏羲·신농神農·황제黃帝의 책을 삼분이라고 한다. 소호少昊·전욱顓頊·고신高辛·당唐·우虞의 책을 오전이라고 한다. 팔괘의

20_ 리쩌허우, 『중국고대사상사론』「손자·노자·한비자의 사상」.
21_ 쑤빙치蘇秉琦의 견해를 따른다.
22_ 쉬푸관, 『중국사상사론집中國思想史論集』, 139쪽, 타이베이: 타이완학생서국, 1993.
23_ "歷記成敗·存亡·禍福·古今之道."
24_ "金玉滿堂, 莫之能守."
25_ "王曰: '是良史也. (…) 是能讀三墳五典八索九丘.'"

책을 팔색이라고 한다. (…) 구주九州의 지志를 구구라고 한다."[26] 이는 점복·천문·지리·기술 등 먼 옛날부터 전해진 대량의 각종 자료로, 모종의 계통을 이루었고 무사巫史들에게 장악되었던 듯하다. 총체적으로 말하자면 이러한 '무' '사'의 이성화 과정은 다음에서 퉁언정童恩正이 말한 바와 같다.

중국 황하 유역의 고대 부족이 백만 년에 달하는 원시 계몽시대를 거쳐 문명사회로 넘어갈 때, 뭉뚱그려 말하자면 두 영역 내에서의 조건이 성숙되어야 했다. 첫째는 물질적 영역으로, 생산 경제가 일정한 수준에 도달해야 했다. 둘째는 상부구조의 영역으로, 사회제도의 변화가 필요했으며 이 새로운 제도의 이데올로기를 배양·추진·옹호해야 했다. 전자의 영역에서는 무의 역할이 간접적이었다면(하지만 있으나 마나 한 건 결코 아니었다), 후자의 영역에서는 무의 역할이 직접적이었고 때로는 결정적이기까지 했다. 중국의 상황을 놓고 보자면, 무사巫師 집단이 '예악을 만들지' 않았다면 현재 우리가 관찰할 수 있는, 소위 '중국 특징'을 지닌 고대사회는 없었을 것이라고 말할 수 있다.

하대夏代에서 시작하여 중국의 문명이 마침내 출현하고 국가조직이 형성된 이후, 무사巫師의 후계자인 사제 집단은 중국 역사상 첫 번째 지식인 집단을 이루었다. 그들의 최고 우두머리가 바로 세속의 국왕이었으므로 그들은 정치 통치자이자 경제 지도자였고, 동시에 모든 정신 재부의 보존자였다. 만약 우리가 이 시기의 정치사와 경제사를 연구하

26_ "伏羲·神農·黃帝之書謂之三墳. 少昊·顓頊·高辛·唐·虞之書, 謂之五典. (…) 八卦之書, 謂之八索. (…) 九州之志謂之九丘."

면서 사제 집단이 종교 활동을 통해 사회에 끼친 깊은 영향을 경시한다면, 그런 연구는 분명히 결함을 갖게 마련이다.

과학의 발전은 필연적으로 새로운 과학의 독립을 가져왔다. 제도의 진보는 직무 분업의 면밀함으로 나타나게 마련이다. 시간의 흐름에 따라 사제 집단에서 각종 전문 인원이 분화되어 나왔음을 알 수 있다. 과거에는 무사巫師가 장악했던 많은 지식이 이제는 새로운 학과가 되었고 자신의 과학 규율에 따라서 앞을 향해 발전했다. 종교 업무의 내부라 할지라도 신직神職을 담당한 인원은 각기 자신의 직무만을 관장할 수밖에 없었다. 한 개인이 모든 것을 장악하던 시대는 이미 지나갔고 다시 돌아오지 않았다. 여기서 우리는 모순인 듯한 현상을 보게 된다. 한편으로는 원고시대 무술의 쇠락이고, 다른 한편으로는 원고시대 무술이 포괄하던 내용의 발양發揚이다. 원시사회에 여전히 원시상태에 놓여 있던, 무사가 독점하여 장악했던 많은 과학과 제도가 역사시대에 성숙해지고 정규화됨으로써 전대미문의 수준에 도달했다.

종교적 각도에서 말하자면, 무술숭배의 많은 내용이 이후에 도교·불교 등의 제도 종교 속으로 스며들어 그 효력을 지속적으로 발휘했다. 이는 데이비드 호크스D. Hawkes가 『남쪽의 노래The Songs of the South』에서 다음처럼 말한 바와 같다. "중국 고대의 무사는 여러 예술의 거장이자 문화의 보유자였음이 매우 명백하다. 하지만 시간이 흐르면서 무사의 지위가 하락함에 따라 다른 전문가들이 그들의 지위를 대신하게 되었고 이렇게 해서 '무'라는 단어의 의미 역시 나날이 단순하게 변해갔다. 중국의 '무'의 역사를 연구할 때 학자들이 쉽게 망각하는 게 있는데, 바로 '무' 기능의 축소가 반드시 '무술 숭배'의 소실을 의미하는 것은 아니라는 점이다. 어떤 상황에서는, 그것은 (무술 숭배가) '무'의 내부에서 전문화되어 점차 성장했음을 보여주는 것일 따름이다."[27]

중화문명 및 '국가'의 형성은 하대에 시작된 것이 결코 아니다. 무의 '쇠망'과 '발양' 역시 단지 후세 각 종교의 침투 및 전문화로 인한 게 아니다. 퉁언정의 글은 '무'가 상고시대 중국 문화에서 핵심적 지위에 있었음을 충분히 긍정했다. 하지만 그와 데이비드 호크스, 그리고 중국 상고시대 무술을 중시하는 다른 논자들 모두 중국 대전통에 있어서 무의 실질적인 계승·누적·보존의 문제를 명확히 지적하지 못했다. 즉 내가 말한 '무→예'의 문제다.

'예禮'라는 글자는 늦게 출현했다. 하지만 실제적인 기원은 매우 오래되었다. "중국의 예는 대략 기원전 3000년에서 기원전 2000년 사이에 기원"[28]했으며, "예는 원시 선민의 의례 활동에서 기원했다."[29] '의儀'라는 글자는 확실히 일찍부터 존재했다. '예' '의' 두 글자는 본래 동등하게 교환될 수 있었다. 예를 들면 『예기』 「예기禮器」에서는 "경례經禮가 300가지, 곡례曲禮가 3000가지"[30]라고 했으며, 『중용』에서는 "예의禮儀가 300가지, 위의威儀가 3000가지"[31]라고 했다. "이것은 의이지 예가 아닙니다"[32](『좌전』 소공 25년), "예라

27_ 퉁언정童恩正, 「중국 고대의 무술숭배 및 관련 문제中國古代的巫術崇拜及相關問題」, 인쇄 원고. 『중국사회과학中國社會科學』 제4기(1996)에 「중국 고대의 무·무술·무술숭배 및 관련 문제中國古代的巫·巫術·巫術崇拜及相關問題」라는 글로 실렸다.—옮긴이
28_ 양즈강楊志剛, 『중국예의제도연구中國禮儀制度研究』, 13쪽, 상하이: 화둥華東사범대학출판사, 2000.
29_ 양즈강, 『중국예의제도연구』, 7쪽.
30_ "經禮三百, 曲禮三千."
31_ "禮儀三百, 威儀三千."
32_ "是儀也, 非禮也."

예라 하는 것이 옥과 비단을 말하는 것이겠는가"³³(『논어』「양화陽貨」)는 후세에 '예악이 붕괴'했기에, 즉 의례 활동이 완전히 형식화·표면화되었기 때문에 '예'의 신성한 내용을 되찾기를 요구하면서 예의 정의를 내린 것이지, 상고시대에 본래 그러한 구분이 있었던 것은 결코 아니다. 상고시대에 '예'는 바로 '의'였고, '의'는 바로 '예'였다.

'의儀'란 무엇일까?『주역』「점괘漸卦」에서는 "상구上九는 기러기가 육지에 나아감이니, 그 깃을 의儀로 쓸 수 있다, 길하다"³⁴고 했다. '의'는 춤출 때의 장식용 깃털이다.『미의 역정』제1장 '원시 가무'에서, 사람들이 깃털을 꽂고서 춤추고 노래하며 제사지냈다고 했다. 이것이 바로 원시 '의례', 즉 무술 활동이다.『미의 역정』에서는 유명한 마자야오馬家窯 채도분彩陶盆을 예로 들어, 이러한 '가무'가 결코 오락이 아니며 무술 마법의 역할과 의미를 지닌다고 했다.『시경』「대아大雅·가락假樂」에서는 "위의威儀가 아름답고, 덕음德音이 조리가 있다"³⁵고 했다.『좌전』에서는 "위엄이 있어서 두려워할 만한 것을 위威, 행동거지가 훌륭하여 본받을 만한 것을 의儀라고 합니다"³⁶라고 했다. 이는 깃털 혹은 다른 장식물을 꽂는 것이 선명하고도 형상적인 상징성을 지닌 의례 활동이며 심히 두려워할 만한 신성성을 지니고 있음을 말해준다. 많은 연구자들은 량주良渚 옥기의 '신인 수면神人獸面' 문양이 '황皇'에 상당하는 '관면冠冕'이라고 여

33_ "禮云禮云, 玉帛云乎哉."
34_ "上九, 鴻漸於陸, 其羽可用爲儀, 吉."
35_ "威儀抑抑, 德音秩秩."
36_ "有威而可畏謂之威, 有儀而可象謂之儀."

기면서 '황'의 원래 의미를 논증했다. 이는 "황은 봉황의 빛깔과 같은 오색 깃털로, 이것을 쥐고서 춤춘다"[37](『주례』「춘관春官」정현鄭玄의 주), "유우씨有虞氏는 황의 차림으로 제사지냈다"[38](『예기』「왕제王制」), "황은 면류관의 종류다. 채색 깃털로 장식한다"[39](앞의 구절에 대한 정현의 주) 등의 문헌 기록을 실증해주며, 원시의 '의儀' '예' '황'이 원시 가무로서 동일성을 지녔음을 말해준다.

『설문해자』에서 "의儀는 도度"[40]라고 했다. 이에 대한 단옥재段玉裁의 주에서는 "도度는 법제다. 모전毛傳에서 의儀는 선善이라고 했다. 또 의儀는 의宜(마땅함)라고 했다."[41] '의儀'의 개념으로 정의된 '도度'와 '의宜'는, '예禮'라는 글자보다 먼저 출현한 '의義' 자에 해당한다. '의義'는 '의儀'에서 비롯되었다.[42] "의義는 몸의 위의威儀다"[43](『설문해자』)에 대해 단옥재의 주에서는 "위의威義 두 글자를 연이어 사용하는 경우가 어디서나 보인다. (…) 의義의 본래 의미는 예용禮容이 그 마땅함을 얻은 것을 가리킨다. 예용이 마땅함을 얻은 것이 선善이다"[44]라고 했다. 이는 '의義'의 본래 의미가 무술-제사

37_ "雜五采羽毛如鳳皇色, 持以舞."
38_ "有虞氏皇而祭."
39_ "皇, 冕屬也, 畫羽飾焉."
40_ "儀, 度也."
41_ "度, 法制也. 毛傳曰: 儀, 善也. 又曰, 儀, 宜也."
42_ '의儀'와 '의義'에 대해서는 자진화賈晉華의 「'yi'에 대한 새로운 해석A New Interpretation of yi」(공판인쇄 원고)을 참고했다. 나는 이 글의 몇 가지 논점을 채택하긴 했지만 '의儀'와 '의義'가 근본적으로 다르다는 것에는 동의하지 않는다. 자진화 교수의 소개로, 두진펑杜金鵬의 「설황說皇」과 저장浙江성 문물고고연구소의 「위항 야오산 량주문화 제단 유적지 발굴 브리핑余杭瑤山良渚文化祭壇遺址發掘簡報」을 참고했다. 여기서 감사의 말씀을 드린다.
43_ "義, 己之威儀也."
44_ "威義連文不分者, 隨處而是, (…) 義之本訓謂禮容各得其宜, 禮容得宜則善矣."

의 의례 활동에서 행위·행동거지·언어의 적당함과 알맞음을 가리킨다는 것을 의미한다.

「공자 재평가」와 「무사 전통을 말하다」에서 지적했듯이 각 민족의 무술 활동에는 온갖 복잡하고 많은 규칙과 금기가 있는데, 사실 이것이 바로 '의義'의 본래 의미다. 무술 의례를 통해서 '의義'는 원시 집단이 반드시 따르고 이행해야 하는 비성문非成文의 법규law, 정의justice 그리고 특히 의무obligation가 되었다. "예는 마땅함을 따른다"[45](『예기』「곡례」), "의義를 바탕으로 삼고 예로써 그것을 행한다"[46](『논어』「위영공衛靈公」) 등은 모두 이를 일컬은 것이다. 제례 활동을 통해서 원시 무술 활동은 이미 사람들이 의무적으로 준행해야 하는 의례 제도로 변했다. 이것이 바로 중국 상고시대 특유의 '상부구조와 이데올로기'다. 장광즈는 상대商代의 정치권력이 신성한 의례 가운데 수립되었음을 청동기를 통해 논했다.[47] 이런 신성한 의례가 최종적으로 체계화·완비화·정형화된 것이 바로 주공이 만든 '예악'이다.

주공이 성왕成王을 보좌하여 왕도가 두루 퍼지고 예악이 만들어졌다. 천자의 것은 명당明堂·벽옹辟雍이라 하고 제후의 것은 반궁泮宮이라 한다. 후직后稷에게 교사郊祀를 지내어 하늘에 배향하고, 명당에서 문왕에게 종묘제사宗祀를 지내어 상제에 배향한다. 나라의 모든 이가 각자의 직분으로써 제사를 돕는다. 천자는 천하의 명산대천에 제사지내어

45_ "禮從宜."
46_ "義以爲質, 禮以行之."
47_ 장광즈, 『중국청동시대 2집』 참고.

모든 신을 회유하고 기록에 없는 것까지도 모두 차례대로 제사지낸다. 오악五嶽의 제사는 삼공三公의 제사에 준하고 사독四瀆의 제사의 제후의 제사에 준한다. 제후는 자기 강역 안의 명산대천에게 제사지내고, 대부는 문門·호戶·정井·조竈·중류中霤의 오사五祀에 제사지내며, 사士와 서인庶人은 조고祖考에 제사지낼 따름이다. 각자의 전례典禮가 있으며 (예제에 맞지 않는) 음사淫祀는 금한다.[48](『한서』「교사지郊祀志」)

요컨대 '예악을 만들었다'는 것은, 유구한 역사를 지니고 있으나 아직 정형화·규범화되지 않은 원시 가무 즉 무술 활동을, 제례를 중심으로 일상생활의 습속과 결합하고 계속 발전시켜서 최종적으로 "경례經禮 300가지, 곡례曲禮 3000가지"라는 질서정연한 일련의 비성문 법규 준칙을 만들었다는 것이다. 그것은 위로부터 아래까지, 전체 사회생활의 각 방면을 엄밀하게 포위하고 포괄했다.

여기서 적어도 다음과 같은 몇 가지 범주의 의례를 열거할 수 있다.

1. 인생 의례

기자祈子의 예, 태교의 예, 출생의 예, 명명命名의 예, 보부保傅[49]의 예, 관례冠禮, 계례笄禮, 공관례公冠禮, 혼례, 중춘仲春의 남녀 회례會禮, 양로

48_ "周公相成王, 王道大洽, 制禮作樂, 天子曰明堂·辟雍, 諸侯曰泮宮. 郊祀后稷以配天, 宗祀文王於明堂以配上帝. 四海之內各以其職來助祭, 天子祭天下名山大川, 懷柔百神, 咸秩無文. 五嶽視三公, 四瀆視諸侯, 而諸侯祭其疆內名山大川, 大夫祭門·戶·井·竈·中霤五祀, 士·庶人祖考而已. 各有典禮, 而淫祀有禁."

49_ 보부保傅는 아직 성년이 되지 않은 태자나 귀족자제를 지도하던 관리를 가리킨다.—옮긴이

례養老禮, 상례, 분상례奔喪禮, 제례, 세자를 가르치는 예敎世子禮, 부녀자의 예婦禮.

2. 생산 의례

적례籍禮[50], 사례射禮, 잠상례蠶桑禮, 양수례養獸禮, 어례漁禮, 수례搜禮, 전렵田獵의 예, 좋은 곡식 종자를 바치는 예獻嘉種禮, 어례御禮, 재화財貨·인력·음식과 관련된 예.

3. 사교의 예, 즉 빈례賓禮와 가례嘉禮

사상견례士相見禮, 향음주례鄕飮酒禮, 연례燕禮, 향사례鄕射禮, 대사례大射禮, 빙례聘禮, 공식대부례公食大夫禮, 투호投壺의 예, 대맹례大盟禮, 종례宗禮·근례覲禮·우례遇禮[51], 은례殷禮, 견례見禮, 신번脈膰의 예[52], 하경賀慶의예.

4. 제례

교례郊禮, 체례禘禮, 봄의 기곡례祈穀禮, 유제類祭, 봉선례封禪禮, 대우례大雩禮, 영춘迎春·영하迎夏·영추迎秋·영동迎冬의 예, 땅·해·달·별에 대한제사, 사명司命·사중司中에 대한 제사, 사망四望에 대한 제사, 산림·천택川澤에 대한 제사, 사직社稷에 대한 제사, 명당明堂에서 지내는 오제五帝에 대한 제사, 사시四時에 지내는 종묘 제사, 석채례釋菜禮, 석존례釋奠禮,

---

50_ 적례籍禮란 천자가 직접 밭을 경작하는 의례를 가리킨다. ― 옮긴이
51_ 『주례』「춘관종백春官宗伯」에 따르면, 방국邦國의 빈례賓禮에는 여덟 조목이 있다. 봄에 왕을 뵙는 것을 조朝, 여름에 뵙는 것을 종宗, 가을에 뵙는 것을 근覲, 겨울에 뵙는 것을 우遇라고 한다. 비정기적으로 제후를 회합하는 것을 회會, 여러 제후들이 함께 왕을 뵙는 것을 동同, 비정기적으로 빙문聘問하는 것을 문問, 각 제후가 파견한 사자들이 함께 빙문하는 것을 시覜라고 한다. ― 옮긴이
52_ 종묘사직에 제사지낸 고기를 동성同姓의 나라에 나눠주어 복록福祿을 함께하는 예를 '신번脈膰의 예'라고 한다. 신脈은 사직에 제사지낸 고기, 번膰은 종묘에 제사지낸 고기를 가리킨다. ― 옮긴이

선복先卜53에 대한 제례, 점몽례占夢禮, 고매高禖에 대한 제례, 무강巫降의

예, 천묘遷廟의 예, 흔묘釁廟의 예, 오사五祀에 대한 제사, 기잠상祈蠶桑54,

기맥실祈麥實, 상신례嘗新禮55, 납제례臘祭禮, 표맥제表貉祭56, 마제禡祭57,

그 땅의 선공先公·선왕先王 가운데 후손이 없는 이에 대한 제사.

5. 흉례凶禮

상례, 황례荒禮, 조례弔禮, 회례禬禮, 휼례恤禮.58

6. 군례軍禮

대사大師의 예, 대균大均의 예, 대전大田의 예, 대역大役의 예, 대봉大封의

예.59

7. 기타

53_ 선복先卜은 점복의 창시자를 가리킨다.─옮긴이
54_ 기잠상祈蠶桑은 사선잠祀先蠶·친잠親蠶이라고도 하는데, 최초로 양잠을 발명한 선잠先
    蠶에 대한 제사를 가리킨다.─옮긴이
55_ 상신례嘗新禮는 천자가 햇곡식으로 종묘에 제사지낸 뒤 그것을 먹는 예를 가리킨다.─
    옮긴이
56_ 표맥제表貉祭는 고대에 전렵이나 출정을 나갈 때 진陣이나 군영 앞에 막대표를 세워놓
    고, 그곳에서 대승을 기원하며 올린 제사를 가리킨다. 맥제貉祭는 사제師祭라고도 하는
    데, 제사지내는 신은 치우蚩尤 혹은 황제黃帝다.─옮긴이
57_ 마제禡祭는 군대가 주둔하는 곳에서 군신軍神에게 지내는 제사로, 군위軍威를 세우고
    군법軍法을 엄정히 하기 위한 것이다.─옮긴이
58_ 상례로 사망한 이를 애도하고, 황례荒禮로 기근과 질병의 재난을 애도하고, 조례弔禮로
    수재와 화재를 애도하고, 회례禬禮로 적국에 패한 나라를 애도하고, 휼례恤禮로 외적의
    침입이나 내란을 겪는 이웃나라를 애도한다.
59_ 『주례』「춘관종백」에 따르면, 군례軍禮는 방국의 협동을 위한 것으로 다섯 조목이 있
    다. 대군의 출정大師과 관련된 예는 민중을 동원하기 위해서고, 부세를 균등하게大均 하
    는 예는 민중을 구휼하기 위해서고, 대전렵大田의 예는 민중을 검열하기 위해서고, 노
    역을 크게 일으키는 것大役과 관련된 예는 민중에게 일을 맡기기 위해서고, 제후국의
    경계에 침범이 있을 때 출정하여 그 경계를 바르게 정하는 것大封과 관련된 예는 민중
    을 규합하기 위해서다.─옮긴이

궁실의 낙성례落成禮, 순수례巡狩禮 등.[60]

이상을 발췌 인용한 이유는, 비일상적 활동인 '무'가 이미 사회 생활의 '예'로 변했음을 지적하기 위해서다. 소수의 무사巫師·무군이 독점했던 무술 가무가 부단히 확산되어 상층사회를 비롯한 전체 사회의 의례 제도가 되었다. 이 제도는 태어나서 죽을 때까지, 어려서부터 늙을 때까지의 모든 행위와 업무의 법칙·척도를 명확히 규정했다. 이것이 바로 사회와 인생에 대한 '다스림'과 '통치'다. "예라는 것은 무엇인가? 일에 대한 다스림이다. 군자는 일이 있으면 반드시 그 다스림이 있다."[61](『예기』「중니연거」)

왕궈웨이가 『은주제도론殷周制度論』에서 주목한 것은 주나라 초의 '예악 제정'이 다진 윤리-정치 제도다. 내가 주목하는 것은 '예악 제정'이 제사를 기원과 중심으로 삼아, 집단의 삶과 사회 규범의 체계적 제도를 구축·완성했다는 점이다. '예'는 신에게 제사지내는 주기酒器와 의례에서 확장되어 "예라는 것은 이행하는 것禮者履也"으로 확장되었다. 즉, 예는 일련의 행위 규범에 대한 실천이 되었다. 「공자 재평가」에서 특별히 지적했듯이, '예경禮經'으로서의 『의례』가 인간의 행위·행동거지·언어·용모에 대한 엄격한 요구와 세밀한 규정을 부각시킴으로써 무술 활동의 금기를 일련의 벗어날 수 없는 예의범절의 척도로 전환시켰다. 『예기』「곡례 상」에서 "예는 절도를 벗어나지 않는다"[62]고 했다. 여기에는 다음 사항들이 포함된다.

60_ 쩌우창린鄒昌林, 『중국고례연구中國古禮硏究』, 155쪽, 타이베이: 원진文津출판사, 1992.
61_ "禮者, 何也? 即事之治也. 君子有其事, 必有其治."
62_ "禮, 不逾節."

엿듣지 말고, 큰소리로 대답하지 말고, 곁눈으로 보지 말고, 몸을 흐
트러지게 하지 말고, 걸을 때는 거만하지 말고, 서 있을 때는 삐딱하게
있지 말고, 앉아서는 다리를 벌리지 말고, 잘 때는 엎드리지 말고, 머
리카락은 단정히 싸매어 늘어뜨리지 말고, 관冠을 벗지 말고, 일할 때
웃통을 벗지 말고, 더운 날에도 아래옷을 걷어 올리지 말아야 한
다.63(『예기』「곡례 상」)

남자와 여자가 섞어 앉지 않으며, 옷걸이를 같이 쓰지 않으며, 수건과
빗을 같이 쓰지 않으며, 친히 주고받지 않는다. 형수와 시숙 간에는 서
로 통문通問하지 않는다.64(『예기』「곡례 상」)

자식이 밥을 먹을 수 있게 되면 오른손을 사용하도록 가르친다.65(『예
기』「내칙內則」)

일곱 살부터는 남자와 여자가 자리를 함께하지 않고 함께 식사하지
않는다.66(『예기』「내칙」)

남자는 안의 일을 말하지 않고, 여자는 밖의 일을 말하지 않는

63_ "毋側聽, 毋噭應, 毋淫視, 毋怠荒, 遊毋倨, 立毋跛, 坐毋箕, 寢毋伏, 斂髮毋髢, 冠毋免, 勞
毋袒, 暑毋褰裳."
64_ "男女不雜坐, 不同椸枷, 不同巾櫛, 不親授, 嫂叔不通問."
65_ "子能食食, 敎以右手." 중국인은 대개 오른손잡이로 왼손잡이는 드문데, 현대에 와서 변
화가 생기기 시작했다.
66_ "七年, 男女不同席, 不共食."

다.67(『예기』「내칙」)

부모님이나 시부모님이 계신 곳에서는 (…) 감히 재채기하거나 기침하거나 하품하거나 기지개를 펴거나 삐딱하게 서거나 곁눈질하지 말며, 감히 침을 뱉지 말고, 추위도 감히 옷을 껴입지 말고, 가려워도 감히 긁지 말라.68(『예기』「내칙」)

공자는 곡을 한 날에는 노래를 부르지 않았다.69(『논어』「술이述而」)

따라서 "만약 예가 없으면 손과 발을 둘 곳이 없다"70(『예기』「중니연거」)고 말한 것이다. 이는 「공자 재평가」에서 다음과 같이 말한 것과 일맥상통한다. 무술 활동에서는 "일거수일투족 모두 엄격한 규정이 있어서 동작 하나도 실수하면 안 되고 세목 하나도 생략하거나 빼먹으면 안 된다. (…) 그렇지 않으면 신에 대한 커다란 불경이며 전체 씨족이나 부락에 재난을 가져오게 된다."71 요컨대 '예'는 '무'에서 나왔고, 일상생활과 결합하여 일련의 행위규범과 사회질서(관제官制를 포함)를 구축했다.

여기서 핵심은 바로 다음의 것이다. 「무사 전통을 말하다」에서 지적했듯이, 일련의 의례 제도와 규범 질서는 결코 세상 인간관계의 약

67_ "男不言內, 女不言外."
68_ "在父母舅姑之所 (…) 不敢噦噫·嚏咳·欠伸·跛倚·睇視, 不敢唾洟, 寒不敢襲, 癢不敢搔."
69_ "子於是日哭則不歌."
70_ "若無禮則手足無所措."
71_ 리쩌허우, 『중국고대사상사론』, 10쪽.

속으로 여겨지지 않았으며 천지 우주의 보편적 법규로 강조되었다. '예'에는 '무'가 지닌, 천지와의 소통 및 신명과의 교류를 통해 만사·만물을 주재할 수 있는 신성한 힘과 특징이 여전히 보존되어 있었다. 고도로 이성화되었을지라도, 이러한 신성한 힘과 특징이 예를 통솔하고 이끌었다. 예는 세상에 존재하면서도 세상을 뛰어넘었다. 따라서 고대의 전적에서는 거듭해서 다음과 같이 말하고 있다.

무릇 예의 대체大體는 천지를 본뜨고 사시를 본받고 음양을 좇고 인정을 따르므로 그것을 예라고 이른다.[72] (『예기』 「상복사제喪服四制」)

"대저 예라는 것은 하늘의 법칙經이고 땅의 의義이며 사람의 행行입니다. 천지의 법칙이며 백성은 실로 그것을 본받습니다."[73] (『좌전』 소공 25년)

대저 예라는 것은 반드시 하늘에 근본을 두고 땅을 본받고 귀신에게도 적용되며 상제喪祭·사어射御·관혼冠昏·조빙朝聘에까지 관철된다.[74] (『예기』 「예운」)

옛날에 예를 만들 때, 천지를 법칙으로 삼고 일월을 벼리로 삼고 삼광三光으로 보좌하게 하여 정교政敎의 근본을 이루었다.[75] (『예기』 「향음주

72_ "凡禮之大體, 體天地, 法四時, 則陰陽, 順人情, 故謂之禮."
73_ "夫禮, 天之經也, 地之義也, 民之行也. 天地之經, 而民實則之."
74_ "夫禮, 必本乎天, 殽於地, 列於鬼神, 達於喪祭·射御·冠昏·朝聘."
75_ "古之制禮也, 經之以天地, 紀之以日月, 參之以三光, 政敎之本也."

의鄕飲酒義」)

'예'는 위로는 천지·귀신과 통하고 아래로는 인간세상의 질서와 정치체계를 열어, 정치생활과 가정생활, 대인관계의 매너, 그리고 읍양揖讓·진퇴·행동거지·언어·용모[76] 등 이 세상의 현실생활 속에서 사람들이 천지의 신성함을 펼쳐 보일 것을 요구했다.

"예는 나라의 줄기이고 경은 예를 담는 수레입니다. 공경하지 않으면 예는 행해지지 않습니다."[77](『좌전』 희공僖公 11년)

경례經禮 300가지, 곡례曲禮 3000가지, 이를 한마디로 말하자면 "공경하지 않음이 없다毋不敬"이다.[78](범조우范祖禹)

'경敬'이란 무엇인가? '경'은 세속생활의 질서 속에서 체현된 불변의 진리, 즉 무술 신명神明이다. 이것은 바로 "도道를 닦는 것을 가르침敎이라고 한다"[79]는 것이다. 그것은 '예'의 이성화 교육the

---

76_ 예로부터 근세에 이르기까지 용모에 대한 규범은 줄곧 중화 의례의 중요한 부분이었다. 제사·조정·군대를 비롯해 일상생활에 이르기까지, 장식의 형상에서 개체의 용모에 이르기까지 엄격한 요구와 상세한 규정이 있었다. 『상서』 「홍범洪範」(구제강은 "은대 무축巫祝의 책"이라고 보았다. 『구제강 독서필기顧頡剛讀書筆記』 제6권, 4123쪽)에서는 "모습貌, 말言, 보기視, 듣기聽, 생각하기思"를 언급했다. 『논어』에서는 "용모는 공손함을 생각하라貌思恭"고 했으며 "좋은 얼굴빛을 하기가 어렵다色難"고 했다. 후세에 여자는 웃을 때 이를 드러내지 말아야 한다거나 말할 때 소리를 크게 내서는 안 된다는 것 등도 용모에 대한 규범이다.

77_ "禮, 國之干也, 敬, 禮之輿也. 不敬則禮不行."

78_ "經禮三百, 曲禮三千, 一言以蔽之, 曰: 毋不敬."

79_ "修道之謂敎."

teaching of rites, the cultivation through the rites이다. 또한 '예'의 진지한 정감 신앙faith이다. 이것은 중국의 종교, 즉 예교the religion of Rite다. 종교religion의 라틴어 어원 렐리지오religio는 "한데 묶는다"라는 의미다. 중국의 종교 역시 '예'를 통해 사람을 한데 묶는다. 이것 역시 내가 말한 '무에서 예로의 이행'from shamanistic ceremonies and rituals to social rites and customs이다. 이는 중국 문명의 특징의 현현이다.

예의 특징: 종교·윤리·정치의 합일

나는 많은 글에서 중국의 '종교·윤리·정치의 합일'을 누누이 언급했다. 이 '세 가지의 합일'은 앞에서 서술한 '무에서 예로의 이행'에서 비롯되었다.

소위 '예'라는 것은 후대의 설에 따르자면, 일련의 '명분'의 순서로 제도를 배열하여 친소親疏를 구별하고 상하를 정하고 존비를 확립하고 장유長幼의 순서를 매기고 귀천을 밝히고 원근을 구분함으로써 사람들의 의무·도덕·삶을 확정하는 것이다. "예라는 것은 천지의 질서다. (…) 질서가 있기에 만물이 구별된다."[80] (『예기』 「악기」) 예의 기능은 '다른 것을 구별'하는 것이다. '다른 것을 구별'하는 것은 일련의 '이름名'을 통해 구축·확정된다. "대저 이름으로써 의의義를 규정하고, 의의로써 예를 낳고, 정치로써 백성을 바르게 한다. 따라서 정치가 잘 이루어지면 백성이 따르고, 그렇지 않으면 난이

80_ "禮者, 天地之序也. (…) 序, 故群物有別."

생긴다."[81] (『좌전』 환공 2년) '명名'은 원시의 혼돈과 무질서의 어지러움으로부터 벗어날 것을 사람들에게 요구한다. '예'와 '명'에 반대한 『노자』라 할지라도 "도를 도라고 할 수 있다道可道"라고 말한 다음에는 "이름을 이름 지을 수 있다名可名"고 했다. "이름이 있는 것은 만물의 어머니"[82]라는 말은 '이름'이 차이와 구별을 통해 만물을 호명하고 형성한다는 의미다. 유가는 '명'을 강조하여 질서와 규범을 정리해 냄으로써 명확한 차이와 엄밀한 구분이 있는 사회의 통솔 체계를 구축했다. 이것이 바로 '예제'이자 '예치'다. 이 '예제'의 최초 기원은 바로 앞에서 말한 상제喪祭 의례다. 즉 「공자 재평가」와 「무사 전통을 말하다」에서 거듭 인용하여 말했던, "제사에는 열 가지 윤리十倫가 있다"는 것이다.

무릇 제사에는 열 가지 윤리가 있다. 귀신을 섬기는 도리를 구현하고, 군주와 신하의 의義을 구현하고, 아버지와 자식의 인륜을 구현하고, 귀천의 등급을 구현하고, 친소親疎의 차등을 구현하고, 작위와 상爵賞의 시행을 구현하고, 남편과 아내의 구별을 구현하고, 정사政事의 균형을 구현하고, 장유長幼의 질서를 구현하고, 상하의 관계를 구현하는 것이다.(『예기』 「제통」)

이 말을 중요하게 여기고 거듭 인용하는 까닭은, 그것이 무술에서 유래한 제사 의례를 보여주기 때문이다. 바로 차서次序(처음에는 제사지내는 이의 공간적 위치였을 것이다)의 배열을 통해 인간세상의

81_ "夫名以制義, 義以出禮, 禮以體政, 政以正民. 是以政成而民聽, 易則生亂."
82_ "有名, 萬物之母."

등급 질서를 규범화해 낸 것이다. 『예기』의 이 말은 『대대례기大戴禮記』「애공문어공자哀公問於孔子」에서 공자가 다음과 같이 말한 것이기도 하다.

"사람이 살아가는 데 있어서 예가 가장 중요합니다. 예가 아니면 천지의 신을 절도에 맞게 섬길 수 없고, 예가 아니면 군신·상하·장유의 지위를 분별할 수 없습니다. 예가 아니면 남녀·부자·형제의 친함, 혼인, 교제의 친소親疎를 구별할 수 없습니다."[83]

이것들은 먼저 '제사'에서 시작되었다. 바로 '제사'가 '인륜倫'(윤기倫紀·강상綱常)을 빚어낸 것이다. "이토록 복잡한 직계·방계의 혈연도血緣圖는 바로 종교 제사 제도를 통해 확정·전승된 것이다."[84] 상고시대부터 근세에 이르기까지 제례과 관련된 상례에서 상복의 엄밀함과 세밀함, "상복을 입고 두건을 쓰는披麻戴孝" 데 있어서의 각종 자세한 등급과 구분은 결코 뒤죽박죽이 되면 안 되는 것이었다. 이는 다른 문화에서는 드문 것이다.

여기서 '예'가 나타내는 것은 외재적인 친소親疎의 등급 질서일 뿐만 아니라 각자에게 내재된 서로 다른 필수적 정감 태도이기도 하다. '불변의 진리天經地義'인 신명의 힘은 바로 여기서 말미암아 나타난다. "대저 제사라는 것은 밖에서 이루어지는 게 아니라 마음에서 속으로부터 생겨나는 것이다. 마음이 두려워 예로써 받드는

83_ "民之所由生, 禮爲大. 非禮無以節事天地之神也, 非禮無以辨君臣·上下·長幼之位也. 非禮無以別男女·父子·兄弟之親, 昏姻, 疏數之交也."
84_ 머우중젠·장젠, 『중국종교통사』 상권, 111쪽.

것이다."85(『예기』「제통」) "마음이 두렵다"는 것은 무엇인가? 신명과 조상이 두렵다는 말이다. 따라서 제례로부터 생겨나고 통솔되고 관리되던 각종 명분·제도·습속은 초인간적인 신성성을 지닌다. 이러한 초인간적 신성성이 바로 인생 자체의 신성성이다. 따라서 '예제'의 '명名'은 단지 사물의 명칭이 아니다. 그것은 천지의 법규, 신성한 기호이자 인간의 생존·활동·의무·지위·이익을 대표하는 것이다.

"반드시 이름을 바로잡겠다."86(『논어』「자로子路」)

임금은 임금다워야 하고, 신하는 신하다워야 하고, 아버지는 아버지다 워야 하고, 자식은 자식다워야 한다.87(『논어』「안연顏淵」)

정백鄭伯이 언鄢에서 단段을 이겼다克고 한 것은, 단이 아우弟의 도리를 지키지 않았기에 아우라고 하지 않은 것이며, 마치 두 나라의 군주처 럼 싸웠기에 이겼다고 한 것이다.88(『좌전』은공隱公 원년)

"일개 필부一夫인 주紂를 토벌했다誅는 말은 들었어도 군주君를 시해했 다弑는 말은 듣지 못했습니다."89(『맹자』「양혜왕梁惠王 하」)

85_ "夫祭者, 非物自外至者也, 自中出生於心也. 心怵而奉之以禮."
86_ "必也正名乎."
87_ "君君, 臣臣, 父父, 子子."
88_ "鄭伯克段于鄢, 段不弟, 故不言弟, 如二君, 故曰克."
89_ "聞誅一夫紂矣, 未聞弑君也."

이상은 모두 '명'의 중요성을 나타낸다. 여기서 윤리적 명분은 세속을 초월한 신의 뜻을 나타내며, 사회 정치와도 밀접한 관련이 있다. '이름을 바로잡는 것正名'은 "예악이 흥하여 형벌이 들어맞는 것"의 필요한 전제가 되었다. 근세에 이르기까지, '명분'이 다르면 인간 세상의 원근과 정감의 친소 역시 달랐다. 숙부叔, 외삼촌舅, 고모姑, 이모姨, 당형제堂兄弟, 내외종 사촌형제表兄弟, 고종 사촌姑表, 이종 사촌姨表, 족인族人, 낯선 사람路人 등이 그 예다. 이것은 다른 문화에서는 보기 힘들다. '명분'과 '등급'은 오늘날 중국인의 마음속에서 여전히 마중한 지위와 분량을 차지하는데, 이는 '예교'가 남긴 나쁜 흔적이다.

『중국고대사상사론』의 '중국의 지혜를 논하다'에서는, 씨족 종법 혈연이 수천 년 중국 전통의 사회적 토대라고 보았다. 종교·윤리·정치가 '합일'된 예제 속에서, 여전히 윤리 도덕(사회로 말하자면 윤리고, 개체로 말하자면 도덕이다)을 축으로 삼아 모든 것이 돌아갔던 것이다. 왕궈웨이는 이렇게 말했다.

고대의 국가라는 것은 단순한 정치 기구가 아니었으며 도덕 기구이기도 했다.[90]

주나라가 천하를 다스리는 데 있어서 그 취지는 윗사람과 아랫사람을 도덕에 편입시키고, 천자·제후·경대부·사士·서민을 하나의 도덕 단체

90_ 왕궈웨이, 『은주제도론殷周制度論』(『왕궈웨이문집』 제4권), 54쪽.

로 만드는 것이었다. 그러므로 주나라의 제도와 전례典禮는 실제로 도덕을 위해 만들어진 것임을 알겠다.[91]

앞에서 이미 말했듯이, 신석기시대 이래로 중국 전통의 '제사'는 주로 조상에 대한 제사가 핵심이었다. 조상은 살아서는 사람이었다. 즉 윤리 가운데 존재했다. 죽어서는 신이 되어 숭배의 대상이 되었다. 따라서 예제를 통해 윤리 도덕상 신명과 소통(종교)할 수 있고, 외적으로는 백성을 다스릴 수(정치) 있으며, 윤리-정치 가운데서 신명을 펼쳐 보일 수 있었다. 『예기』「대전大傳」에서는 이렇게 말했다.

부모를 가까이하기 때문에 조상을 존중하고, 조상을 존중하기 때문에 적장자宗를 공경하고, 적장자를 공경하기 때문에 족친族을 모이게 하고, 족친을 모이게 하기 때문에 종묘가 존엄하고, 종묘가 존엄하기 때문에 사직을 중시하고, 사직을 중시하기 때문에 백성을 사랑하고, 백성을 사랑하기 때문에 형벌이 공정하고, 형벌이 공정하기 때문에 백성이 편안하고, 백성이 편안하기 때문에 재물이 넉넉하고, 재물이 넉넉하기 때문에 모든 것이 뜻대로 이루어지고, 모든 것이 뜻대로 이루어지기 때문에 예속禮俗이 제대로 이루어지고, 예속이 이루어진 연후에 즐거워하게 된다.[92]

91_ 왕궈웨이, 『은주제도론』, 43쪽.
92_ "親親故尊祖, 尊祖故敬宗, 敬宗故收族, 收族故宗廟嚴, 宗廟嚴故重社稷, 重社稷故愛百姓, 愛百姓故刑罰中, 刑罰中故庶民安, 庶民安故財用足, 財用足故百志成, 百志成故禮俗刑, 禮俗刑然後樂."

이는 윤리 도덕을 축으로 하여 위로는 조상의 신명과 통하고 아래로는 백성을 다스리는, 매우 '자연스럽고' 이상화된 아름답고 묘한 그림이다. 이 역시 '무에서 예로의 이행'이며 윤리를 축으로 구성된, '종교·윤리·정치'의 세 가지가 '합일'된 예치禮治이다.

그리스 고전 사회와 플라톤과 아리스토텔레스가 가정과 국가(도시국가)를 구분하고 가정일과 공민公民 정치를 구분하는 데 역점을 두고서 양자를 혼동하지 말 것과 후자(정치)가 전자(가정)보다 상위임을 강조한 것[93]과는 반대로, 중국은 상고시대부터 후세에 이르기까지 심지어는 오늘날까지도 '가정'과 '국가'가 늘 한데 연결되어 있었다. "가까이는 부모를 섬기고 멀리는 군주를 심긴다"[94] "수신·제가·치국·평천하修身齊家治國平天下"에서부터 소위 "미국에 대항해 조선(북한)을 도와 가정을 보호하고 국가를 지킨다"[95]는 것에 이르기까지, '가정'을 기초로 하는 윤리 도덕이 중국 전통의 주요 표지가 되었다. 머우쫑싼의 매우 추상적인 서구화된 철학 역시 여전히 '도덕적 형이상학'이다.

왕궈웨이가 주장한 것의 증거로서, 주대 금문金文과 경전에는 확실히 '덕德'이라는 글자가 많다.

"저에게 선왕의 미덕을 알려주십시오."[96] (모공정毛公鼎)

93_ 아리스토텔레스 역시 가정이 도시국가의 기초라고 했지만, 가정에서 말미암아 국가로 나아가는 윤리 정치를 말하지는 않았다.
94_ "邇之事父, 遠之事君."
95_ "抗美援朝, 保家衛國."
96_ "告余先王若德."

"왕께서는 빨리 덕을 공경하소서. (…) 우리 옛 사람의 덕을 헤아리셔야 합니다."97(『상서』「소고召誥」)

"덕으로 위압하니 두려워하게 되고 덕으로 밝히니 밝아지게 되었다오. (…) 윗자리에서 공경하고 아랫자리에서 밝히니, 사방을 비추며 부지런히 덕에 힘쓰지 않는 이가 없었다오."98(『상서』「여형呂刑」)

그렇다면 무엇이 '덕'인가? 덕의 최초 함의는 무엇이었을까? '덕德'이라는 글자에는 커다란 눈이 있는데, 산싱두이三星堆에서 출토된 커다란 눈의 거인 무사巫師를 떠올리게 한다. 또 '덕'이라는 글자에는 '심心'이 있는데, 궈뎬 죽간에 나오는 충忠·애愛·현懸(순順)·우憂·참懘(지知) 등 '심'이 들어간 많은 글자를 떠올리게 한다.

「무사巫史 전통을 말하다」에서 언급하길, '덕'은 '무·군 합일'이 지니고 있는 신비한 마력 즉 무술 신통력magic force, magic power에서 변화해 나온, 신력神力을 지닌 성왕聖王의 도덕 품격magic moral이라고 했다. 왕궈웨이가 강조한, 주공이 '예악을 만들고' '천하의 질서를 잡은 것'은 단지 외재적 정치제도에 의한 것이 아니라 신령한 힘의 품격을 갖춘 윤리도덕에 달려 있었다. 이 신령한 힘의 품격이 바로 '성聖'이라고 「무사 전통을 말하다」에서 말한 바 있다. 따라서 '예치'는 '덕치'이자 '성인의 치'다. 다음은 「무사 전통을 말하다」에

97_ "王其疾敬德. (…) 曰其稽我古人之德."
98_ "德威惟畏, 德明惟明. (…) 穆穆在上, 明明在下, 灼於四方, 罔不惟德之勤."

서도 인용한 구절이다.

"무릇 덕은, 검약하여 법도가 있고 신분의 존비에 따라 차등이 있어야 합니다. 문물文物로 그것의 기강을 세우고 성명聲明으로 그것을 발양시켜서 백관百官에게 분명하게 보인다면, 백관이 경계하고 두려워하여 감히 기율을 어기지 않습니다."(『좌전』 환공 2년)

왜 경계하고 두려워하는가? 왜 감히 기율을 어기지 않는가? 왜냐면 '덕'에는 충분히 경계하고 두려워할 만한 신성성이 있기 때문이다. 거기에는 조상 신명의 커다란 눈이 존재한다. 즉 이 일련의 '정치 기구'는 신성한 도덕성 또는 도덕적 신성성을 지니며, 이것이야말로 종교·윤리·정치가 '합일'된 '예'이다. 이 세 가지가 합일된 '예치' 혹은 '덕치'가 종교적 '신성함'의 신앙과 힘을 지녔기에, 수천 년에 걸쳐 중국 사대부 지식인이 강렬하게 품었던 기본 관념 및 간절히 바랐던 사회 이상이 될 수 있었던 것이다.

「무사 전통을 말하다」에서 이미 이상의 말을 한 바 있다. 그런데 보충할 것은, 기원이 오래된(일찍이 '연산역連山易'과 '귀장역歸藏易'이 있었다) 『주역』이 '경經'에서 '전傳'으로 발전한 것 역시 사상관념과 이데올로기의 측면에서 '무에서 예로의 이행'에 대한 좌증으로 삼을 수 있다는 점이다. '십익十翼'이 공자가 지은 것인지, '대상大象'이 문왕이나 공자로부터 나왔는지 혹은 공자 이후에 지어진 것인지 여전히 쟁론이 있을 수 있지만, 그것이 무술 활동의 이성화라는 특징은 매우 뚜렷하다. 원래 길흉화복을 예측하는 신비한 힘을 지닌 무술 점복이, 비록 신비한 힘을 여전히 지니고 있긴 하지만 점치는 사람(군자·성왕)에 대한 매우 이성화된 도덕 품격의 요구로 나날이 변화했다는 데 그 특징이 있다. 이것이 소위 '연덕演德(덕을 부연敷演하다)'이다.

장광후이姜廣輝가 라오쭝이饒宗頤의 말을 인용하길, "역상易象의 작자는 각 괘를 해석할 때 누누이 '덕'으로 '말'한다"[99]고 했다. 장광후이 본인이 말한 것처럼 "각각의 괘상卦象은 어떤 상황을 상징하며, 각종 서로 다른 상황에서 인간이 어떤 덕행을 지녀야 하는지, 어떤 의미를 추구해야 하는지를 상징한다."[100] 다이렌장戴璉璋이 말했듯이, "사람들이 역서易書에서 탐구해야 할 것은 상황의 길흉화복이 아니라 길흉화복 속에서 어떻게 처신할 것인가이다."[101] '괘상卦象→괘명卦名→대상大象(덕을 부연함)'의 순서인 다음의 예들 역시 그러하다.[102] "산 위에 물이니, 건蹇이다. 군자는 이로써 자신을 돌이켜보고 덕을 닦는다."[103] "구름과 우레니, 준屯이다. 군자는 이로써 경륜經綸을 펼친다."[104] "산 아래서 샘이 나오니, 몽蒙이다. 군자는 이로써 과감히 행동하며 덕을 기른다."[105]

'덕을 부연하는' 이성화 과정은 적어도 주나라 초에 이미 시작되

99_ 장광후이姜廣輝, 『중국경학사상사中國經學思想史』 제1권, 358쪽, 베이징: 중국사회과학출판사, 2003.

100_ 장광후이, 『중국경학사상사』 제1권, 364쪽.

101_ 다이렌장戴璉璋, 『역전의 형성 및 그 사상易傳的形成及其思想』, 271쪽, 타이베이: 원진출판사, 1988.

102_ 예문으로 제시된 구절이 리쩌허우의 인용에서 몇 군데 오류가 있으므로 『주역』의 건괘蹇卦·준괘屯卦·몽괘蒙卦에 근거해 바로잡아 번역했다.—옮긴이

103_ "山上有水, 蹇. 君子以反身修德."

104_ "雲雷, 屯, 君子以經綸."

105_ "山下出泉, 蒙. 君子以果行育德."

었다. 주공이 '예악을 만든 것'이 원시 무술 의례가 외재적 제도에 있어서 이성화된 것이라고 한다면, '덕을 부여하는 것'은 원래의 무술 활동이 내재적인 심리에 있어서 이성화된 것이다. 이것은 주나라 초에 술을 엄격히 금하고 무술의 광적 도취와 흥분과 혼란함을 배제했던 심리상태와 관계가 있을 것이다.[106] 문왕과 주공은 이 과정의 선행자였고, 공자는 이 이성화의 노정을 계승하여 그것을 최대로 발양했다.

> 자공子貢이 여쭈었다. "선생님께서도 점을 믿으십니까?" 공자가 대답했다. "나는 100번을 점치면 70번이 맞다. (…) 역易에 있어서, 나는 점은 뒤로 하고 그 덕의德義를 볼 따름이다. (…) 군자의 덕행이 어찌 복을 구하겠느냐. 따라서 제사지내되 (복을 구하는 일은) 드물다. (군자의) 인의仁義가 어찌 길함을 구하겠느냐. 따라서 점을 치되 (길함을 구하는 일은) 드물다."[107](『마왕두이 백서』「요」)

> 나는 사史·무巫와 같은 길을 가지만 귀착점이 다르다.[108](『마왕두이 백서』「요」)

'같은 길'이란, '무'라는 기원을 함께했다는 의미다. '귀착점이 다

106_ 술로써 무巫가 된다는 것은 학자들이 공인하는 바다. 저우처쭝周策縱, 『고대 무의와 '육시'』 참고.
107_ "子貢曰: 夫子亦信其筮乎? 子曰: 吾百占而七十當. (…) 易, 我後其祝卜矣, 我觀其德義耳也. (…) 君子德行焉求福, 故祭祀而寡也, 仁義焉求吉, 故卜筮而稀也."
108_ "吾與史·巫同途而殊歸者也."

르다'는 것은 도덕에 귀의한다는 의미다. "역에 능한 자는 점치지 않는다"[109]는 순자에 이르러, 이데올로기와 사상관념에 있어서 '무→예'의 이성화 과정이 최종적으로 완성된다.

역의 점卜으로 '덕을 부연하는 것'은, 무술 활동의 신비한 마력을 탈주술화함으로써 '명名'을 확정적 표지로 삼는 윤리-정치 체제의 구축에 지대한 도움을 주었다. 천라이陳來는 이렇게 말했다. "초기 문헌에서 긍정한 덕 및 구체적인 덕목은 대부분 정치 영역에서 체현되었다. 초기의 '덕'은 대부분 정치 도덕political virtue과 관련이 있었다고 말할 수 있을 것이다."[110] '무·군 합일'을 계승한 것은 무엇보다도 먼저 '군자' '성왕'(통치자)의 '덕'이다.

이러한 '예'와 '덕'은 「무사 전통을 말하다」『논어금독』『중국고대사상사론』에서 지적했듯이, 외재적인 예제가 붕괴된 시대에 유가와 공자에 의해 내심의 상태인 '충신忠信' '인仁' '성誠'으로 발전·해석되었다. 『논어금독』에서 '인'에 대해 해석한 바 있는데, 공자는 시종일관 지성적 인식 방법으로 '인'을 정의하지 않았다. '인'은 늘 정감과 이성의 융합이자 신앙적 행위의 요구로서 출현했다. '인으로 예를 해석하는 것以仁釋禮'은 사실 이미 이성화된 신성한 정감으로 '예'를 해석하고 이행하는 것이다.

너의 밝은 덕明德을 그린다. 이는 무슨 말인가? 정성스럽게誠 그에게 일렀다는 것이다. 명命이 하늘로부터 내려와 이 문왕에게 명하셨다. 정성스럽게誠 그에게 명했다는 것이다.[111]

109_ "善爲易者不占."
110_ 천라이, 『고대 종교와 윤리』, 296쪽.
111_ "懷爾明德, 何? 誠謂之也. 有命自天, 命此文王. 誠命之也." 『상하이박물관장전국초죽서

랴오밍춘廖名春은 이 상박上博 초간楚簡을 인용하면서, '최고의 정
신 가치' '최고의 도덕 범주'인 '성誠'이 신성하고 신비로운 '천명'과
밀접한 관련이 있다고 여겼다.112 「무사 전통을 말하다」에서 강조
하길, 중국 상고시대의 성왕(황제·요·순·우·탕·문왕·무왕·주공)은
모두 하늘과 인간을 소통시킨 대무군大巫君113이라고 했다. '성'은 무
군이 하늘과 인간을 소통시킨 무술의 신력으로부터 변천하여 이성
화된 성왕의 품격 즉 도덕이다.

'성'은 '충신忠信' 즉 '진실하고 거짓이 없다'는 것이기도 하다.『논
어』에는 '충신'이 많이 보이고, 궈뎬 죽간에서도 '충신의 도道'를 언
급했다.『예기』「예기禮器」에서는 "충신은 예의 근본"114이라고 했다.
구제강顧頡剛이 말하길, "예는 충신에 근본하며, 충신이라는 두 글
자의 함의에는 다소 미신적 관념이 내재되어 있다"115고 했다. 이상

上海博物館藏戰國楚竹書』('상박上博 초간楚簡') 「공자시론孔子詩論」에 실린 문장이다. 앞부분
의 "懷爾明德"은『시경詩經』「대아大雅·황의皇矣」에 나오는 "상제가 문왕에게 이르시길,
나는 명덕을 그린다고 하셨네帝謂文王, 予懷明德"라는 구절에서 비롯한 것이다. 뒷부분의
"有命自天, 命此文王"은『시경』「대아·대명大明」에 나오는 구절이다. "誠謂之也"와 "誠命之
也"는『시경』의 각 해당 구절에 대한 공자의 설명에 해당한다.—옮긴이

112_ 랴오밍춘廖名春, 「상박 초간楚簡『시론』의 천명론과 '성'론上博『詩論』簡的天命論和'誠'論」,
『철학연구哲學研究』, 2000년 제5기.

113_ 중국의 상고시대에 무巫·군君이 동일했음은 이전 글에서 이미 여러 번 인증했는데, 이
에 관한 자료는 많은 곳에서 찾을 수 있다. 황제黃帝는 "나면서부터 말할 수 있었고 백
령을 부렸다.生而能言, 役使百靈."(『포박자抱朴子』) 제요帝堯는 "그 인자함이 하늘과 같고 그
지혜로움이 신과 같았으며其仁如天, 其知如神," 제순帝舜은 "마침내 상제에게 유제類祭를
지내고 (…) 뭇 신들에게 두루 제사지냈다.遂類於上帝 (…) 徧於群神."(『사기』「오제본기五帝本
紀」) "우禹가 뭇 신들을 회계산으로 불러 모았다.禹致群神於會稽之山."(『국어』「노어魯語 하」)
이처럼 성왕은 모두 하늘(신)과 인간을 소통시킨 이다.

114_ "忠信, 禮之本也."

115_ 구제강,『구제강 독서필기顧頡剛讀書筆記』, 제4권, 239쪽, 타이베이: 렌징출판사업공사,

의 설명은 모두 '무'의 내재적 전통이다. 심지어는 주회朱熹의 해설에서도 "성이란 진실하고 거짓 없음을 일컫는 것으로, 천리天理의 본연"[116]이라고 하면서 여전히 '성'과 '천리'를 직접적으로 관련지었다.

진·한 이래로 대일통大一統의 전제 제국이 건립되고, 현실의 정치와 제도는 이미 상고시대의 종교·윤리와 실제적으로 분리되었다. 상고시대 씨족 방국邦國(고국古國)은 완전히 소실되었다. 하지만 『중국고대사상사론』에서 말했듯이, 기원이 오래된 혈연 유대와 종법 가족은 여전히 지속적으로 생존했다. 제도의 설치(예를 들면 군현제郡縣制)와 상벌이라는, 법가가 형식화된 두 수단二柄이 행정 메커니즘의 권력 중심이 되었을지라도 유가의 '예치' 사상은 여전히 강한 생명력을 지니고 있었다. 유가의 이런 사상은 이후 진나라와 한나라 초에 소리 없이 사라졌다가 얼마 지나지 않아서 동중서董仲舒를 대표로 하는 한대 유가가 법가·도가·음양가를 흡수·융합한 뒤에 다시 우뚝 흥기하여 주류가 되었다.

『중국고대사상사론』에서는, 소농小農 가내생산과 혈연종법이 그 사회의 근본적 요소라고 보았다. 또한 '무에서 예로의 이행'에 따른 '세 가지의 합일'이 바로 문화 유전자로, 그것은 변천하면서도 여전히 강력히 지속되었다. "군주는 신하의 모범이 될 것君爲臣綱"과 절대 권위를 고양하는 전제 통치는, 여전히 '천인감응天人感應'을 신앙했으며, '천견天譴'의 형식으로 황권을 제약했다. 동시에 그것은 '효

1990.
116_ "誠者, 眞實無妄之謂, 天理之本然也."

로 천하를 다스린다'고 선고했으며, '거효렴擧孝廉' '순리循吏'(덕으로 백성을 교화한다) '박사博士' 등의 제도를 건립했는데, 강조한 것은 여전히 윤리를 축으로 하는 '종교·윤리·정치의 합일'인 '예'였다. 이것은 한나라 선제宣帝가 소위 "패도覇道와 왕도가 섞여 있다"[117](『한서』「원제기元帝紀」)고 말한, 2000년 이래의 '양유음법陽儒陰法'[118]이기도 하다.

이 '양유음법'은 '유가'를 단지 장식이나 속임수로 삼는 천박한 의미와는 거리가 멀다. 그것은 유학의 윤리·도덕적 입장에 있었다. 예를 들면, '백성들의 질고' '백성들이 근심과 즐거움'을 중시했다. 또한 '현량문학賢良文學'[119] '청의清議' '청류清流' 등을 통해 발언하고 상서上書함으로써 전제정치에서 일어날 수 있는 전쟁과 수탈 그리고 대규모의 토목공사 및 온갖 사치와 방탕을 제어·제약·제한했다. 이를 통해 역사와 윤리의 이율배반 속에서, 알맞은 '도度'를 최대한 쟁취하고자 했던 것이다. 비록 대부분의 경우 실제 효과는 크지 않았지만, 위정자(황제 본인을 포함)에게 미친 윤리 정신의 압력과 영향은 경시할 수 없다. 이것이 바로 내가 말한 '유가와 법가의 호용互用'에 담긴 첫 번째 의미다.

다음으로는 『기묘오설己卯五說』「유가와 법가의 호용」에서 말한, '유가에서 말미암아 도가로 들어간다' '예와 법의 융합' '법은 예에

117_ "覇王道雜之."
118_ 양유음법陽儒陰法이란, 표면적으로는 유가의 인정仁政을 내세우면서 실제로는 법가의 방법으로 통치하는 것을 가리킨다.—옮긴이
119_ 현량문학賢良文學은 한나라 때 관리 선발 과목의 하나로, 현량방정賢良方正이라고도 한다.—옮긴이

의하여 결정된다' '법을 굽히고 정을 편다' 등의 내용에 담긴 의미다. 즉 윤리·종교적 정감을 지니며 융통성이 비교적 강한 '예'를 형식성·규정성이 비교적 강한 '법' 속으로 스며들게 함으로써 종교·윤리·정치의 합일을 지속·유지한 것이다. '예'는 종교-윤리 정신을 통해 외부(견제)와 내부(침투)의 두 측면에서, 형식화된 '법'과 전제 정치에 영향을 주었다. 이로써 '명名'을 명확한 기호로 삼은 예교가 원시의 신비한 색채는 많이 약해졌을지라도, 세월이 흐르고 역사가 변천해도 여전히 사회질서·이데올로기·사상·정감 속에서 신성 불가침의 최고 지위와 신앙 역량을 지닐 수 있었다.

당 중엽 이후 경제가 변화하고 황소黃巢의 난으로 인해 문벌 세족世族은 철저히 쇠망했다. 송대宋代에는 백의경상白衣卿相이 점차 고정적 국면을 이루었고, 상업 시장이 나날이 발달했으며, 제도·윤리(도덕)·신앙은 더욱 어긋나게 되었고, '예치'와 유학은 재차 시험대에 올랐다. 이런 상황을 만회하기 위하여, 불학佛學의 강대한 자극 아래 송명이학宋明理學은 천인지간의 심성·신성을 극력 탐구했다. 이로써 한대 오행 도식圖式의 '천인감응'론을, '의리義理'가 '기질'을 주재·통치하고 '도심道心'이 '인심'을 주재·통치하는 사변적 추상성이 매우 강한 '천리인욕天理人慾'론으로 변화시켰다. 하지만 그 근본 목적과 철리 사변思辨은 종교·윤리·정치의 합일에서 결코 벗어난 적이 없으며 도리어 이를 힘써 강화했다. 성명性命을 제창한 송명이학은 여전히 제세구민濟世救民을 극력 추구했다. 또한 송명이학은 황제부터 백성까지 모든 이의 내성內聖 수양의 궁극적 관심은 바로 지금 이 인간 세상에서의 몸과 마음의 귀의처라고 보았다. 또한 한대 이래의 '삼강육기三綱六紀'의 종법윤리가 사회질서의 축이며 정치 체제와 내재적 신앙의 근본이라고 보았다. 이로써 "천하 사람들이 근심하기에 앞서 근심하고, 천하 사람들이 즐거워한 후에 즐거워한다"[120]이든 "천하의 흥망에는 필부도 책임이 있다"[121])이든, 이 모두는 이들 진실한 '종교(예교) 신도'의 신성한 사명과 천직mission, calling이 이 세상의 질서 가운데 있었음을 말해준다.

송명이학의 주요 공헌이 유학의 종교성을 깊이 있게 개발하고 전례없이 창조한 데 있다는 건 분명하지만, 윤리-정치를 완전히 벗어나서 그것의 종교성을 해석하고 '제세구민'과 '경세치용經世致用'을 떠나서 심체·성체性體나 정신 경계境界를 설명하는 것은 역사적 진실에 결코 부합하지 않는다. 최근 위잉스余英時의 저작에서 강조하고 설명한 것 역시 바로 이 문제다. 위잉스는 "백성을 새롭게 하는 것新民은 반드시 명덕明德에 근본을 두어야 하고, 명덕은 백성을 새롭게 하는 바다"[122](『주자어류朱子語類』 권6)라는 주희의 말을 인용한 다음에 이렇게 말했다.

내성內聖의 학學이 아무리 중요하다 할지라도 이학의 종점이 될 수는 없다. 그것은 외왕外王의 학과 긴밀하게 연결되어 있다. 그것은 합리적인 인간세상의 질서를 세우기 위해 힘쓰며 이 질서 속에서 비로소 진정으로 자신을 완성할 수 있다.[123]

120_ "先天下之憂而憂, 後天下之樂而樂."
121_ "天下興亡, 匹夫有責."
122_ "新民必本於明德, 而明德所以爲新民."
123_ 위잉스余英時, 『송명이학과 정치문화宋明理學與政治文化』, 352쪽, 타이베이: 윈천允晨출판사, 2004.

내성의 궁극적 목적은 사람들 모두가 성현이 되는 게 아니라 인간세상의 질서를 다시 세우는 것이다.[124]

사실, 제왕이 불교를 믿든(예를 들면 양梁 무제武帝) 도교를 믿든(예를 들면 이李씨 당나라), 종교·윤리·정치가 '합일'된 인간세상의 질서는 반석처럼 굳건했음을 역사가 말해준다. 위魏·진晉 시대의 문벌귀족은 현학玄學과 예학禮學을 모두 익혔다. 현학이 흥성한 시기는 예학이 극히 발달한 시기이기도 하다. 심성心性을 강조한 송명이학의 대가들 역시 예제의 건설을 극히 중시했다. 그들은 일련의 종사宗祠·의숙義塾·향규鄉規·족약族約·가례家禮를 창립함으로써 종교·윤리·정치의 '합일'을 더욱 견고화했다. 따라서 원전 유학의 예악론, 한대 유학의 천인론, 송명이학의 심성론이 비록 형태에 있어서 크게 변하긴 했지만 중국의 예교는 결코 동요함이 없었다.

진정한 위기와 도전은 19세기 말이었다. '이천 년 동안 없었던 비상시국'이 이때 시작되었다. 전통 예교는 외재적 제도 및 내재적 심리에 있어서, 처음으로 만회할 수 없는 붕괴를 향해 나아갔다. 현대 신유학은 송명이학을 계승하고자 서양철학의 추상적 사변을 이용해 유학의 종교성을 고양하면서 종교·윤리·정치가 '합일'되어 있었던 유학의 예교를, 삼자가 뚜렷이 구별되고 심지어는 철저히 대립되는 '도통道統' '학통學統' '정통政統'으로 해석함으로써 곤경에서 벗어나고자 했다. 하지만 아무 소용도 없었음은 세상이 다 아는

124_ 위잉스, 『송명이학과 정치문화』, 380쪽.

바다.125

머우쭝싼이 철학의 학리學理적 측면에서 유학을 재조명했다면, 캉유웨이康有爲부터 시작해서 많은 이들이 사회 실천의 측면에서 유학을 종교로 성립시킴으로써 붕괴 국면을 애써 만회하고자 했다. 여기에는 요즘 중국 대륙에서 꽤 시끄러웠던, 유학이 종교임을 논증하고 유학을 국교로 삼을 것을 주장했던 견해도 포함된다. 머우쭝싼은 대체로 서양의 칸트 철학을 본보기로 삼아, 유학이 '도덕적 형이상학'임을 논증했다. 유교를 주장하는 이들은 대체로 서양 종교를 모델로 삼아, 기독교·이슬람교에 비견될 만한 유교의 교의·조직·의례를 구축할 것을 요구한다. 그들은 심지어 하늘·땅·신·인간을 소통시킬 수 있는 성현·교주·카리스마Charisma를 소환한다.

나는 이것이 유학 정신과 중화 전통에 전혀 부합하지 않는다고 생각한다. "유가에는 사후 세계가 없다"126 "삶에 대해서도 모르는데 어찌 죽음을 알겠는가?"와 같이 유학은 사후가 어떤지에 대해 논하지 않으며, 부정하진 않았지만 그렇다고 긍정하는 것은 더더욱 아니다. 보다 중요한 것은 "유학이 죽음을 삶의 역사 계열에 두고서 고찰하고 해석했다"127는 점이다. 그것이 추구한 '영생'과 '불후'는 '입덕立德' '입공立功' '입언立言'의 '삼불후三不朽'(『좌전』 양공襄公 24년)와 같은 것으로, 이것들은 모두 이 세계의 생존과 연속 가운데 존재했다. 유학은 개체의 생명 가치, 삶의 이상, 인생의 의의

125_ 리쩌허우, 『기묘오설己卯五說』 「유학 4기를 말하다說儒學四期」.
126_ 위잉스, 『송명이학과 정치문화』, 351쪽.
127_ 리쩌허우, 『기묘오설』 「중·일 문화심리 비교 시론中日文化心理比較試說初稿」.

를 이 현실세계의 인간세상의 질서 속의 고생스런 분투 안에 설정했다. 또한 이 세계에서 벗어난 영혼의 구제나 천국으로의 승천 따위는 결코 그다지 중시하지 않았다. 이렇게 해서 비로소 "생을 중시하고 죽음을 편안히 여긴다"[128]는 식의 "나 살아서는 사리에 순종하고 죽어서는 평안하리라"[129](장재張載)는 유명한 격언이 나오게 된 것이다. 『논어』에는 기적이 없고, 공자는 예수가 아니다. 맹자·순자·동중서부터 주희·왕양명王陽明·왕부지王夫之에 이르기까지, 이들은 모두 교주 유형의 인물이 아니다.[130] 유학을 종교의 대열에 오르도록 하는 것은, '중국철학' 속에서 '초험超驗, transcendence'과 '존재Being'를 찾으려는 것과 마찬가지로 중화 전통에 전혀 부합하지 않는다.

유학에 신앙이 없는 것은 결코 아니다. 그것이 신앙하고 숭배하는 것은 여전히 조상신을 중심으로 하는 '천天(하늘)·지地(땅)·국國(국가)·친親(어버이)·사師(스승)'이다. 이것은 늦어도 순자에서부터 이미 명확히 인정되었으며 근세(1949년 이전)까지 내내 이어졌다. 이러한 신앙의 대상이 최종적으로 승화·개괄된 것이 바로 '천''천도''도道'(자세한 설명은 뒤에서 다시 하기로 한다)이다. 그것에도 의례가 존재하는데, 천지에 제사지내고 위패를 모시고 청명淸明에 성묘

128_ 리쩌허우, 『기묘오설』 「중·일 문화심리 비교 시론」.

129_ 북송의 철학자 장재張載(1020~1077)의 「서명西銘」 마지막 구절에 나오는 말이다. "하늘이 부귀와 복록을 주심은 나의 삶을 풍요롭게 하려 하심이고, 빈천과 걱정근심을 주심은 나를 절차탁마하여 성취를 이루게 하려 하심이다. 나 살아서는 사리에 순종하고 죽어서는 평안하리라.富貴福澤, 將以厚吾之生也, 貧賤憂戚, 庸玉汝於成也, 存吾順事, 歿吾寧也."─옮긴이

130_ 왕간王艮은 조금 비슷하긴 하지만 하층 민간으로 직접 들어갔으며 묵가墨家에 보다 가깝다.

하고 중원中元에 조상에게 제사지내는 일 등이다. 그런데 이것들은 모두 일상생활의 '예'에 속한다. 밀집하여 거행하는 것도 아니고 독립적인 조직이나 기적·교의 역시 전혀 없다. 보다 중요한 것은 중화 전통과 유학이, 사람들이 다른 신이나 종교를 신봉하는 것을 기본적으로 저지하지 않았다는 사실이다. 석가모니와 보살, 원시천존原始天尊, 예수 그리스도, 알라, 마조媽祖, 관제關帝, 그 누구든지 간에 사람들이 그 신(종교)이 마음의 위안과 생사의 탐구와 인생의 기탁을 해결해줄 수 있다고 믿는 한, 그리고 조상에 대한 제사를 특별히 반대하지 않는 한, 유학과 예제에서는 그 신(종교)이 나쁠 게 없다고 본 듯하다. 원래 상고시대 무술 활동에서의 다신론이 중국의 대전통과 소전통에 여전히 매우 강하게 보존되어 있다.[131] 막스 베버Max Weber는 '유교'가 기독교와 근본적으로 다르다는 것을 강조하면서 거듭 이렇게 말했다.

천인합일 식의 중국의 철학적 우주 생성설은 세계를 무술巫術적인 무대로 변화시켰다.[132]

131_ "나는 어렸을 때 쑤저우蘇州에서 도사가 어떤 사람을 위해 액막이하는 것을 보았다. 그 도사는 액막이하는 집안사람에게 요구하길, 자리를 하나 마련하고 쌀을 여러 되 준비한 뒤 자리 위에다 용과 호랑이 형상이 되도록 쌀을 펼쳐 놓으라고 했다. 그리고 병자의 아들과 손자한테 신에게 절을 하게 했다. 또 금은 장신구를 하고 (⋯) 신에게 제사지내며 『회남자淮南子』를 읽었다. 이러한 풍속이 2000여 년 동안 여전히 변하지 않았음을 알 수 있다."(『구제강 독서필기』, 제10권, 7863쪽.) 이러한 '무巫'는 심지어 선사시기인 신석기시대까지 거슬러 올라갈 수 있다. 장광즈가 무술巫術의 표지로 해석한 '용과 호랑이'(무가 천지를 오갈 때 탈것의 역할을 한 용과 호랑이를 말한다.—옮긴이)는 지금으로부터 6000년 전의 양사오仰韶문화 유적지 푸양濮陽에서 출토된, 조개껍질을 펼쳐서 만든 용과 호랑이다.

132_ 막스 베버Max Weber, 『중국의 종교: 유교와 도교』(축소번역본), 265쪽, 타이베이: 신차

세계에 대한 무조건적인 긍정과 적응의 입장을 취하는 이 윤리는, 순전히 무술적인 종교가 완전하고 지속적으로 존재할 수 있는 바탕을 마련했다.[133]

이 무술의 무대가 보존될 수 있었던 것은 유교 윤리가 본래 그것과 친화적인 경향을 지녔기 때문이다.[134]

앵거스 그레이엄A. C. Graham은, 중국 고대의 유가·도가·법가가 모두 "진정한 성왕은 전혀 통치할 필요가 없는데, 왜냐면 정확히 준수해야 하는 의례에 힘입어 그의 신성한 힘Mana에서 비롯된 심오한 감응이 사회의 화목을 유지하고 자연재앙을 제거하고 풍작을 보충하기에 충분하기 때문"이라 믿었다고 여겼다.[135] 대전통은 이러했고 소전통 역시 더욱 이러했다. 중국의 민간종교는 대부분 무를 닮았는데, 불교 및 불교를 모방한 도교 역시 실제로는 '무'의 특질을 지녔다. 숭배 대상이 다원적이었으며, 현실적 효용을 추구했고, 독경讀經과 법사法事를 통해서 이 인간세상의 재앙을 없애고 평안을 지키고자 했다. 그것들의 실제 교의·조직·의례는 세속생활·사회질서와 결코 첨예하게 분리되거나 충돌하지 않았으며, 도리어 자

오역총新橋譯叢, 1989.

133_ 막스 베버, 『중국의 종교: 유교와 도교』, 296쪽.
134_ 막스 베버, 『중국의 종교: 유교와 도교』, 294쪽.
135_ 앵거스 그레이엄A. C. Graham, 『열자列子, The Books of Liet Tze·도언導言』, 10쪽, Columbia UP, 1990.

주 혼연일체였다.[136] 따라서 그것을 믿지 않는 사대부라 할지라도 그것이 유학과 병행할 수 있도록 허락했으며, "귀신을 공경하되 멀리한다"는 공자의 태도를 취했다. 유학의 입장에서 보자면, 이들 종교 신앙은 대체로 개체의 심신의 곤경 및 생사의 기탁 문제를 해결하는 것일 뿐이었다. 이것은 구세제민과 대동大同의 이상이라는 위대한 공훈에 있어서 유가가 체현하는 신성성·종교성에 비교하자면 훨씬 협해하고 부차적인 것이었다. 다른 종교에서도 중생을 제도하고 세계를 구제하는 것을 중시하지만, 그것은 주로 개체의 심령에서 출발한 것이지 광대한 현실세계의 윤리-정치에 착안한 것은 아니다. 유학의 입장에서는, 구세제민과 경세치용의 거시적 시야에서 신성성을 펼쳐 보이는 '불변의 진리'로서의 '천도'야말로 보다 높고 위대한 신 혹은 신명이었다. 예를 들면 첸무錢穆는 왕안석王安石에 대해 이렇게 말했다.

형공荊公(왕안석)의 이론에 따른다면, 도덕과 신성은 모두 사업이며 대사업이야말로 참된 도덕이고 참된 신성이다.

형공이 왕도와 패도를 분별한 것 역시 신통神通·묘도妙道로서 물을 길어 나르고 땔나무를 옮기는 일運水搬柴[137]과 같은 것이었으며, 많은 이들의 인생의 적극적 가치를 북돋운 것이다.[138]

136_ 양칭쿤楊慶堃C. K. Yang의『중국사회 속의 종교中國社會中的宗教』참고.
137_ 선종禪宗에서 말한 '운수반시運水搬柴'는, 물을 길어 나르고 땔나무를 옮기는 일상의 노동이 바로 '오묘한 도'라는 의미다. 왕안석王安石은 왕도와 패도의 차이가 오로지 마음心에 달려 있다고 보았다.―옮긴이

사실 어찌 왕안석뿐이겠는가. 중국의 사대부 지식인, 심지어 불교·도교·기독교를 숭배한 이들까지 포함한 대부분의 사람들에게는 여전히 이 인간세상에서 정치·사회적 '대사업'을 진행하거나 완성하는 것이야말로 진정한 '도덕'과 '신성'이었다. 그것은 개인의 심신에서 출발한 구제보다 훨씬 심원하고 위대한 것이다. 유학이 신앙한 '천도'가 비록 어렴풋하고 모호하며 인격 형상이 없을지라도 이곳에서는 강력하게 존재하고 있다. 바로 이 때문에 비로소 유학은 사람들이 다른 종교를 믿는 것을 허용할 수 있고 별도로 자신의 '종교'를 세울 필요가 없는 것이다. 유학 혹은 유가는 자신이 신앙하는 '천도'가, 그저 심신의 곤경이나 생사 문제만을 해결해주는 다른 신과 종교보다 우월하기에 그것들과 비교하고 경쟁할 필요가 없음을 자각적·비자각적으로 인식한 것이다.

이것은 여전히 무사巫史 이성화의 전통이며, 이 전통의 측면에서 보자면 유교를 세우는 것은 불필요하고 불가능한 게 분명하다.

전통과 유학이 직면한 최후의 궁지는 바로 오늘날이다. 현대사회의 생산 및 생활 방식이 근본적으로 변했기 때문에 혈연적 유대의 와해를 초래했다. 농민이 대거 도시로 진입했으며 가내생산은 쇠퇴했고 종법관계는 사라졌다. 2000년 이래 공자-순자를 중심으로 한 '예제' '명교名教'가 마침내 막바지에 이른 것이다. 사상은 종종 시대와 현실의 예고음이다. 19세기 말 담사동譚嗣同이 앞장서서

138_ 첸무錢穆, 『중국학술사상사논총(5)中國學術思想史論叢(五)』, 8쪽·6쪽, 타이베이: 둥다도 서공사東大圖書公司, 1978.

예교를 비판하는 가장 우렁찬 소리를 냈다. 그는 '인仁'으로 '예'를 대체할 것을 제안했다. 즉 새롭고 현대적인, 서양에서 전해진 자유·평등·독립의 윤리-정치를 건립함으로써 '세 가지가 합일'된 원래 전통의 '예'를 대체할 것을 요구했다.

세속의 학문과 세속의 행태는 걸핏하면 명교名敎를 말하는데, 천명을 공경하듯 감히 어기지 못하고 나랏법을 두려워하듯 감히 논의하지 못한다. 아! 이름名을 교敎로 삼았으니, 그 교는 이미 실체의 손님實之賓139이지 결코 실체가 아니다. 더구나 이름이란 것은 인간이 창조한 것이다. 윗사람이 ㄱ것으로 아랫사람을 억제하여 그것을 받들지 않을 수 없으니, 수천 년 동안 삼강오륜三綱五倫의 참화와 독성은 이로 인해 심해졌다. 군주는 이름으로 신하에게 차꼬를 채웠고, 관리는 이름으로 백성에게 멍에를 씌웠으며, 남편은 이름으로 아내를 가두어 놓았다. (…) 인仁이라고 하는 것은 공명共名이기에, 군주가 이로써 신하를 질책하고 신하 역시 이로써 군주에 반대하니 재갈을 물리는 수단으로 삼기에 불편했다. 때문에 충효·청렴廉·절개節 등과 같이 등급을 분별하는 일체의 이름을 만들 수밖에 없었으며 이로써 신하에게 이렇게 말할 수 있었던 것이다. "너는 어찌 불충하냐! 너는 어찌 불효하냐! 마땅히 쫓아내야 한다. 마땅히 죽여야 한다."140 (『인학仁學』 8)

139_ 『장자莊子』 「소요유逍遙遊」에 나오는, "이름이란 실체의 손님이다名者, 實之賓也"라는 구절을 원용한 것이다. ― 옮긴이

140_ "俗學陋行, 動言名敎, 敬若天命而不敢渝, 畏若國憲而不敢議. 嗟乎, 以名爲敎, 則其敎已爲實之賓, 而決非實也. 又況名者, 由人創造. 上以制天下, 而不能不奉之, 則數千年來, 三綱五倫之慘禍烈毒, 由是酷焉矣. 君以名桎臣, 官以名軛民, 父以名壓子, 夫以名困妻, (…) 如曰仁, 則共名也, 君父以責臣子, 臣子亦可反之君父, 於箝制之術不便, 故不能不有忠孝

예라는 것은 충신忠信의 얄팍함이며 난亂의 발단이다. 대저 예는 인에 의지하여 드러나니, 어질면 자연스럽게 예가 생겨나므로 달리 표지를 만들어 억지로 묶어 둘 필요가 없고, 인륜의 친소親疎처럼 자연스럽게 생겨나는 것이므로 지위에 따른 위엄을 빌려서 혹독하게 유지할 필요가 없다.[141](『인학』 14)

군주와 신하의 (이름으로 인한) 재앙이 심했으니, 부모와 자식 그리고 남편과 아내의 인륜이 결국 이름의 세勢로써 각각 제약을 가했음은 당연하다. 이 모든 것은 삼강三綱의 이름으로 해를 끼친 것이다. 이름이 있는 곳에서는 단지 입만 닫는 게 아니라 감히 옳은 말을 하지 못하게 함으로써 그 마음을 가두고 감히 생각조차 하지 못하게 했다. 백성을 우매하게 만드는 수법이기에, 그 이름을 복잡하게 만들지 않는 것을 숭상했다. (…) 삼강이 사람을 위협한 것은 간담이 떨어질 정도이고, 그 영혼을 죽인 것 역시 이와 같다.[142](『인학』 37)

오륜五倫 중에서 인생에 가장 폐해가 없고 유익하며, 터럭만큼의 괴로움도 없고, 물을 만난 즐거움이 있는 것은 오직 친구다! (…) 무엇 때

廉節等一切分別等衰之名, 乃得以責臣子曰: '爾胡不忠! 爾胡不孝! 是當放逐也, 是當誅戮也.'"
141_ "禮者, 忠信之薄, 而亂之首也. 夫禮, 依仁而著, 仁則自然有禮, 不待別爲標識而刻繩之, 亦猶倫常親疏, 自然而有, 不必假立等威而苛持之也."
142_ "君臣之禍亟, 而父子·夫婦之倫遂各以名勢相制爲當然矣. 此皆三綱之名之爲害也. 名之所在, 不惟關其口, 使不敢昌言, 乃并錮其心, 使不敢涉想. 愚黔首之術, 故莫以繁其名爲尙焉. (…) 三綱之懾人, 足以破其膽, 而殺其靈魂, 有如此矣."

문에 그런가? 첫째는 '평등', 둘째는 '자유', 셋째는 '생각과 뜻을 펼침'이다. 그 의의를 총괄해서 말하자면, 자주自主의 권리를 잃지 않는 것이다. 형제가 친구의 도道에 가까우니 그다음이라 할 수 있다. 나머지는 죄다 삼강에 가려져 지옥과 같다. 위로는 천문을 살피고 아래로는 지리를 살피며 멀게는 사물로부터 진리를 구하고 가깝게는 자신으로부터 구하니, 자주적일 수 있는 자는 흥하고 그럴 수 없는 자는 패한다. 이치가 명확하니, 이를 따르지 않는 것이 없다. (…) 그러므로 민주라는 것은 천국의 의義이니 군주와 신하는 친구다. 아버지와 아들은 거처와 재산을 달리하니異宮異財, 아버지와 아들은 친구다. 남편과 아내는 배우자를 선택하고 재혼함에 있어서 모두 두 사람의 뜻대로 스스로 원하는 데서 말미암는다. (…) 부부는 친구다. 형제에 있어서는 더 논할 게 없다. (…) 지금 국내외에서 모두 변법變法을 떠벌리지만 오륜이 바뀌지 않으면 그 어떤 진리와 이치라 할지라도 죄다 그 출발점을 찾을 수 없다. 하물며 삼강은 어떠하겠는가![143](『인학』 38)

이것은 사람들이 추억하고 존경할 만한 계몽의 예고음이었다. 확실히 전통 예제는 그 당시 전제 체제를 위해 이바지한 노예근성의 도덕 내용을 지니고 있다. 그것은 중국인에게 정신적·도덕적으

143_ "五倫中於人生最無弊而有益, 無纖毫之苦, 有淡水之樂, 其惟朋友乎! (…) 所以者何? 一曰'平等', 二曰'自由', 三曰'節宣惟意'. 總括其義, 曰不失自主之權而已矣. 兄弟於朋友之道差近, 可爲其次. 餘皆爲三綱所蒙蔀, 如地獄矣. 上觀天文, 下察地理, 遠取諸物, 近取諸身, 能自主者興, 不能者敗. 公理昭然, 罔不率此. (…) 故民主者, 天國之義也, 君臣朋友也. 父子異宮異財, 父子朋友也. 夫婦擇偶刱妻, 皆由兩情自願. (…) 夫婦朋友也. 至於兄弟, 更無論矣. (…) 今中外皆侈談變法, 而五倫不變, 則擧凡至理要道, 悉無從起點, 又況於三綱哉!"

로 거대한 상해를 끼쳤다. 담사동은 그것의 포위를 뚫고 개체의 자유·평등·인권·독립을 소환할 것을 요구했다. 이것은 영원토록 대서특필할 만하다. 유감스러운 점은, 역사의 우여곡절을 겪으며 담사동이 비판했던 옛 '삼강'은 이미 거의 붕괴했지만 자유·평등의 새로운 질서와 새로운 도덕의 수립은 아직 멀었다는 것이다. 옛 신앙과 옛 도덕은 완전히 사라졌지만 새로운 신앙과 새로운 도덕은 명확하다고 할 수 없다. '예제'는 끝장났다. 그렇다면 전통의 '윤리·정치·종교의 합일'을 어떻게 상대할 것인가? 이것이야말로 문제인 듯하다.

『논어금독』『역사본체론』『기묘오설』 등에서 거듭 설명했듯이, 오늘날의 중요한 일은 종교·윤리를 정치와 구분함으로써 중국식의 정교 분리를 실현하는 것이라고 생각한다. 나는 두 종류의 도덕론(정치 법률과 관계된 '사회적 도덕' 및 개체 신앙과 관련된 '종교적 도덕')을 제기했는데, 우선 두 종류의 도덕을 구별해야 한다고 본다. 지금도 여전히 계몽정신을 계승할 필요가 있다. 담사동이 강조한 것처럼 '친구'(즉 자유·평등·독립·인권)의 기초 위에 새로운 윤리와 새로운 정치를 수립해야 한다. 이것이 바로 현대생활에서의 '사회적 도덕'이다. 그것은 더 이상 '아버지를 섬기고 군주를 섬기며' 삼강을 가장 중시하는' 옛 도덕과 옛 정치가 아니라, 이와 반대로 관본위官本位를 철저히 뿌리 뽑고 전통의 전제 체계를 일소함으로써 관官이 더 이상 '백성의 부모'가 되지 않도록 하며 진정으로 인민의 공복公僕이 되도록 하는 새로운 도덕과 새로운 정치다. 이렇게 한 이후에야 비로소 '종교적 도덕'이 '사회적 도덕'을 이끌어서 적절히 (즉 앞에서 서술한 원칙을 벗어나지 않는 것) 자리잡도록 하는 역할을 할 수 있는 것이다. 이것은 '덕으로 백성을 교화하는 것'과 '법으로 나라를 다스리는 것'의 관계이기도 하다.

"아버지와 아들은 친구다"라는 것은 '사회적 도덕'으로, 법률 앞에서는 모든 이가 평등하며 부자지간 역시 예외는 아니다. 이것은 중국 전통의 한률漢律·당률唐律·대청률大淸律과 크게 다르며, 오늘날 사회가 필요로 하는 현대 법치 즉 '법으로 나라를 다스리는 것'이다. "아버지와 아들은 친구가 아니다"라는 것은 '종교적 도덕'으로, 이것은 부자지간의 고유하고 대체 불가능한 자애慈愛와 효경孝敬의 정감 관계를 강조하고 추구하며 배양한다. 이것은 '덕으로 백성을 교화하는 것'이기도 하다. 관건은 후지(종교적 도덕)가 어떻게 전자(사회적 도덕)를 잘 이끌고 적절히 자리잡도록 할 것인지에 달려 있다. 예를 들면, 법률에서는 자녀를 부양해야 하는 부모의 의무를 규정하고 있으며 부모를 부양해야 하는 자녀의 의무 역시 규정하고 있는데(종교적 도덕이 사회적 도덕을 적절히 자리잡도록 하는 것), 이것은 단지 전자(부모의 의무)만 있고 후자(자녀의 의무)는 중시하지 않는 서양과 다르다. 또한 조부모와 손자가 자주 만나고 어린아이를 혼자 재우지 않는 전통의 보존을 사회적으로 제창하는 것(종교적 도덕이 사회적 도덕을 이끄는 것) 역시 서양의 풍속과 다르다. 이밖에도 어려서부터 예양禮讓[144]과 노인 공경에 주의하고 각종 '의義'와 '이利'의 관계에서 정리情理에 맞게 처리하는 것을 중시하는 것, 원탁에서 떠들썩하게 식사하고 한담을 나누며 차를 마시는 등

144_ "여덟 살이 되면 문을 드나들 때나 자리에 앉을 때 음식을 먹을 때, 반드시 어른보다 다음에 하도록 하여 사양하는 것을 가르치기 시작한다八年出入門戶, 及卽席飮食, 必後長者, 始敎之讓."(『예기』「내칙內則」)

의 화인華人 사회의 인정미를 의식적으로 보존하는 것, "어진 마을에서 사는 것이 좋다里仁爲美"는 말처럼 이웃끼리 왕래하며 서로 돕고 사는 것, "공을 이룬 뒤에는 자리에서 물러나며功成身退" "구애되지 않고 유유자적한" 교양미 등을 통해서, 원자로서의 개인을 기초로 수립된 현대의 윤리-정치가 초래한 자아팽창, 무자비한 경쟁, 절제되지 않는 욕심, 무한한 추구, 쓸쓸함과 고독, 돌아갈 곳이 없는 것 등의 문제를 적절히 경감할 수 있을 것이다.

정치에 있어서, 이처럼 '종교적 도덕'이 '사회적 도덕'을 이끄는 것에는 다음의 사상이 포함되어야 한다. "인구의 부족을 근심하지 않고 재부의 균등하지 못함을 근심하며, 가난함을 근심하지 않고 편안치 못함을 근심한다"[145] "사해형제" "천하일가" 등의 대동大同사상, "적절한 때에 숲에 들어가 벌목한다"[146]는 생태보호 사상, "사물에게 부림을 당하지 않는다"[147] "사물을 사물로 대할 뿐 사물에 의해 사물로 부림을 받아서는 안 된다"[148]는 것처럼 과학기술의 이화異化에 반대하며 인간이 기계의 부속품이나 노예가 되지 않도록 하는 사상 등이다. 이것은 바로 인류학 역사본체론 즉 인류 총체의 오랜 생존과 지속의 측면에서, 눈앞의 것과 국부적인 것과 국가의 경제이익 및 정치체제를 잘 이끌고 제대로 자리잡게 하는 것이다.

요컨대, '세 가지 합일'의 원래의 구체적인 내용을 버리고 그 형식 구조에 새로운 내용을 주입하는 식으로 개조함으로써 '예교 삼

145_ "不患寡而不均, 不患貧而患不安."
146_ "斧斤以時入山林."
147_ "不役於物."
148_ "物物而不物於物."

합일三合一'이 '인학仁學 삼합일'이 되도록 해야 한다. 즉 현대생활의 '사회적 도덕'을 기초로 삼고 전통의 '종교적 도덕'으로 그것을 잘 이끌어서 새로운 통일을 이뤄 새로운 형식과 새로운 구조의 '종교·윤리·정치의 합일'을 창조해내는 것이다. 이것은 "천지 가득한 기운이 내 몸이고, 천지를 주재하는 이치가 내 본성이다. 모든 사람은 나의 형제고 만물은 나의 동료다"[149](장재, 「서명西銘」)라는 전통 정신을 계승할 수 있으며, 이는 바로 전통에 대한 전환적 창조다.

이것은 물론 매우 힘들고 매우 복잡한 역사적 분투 과정이다. 하지만 이 분투 자체가 신성성을 지닌다. 또한 이 신성성은 여전히 세속의 현실과 일상생활 속에서 수립되는 것이지, 그것의 '위' 혹은 '밖'에서가 아니다. 이처럼 생명의 신성함과 인생의 신성함을 힘껏 추구하는 것이야말로 중국의 무사巫史 전통이자 유학이 세계 문명에 이바지할 수 있는 공헌이다.

천도와 천주

'천天' '도道' '천도'에 대해서는 갖가지 고증과 해설이 있기 때문에 이 글에서 그것을 자세히 논할 수는 없다. 「무사 전통을 말하다」에서 말했듯이, 나는 그것들이 최초에는 원시 가무의 무술 의례 과정에서 나타난 신명에서 비롯되었다고 생각한다. 그것은 다원적이고 희미하고 어렴풋하고 모호하지만 확실히 존재한다. 이 '존

149_ "天地之塞吾其体, 天地之帥吾其性, 民吾同胞, 物吾與焉."

재'는 주로 기능·효용에 달려 있는 것이지, 어떤 실체 혹은 본질에 달려 있는 게 아니다. "음양을 헤아릴 수 없는 것을 신이라고 한다"150(「주역」), "그 일은 볼 수 없되 그 공功은 볼 수 있는 것을 신이라고 한다"151에서 말하는 게 바로 그러한 신명이다. 「무사 전통을 말하다」에서는, 의견이 분분하고 논쟁이 격렬한 『노자』의 '도'152 역시 이러한 각도에서 이해해야 한다고 특별히 지적했다. '도道'의 자원字源은 커다란 눈의 머리가 걷고 있는 것이다. 그것은 "어렴풋하고" "보아도 보이지 않고" "들어도 들리지 않지만", 그 가운데 "실물物이 있고" "그 가운데 정精이 있고" "그 가운데 믿음성信이 있다." 또한 "도는 하나를 낳고, 하나는 둘을 낳고, 둘은 셋을 낳고, 셋은 만물을 낳는다."153 이것이 바로 신명이 운행 중인 중국의 '창세기'다. 그것은 무無·허虛·적寂·중中·박朴·미발未發(이는 모두 무巫의 춤이 시작될 때 아직 동작이 이루어지기 전에 정신을 집중하고 있는 상태에서 근원한다)에서 비롯되어, 끊임없는 운동·생성·존재·변역變易 그리고 기제既濟–미제未濟에 이른다.

『노자』『주역』『항선恒先』『회남자淮南子』는 무의 춤 가운데 나타난 신명을 이성화된 방식으로 묘사하고 있다. 그것은 운행 중인 '도'다. 따라서 '도'는 모든 사물 속에서, 자연과 인간사에서 운행한다. "도는 일상의 인륜 가운데 있으며"154, "도는 똥과 오줌에도 있

150_ "陰陽不測之謂神."
151_ "不見其事而見其功之謂神."
152_ 객관 실체설(물질·정신·절대정신), 주관 경계설境界說 등이 있다. 류샤오간劉笑敢의 『노자老子』(타이베이: 둥다도서공사, 1997)를 참고하라.
153_ "道生一, 一生二, 二生三, 三生萬物."
154_ "道在倫常日用之中."

다."[155] '도'가 어찌 부재하겠는가? 이 '도'로 인해 비로소 '땅이 하늘을 감싸고地包天' '하늘과 인간이 합일'할 수 있었으며, 다른 하나의 세계가 따로 존재하지 않았다.

'천'의 기원에 대해 이 글에서는 주나라의 조상신이 전환한 것이라는 견해를 취했다. 주나라 초에 비로소 '천'이 '제帝'를 대신하여 지상신이 되었다. 천은 특별히 '도'와 연결·혼동되었기 때문에 인격신으로서의 형상은 더 이상 확정적으로 고정되지 않았으며, '천'의 함의는 모호화·자연화되었다. 이와 동시에 원래 무술 의례 활동에 본래 함유되어 있던 역사 경험에 대한 기억 및 외새 세계에 대한 이해 역시 점차 분화되었다. 그 기능 측면에서는 상고의 방술方術·의약[156]이 되었고, 그 지식 측면에서는 '자연' '이세理勢' 등이 '천'과 '도'를 이해하는 관념이 되었으며, 그 기능과 효용은 "음양을 헤아릴 수 없고" "그 일은 볼 수 없되 그 공은 볼 수 있다"는 구체적인 의미를 띠게 되었다. 상나라 때의 변덕스럽고 불가해한 상제는 사라졌으며, 그것을 대신한 것은 "오직 덕이 있는 이를 돕고"[157] "늘 선인善人과 함께하며"[158] "선한 이에게 상주고 나쁜 이에게 벌주는 '천'이다. 이것은 '천도' 혹은 '도'이기도 하다. '도' '천' '천도' 및 '천명天命' '천의天意' 등의 단어들의 같음과 다름 및 그 관계에 대해 이 글에서 자세히 논할 수는 없다. 이것들 간에 상당히 일치하는 공동의

155_ "道在屎溺."
156_ 리링李零의 『중국방술고中國方術考』『중국방술속고中國方術續考』에, 무술에서 방술까지 매우 상세히 서술되어 있으니 참고하라.
157_ "唯德是輔."
158_ "常與善人."

특징이 훨씬 더 중요하다. 그건 바로 인격적 형상이 점차 멀어져가고 규칙·이세理勢의 의미가 점차 짙어졌다는 것이다.

중화의 문화·심리·신앙은, 명확하고 구체적인 '천주天主'(God, 상제)가 아닌 어렴풋하고 모호한 '천도'를 주재자로 삼는다는 점이 극히 중요하다. '천주'는 유일신이다. 즉 인간의 외재적 형상을 지니지 않는다고 강조하지만 아무튼 인간과 비슷한 의지·언어·교의를 갖고 있으며, 전지전능하고 명령을 내리고 세계를 창조하고 경험을 초월하고 모든 것을 통치한다. 천주는 인간의 경험을 초월한 실체 내지 본질적 존재다. '천도'는 그렇지 않다. 천도는 예측할 수 없고 거역하기 어려운 기능과 신력을 지니면서도 이제껏 인간세상의 경험과 역사 사건을 벗어난 적이 없으며, 객관적 규칙이되 인간의 정감이 가득한 율령의 주재자가 되었다.[159] 전지전능하고 지고무상하며 인격성을 지닌 유일신 천주God 신앙을 발전시키거나 받아들인 적이 시종일관 없으면서도, 규칙성·율령성·이세성理勢性의 의미를 내포한 '천도' 관념을 낳고 이어왔다는 것이야말로 중화의 문화 사상사에 있어서 최초의 가장 중요하고도 가장 근본적인 심리 성과라고 하지 않을 수 없다. 그 원인은 바로 무사 전통에 있다.

유가와 도가는 모두 무巫에서 나왔다. 『노자』가 말한 '도'와 『주역』에서 말한 '항恒'은 이런 측면에서 모두 같은 특징을 지닌다. 『논어금독』에서 이렇게 말했다. "마왕두이 『역전易傳』에서 '역에는 대항大恒이 있다'[160]고 했는데, 이는 금본今本에서 '역에는 태극太極이

159_ 그래서 전대흔錢大昕은 『십가재양신록十駕齋養新錄』에서, 주희가 '천'을 '이理'로 해석한 것을 비웃었다. 사람은 '천에 기도'하는 것이지 '이에 기도'하는 게 아니라고 말이다.

160_ "易有大恒."

있다'[161]고 한 것보다 훨씬 뛰어나다. 항恒이란 상常이다. 이는 '하늘의 운행은 강건하니 군자는 스스로 강건해지기 위해 쉼이 없어야한다'는 것을 가리키는 것이기도 하다.'[162] '항'은 무巫와 관련이 있다. 이는 진춘펑金春峰이 연구한 다음 내용과 같다.

은·주 무 문화의 중대한 특징은 '항'을 숭배한 것이다.

주역은 '항'을 매우 중시했는데, 금본과 백본帛本 두 판본의 괘서卦序 배열에서 모두 항괘恒卦가 중심 지위에 놓여 있다.

궈뎬 죽간 『노자』에는 이런 측면이 더욱 두드러진다. (···) 노자가 허에 이르려고致虛 한 것은 '항' 혹은 '항덕恒德'을 획득하기 위해서다. 궈뎬 『노자』에서 '도'와 직접적 관련이 있는 글자는 모두 '항'과 연결되어 있다. 예를 들면 "항명恒名" "항도恒道" "도는 늘 이름이 없다道恒無名" "늘 욕심이 없다恒無慾" 등이다. 이처럼 항을 숭상하는 것은 백서帛書 「계사繫辭」의 문화 배경과 동일한 것이다.[163]

『노자』는 "도라고 말할 수 있는 도는 항도恒道가 아니다"[164]라고 했는데, 진정한 '도'는 바로 '항'인 것이다. '항'과 '도'는 모두 지속과

161_ "易有太極."
162_ 『논어금독』 7·17.
163_ 진춘펑金春峰, 『주역 경전의 정리 및 궈뎬 초간의 사상에 대한 새로운 해석周易經傳梳理與郭店楚簡思想新釋』, 173쪽·71쪽·174쪽, 타이베이: 고적출판사, 2003.
164_ "道可道, 非恒道."

유지의 과정이다. 그것이 강조하는 것은 끊임없이 옮겨다니고 변화하는 과정 속에서 운행하는 것이지, 어떤 고정된 불변의 대상(존재)에 귀의하는 것이 아니다. 따라서 여기서 '용用'은 바로 '체體'이며, 과정이 바로 존재이고, 변화가 바로 신명이다. 앞에서 말한 '예'의 특징 역시 이러하다. 즉 '예'는 엄밀하고 신성한 행위 질서의 과정 자체를 매우 중시한다. 이 모든 것은 무사 전통의 이성화이며, '도' '항'은 바로 이러한 이성화의 추상적 사변의 최고 범주다.

각각의 차이를 해석하고 설명하더라도, 묵가가 천주(유일·지상의 인격신)를 향해 나아간 경향을 제외하면 유가·도가·법가·음양가 등의 중국 고대의 각 사상은 모두 천주가 아닌 '도' 혹은 '천도'를 신앙하고 숭배했으며 실천 속에서 이 '천도'(신)에 착실히 복종하고 따를 것을 간곡히 타일렀다. 『노자』와 『주역』에 대해서는 앞에서 말했고, 다른 이들은 이렇게 말했다.

손자: 군사兵에는 정해진 형세成勢가 없고 불변의 형태恒形가 없다. 적에 따라서 능히 변화하여 승리를 거두는 것을 일러 신神이라 한다.[165](『손자병법 13편』)

장자: 그러므로 천지에 통하는 것이 덕이며, 만물에 행해지는 것이 도다. (…) 덕은 도에 포섭되며, 도는 천에 포섭된다.[166](『장자』「천지」)

165_ "兵無成勢, 無恒形, 能因敵變化而取勝者, 謂之神."
166_ "故通於天地者, 德也, 行於萬物者, 道也. (…) 德兼於道, 道兼於天."

관자: 도는 덕을 낳고 덕은 바름正을 낳고 바름은 일의 공적事을 낳는다.167(『관자』「사시四時」)

도법가道法家: 도는 법을 낳는다.168(『경법經法』「도법道法」)

'도' 혹은 '천도'는 중국인의 상제이며 천주God다. 이러한 '천도'에는 다음의 세 가지 중요한 특징이 있다.

첫째, '천도'는 바로 '인도'다.

무에서 예로의 이행, '종교·윤리·정치의 합일'인 예, 천·도·천도의 종교성 역시 '인도'인 정치·윤리와 직접적으로 관계가 있다. 구제강은 다음과 같이 팡샤오웨方孝岳의 말을 인용했다.

우禹는 대무大巫로서 정치를 장악하고 홍수를 다스렸으며, 대무로서 천자라 칭했다. 신관神官과 천도가 그에 의해 일방적으로 다루어졌다. 따라서 (『상서』의) 「주서周書·다사多士」 「주서·다방多方」에서는 소위 천명의 기원을 하나라까지 거슬러 올라갔다.169

천·도·신·천명·천도에는 일반적으로 인격신의 의지·언어·기적이 결핍되어 있다. 자연환경과 현실생활과 통치규칙 속에서 그것들(천·도·신·천명·천도)이 드러나는 게 강조된다. 따라서 자연의 측면에서 보자면, 중국의 천·도·신은 초자연적 주재자가 아니라 자연

167_ "道生德, 德生正, 正生事."
168_ "道生法."
169_ 『구제강 독서필기』 제6권, 4126쪽.

속의 주재자다. 따라서 중화문화는 산신·수신·토지신 및 여러 인신人神 등 많은 신과 신앙을 줄곧 용인했다. 이것은 바로 무의 직접적 전승이다.

인간사의 측면에서는, 종교 윤리의 각도에서 말하자면 다음과 같다.

> 도를 닦는 것을 가르침教이라고 한다. 도라는 것은 잠시도 떠날 수 없는 것이니, 떠날 수 있다면 도가 아니다.[170](『중용』)

> 군자의 도는 부부로부터 단초가 만들어지는데, 그것이 지극함에 이르러서는 천지에 뚜렷이 드러난다.[171](『중용』)

이상은 모두 '천도'의 고상한 신의神意가 이처럼 가까우면서도 경험에 부합하고 이해할 수 있음을 말해준다.

정치의 측면에서 말하자면 다음과 같다.

> "하늘이 듣고 보는 것은 우리 백성이 듣고 보는 것에서 말미암고, 하늘이 두렵도록 밝은 것은 우리 백성이 두렵도록 밝은 것에서 말미암는 것입니다."[172](『상서』「고요모皐陶謨」)

170_ "修道之謂教. 道也者, 不可須臾離也, 可離, 非道也."
171_ "君子之道, 造端乎夫婦, 及其至也, 察乎天地."
172_ "天聰明, 自我民聰明, 天明畏, 自我民明畏."

백성이 바라는 바를 하늘은 반드시 따른다.[173](『상서』「태서泰誓 상」)

하늘은 우리 백성이 보는 것을 보며, 하늘은 우리 백성이 듣는 것을 듣는다.[174](『상서』「태서 중」)

"백성은 신神의 주인입니다."[175](『좌전』 환공 6년, 희공僖公 19년)

사람들의 이익 및 세상의 구제가 '천' '천명' '천도' '도'의 근거이 자 귀착점이 되었다. 신과 인간은 결코 완전히 이질적인 것이 아니 다. '천도'와 '인도'는 뒤섞이고 중첩된다. 따라서 '천도'의 신성함과 인간의 신성함은 실질적으로 하나로 통한다.

다른 사람의 본성性을 지극히 다하도록 할 수 있으면 만물의 본성을 지극히 다하도록 할 수 있고, 만물의 본성을 다하도록 할 수 있으면 천지의 화육化育을 도울 수 있고, 천지의 화육을 도울 수 있으면 천지 와 더불어서 나란히 있을 수 있다.[176](『중용』)

군주는 신의를 지키고 신하는 공경스러움을 지켜, 충성·신의·신실함 篤·공경을 윗사람과 아랫사람이 함께하는 것이 천도이다.[177](『좌전』 양

173_ "民之所欲, 天必從之."
174_ "天視自我民視, 天聽自我民聽."
175_ "民, 神之主也."
176_ "能盡人之性則能盡物之性, 能盡物之性則可以贊天地之化育, 可以贊天地之化育, 則可與 天地參矣."
177_ "君人執信, 臣人執恭, 忠信篤敬, 上下同之, 天之道也."

공 22년)

군자는 이로써 두려워하며 수신修身하고 반성한다.[178](『주역』)

남이 듣지 않는 곳에서도 두려워해야 한다.[179](『중용』)

공자가 두려워하며 『춘추春秋』를 지었다.[180](『맹자』)

무엇을 '두려워'하는가? 신명을 두려워한다. 신명은 어디에 존재하는가? '천주'에 존재하는 게 아니라 '천도'와 '인도'에 존재한다. 공자가 『춘추』를 지어 말한 것은 모두 '인간사'이다. 천·도·천도의 신성성 혹은 신비한 주재성主宰性과 그것의 물질성은 자연 및 인간사의 과정성과 한데 연결되어 있으며 명확히 나뉠 수 없다.

"요堯는 하늘을 본받았다."[181] 원고시대의 성왕과 무사巫史는, 천문을 환히 알고 역수曆數를 만들고 천상天象을 이해하고 천도를 알았던 이들이다. 여기서 중요한 점은 그들이 천상·천도를 인간사·인도와 밀접하게 연계시켰고 이것이 중국의 전통이 되었다는 것이다. 초험적 천리를 추구하는 송명이학에 이르러서도 여전히 이렇게 말했다. "어찌 인도가 있음을 알면서 천도가 있음을 모르는가? 도

178_ "君子以恐懼修省."
179_ "恐懼乎其所不聞."
180_ "孔子懼, 作春秋."
181_ "堯則天."

는 하나다."[182] (정이程頤) 오늘날에도 '천'의 이러한 이중적 함의는 중국인의 언어 속에 여전히 보존되어 있다. 서양철학의 소양을 상당히 갖춘 왕궈웨이는 이렇게 말했다. "'천'은 천제天帝의 정기精를 지닌 푸르고 넓은 물질蒼蒼之物이다."[183]

천도의 두 번째 특징은 앞의 것과 관련된 것으로, '천도'는 아주 큰 개방성을 지닌다.

이러한 '개방성'은 포용성과 융통성이기도 한다. '천도'는 '신'의 무한한 법문法門을 갖고 있지만 어렴풋하고 모호하기에 여러 가지로 해석할 수 있다. 또한 천이 지닌 주재성主宰性과 자연성이 함의는 상호 침투했고, 그것이 이성화됨으로 인해 주재성·율령성은 이세 성리性理·규칙성 속으로 나날이 묻혀 사라졌다.

"하늘이 어디 말을 하더냐. 사시가 운행하고 만물이 생장하는데 하늘이 어디 말을 하더냐."[184] 공자가 이 말을 한 뒤로 순자가 "천을 위대하다고 여기며 그것을 사모하는 것이, 어찌 천을 물질로 받아들여 그것을 제어하는 것보다 낫겠는가? 천에 순종하며 그것을 칭송하는 것이, 어찌 천명을 제어하여 그것을 이용하는 것보다 낫겠는가?"[185]라고 말한 때에 이르러서는, '천'과 '인'이 완전히 분리될

182_ "安知有人道而不知有天道者乎? 道, 一也."
183_ 「구탕성이 『중용』을 영어로 번역한 뒤에書辜氏湯生英譯中庸後」, 『왕궈웨이문집』 제3권, 47쪽. 구훙밍辜鴻銘(1857~1928)의 『중용』 영역본은 1904년에 『일본우보日本郵報』에 실렸고, 1906년에 상하이에서 단행본으로 출간되었다. 같은 해에 왕궈웨이는 상하이에서 발행되는 『교육세계敎育世界』에 「구탕성이 『중용』을 영어로 번역한 뒤에」라는 글을 발표했다. 탕성湯生은 구훙밍의 자字이다. 이 글에서 왕궈웨이는 구훙밍의 『중용』 영역본을 매우 가혹하게 부정적으로 평가했다. ― 옮긴이
184_ "天何言哉. 四時行焉, 百物生焉, 天何言哉."
185_ "大天而思之, 孰與物畜而制之. 從天而頌之, 孰與制天命而用之."

수 있는 듯했다. 하지만 결코 그렇지 않았다. 무사 전통의 거대한 힘은 한대에 이르러 유가·법가·도가·음양가를 합한 오행 피드백의 천인 도식을 형성했다. 그것이 강조한 것은 천·인의 동질同質과 상호 피드백하는 공동의 규칙성이다. 이 규칙성은 주재성이기도 하며186, 이 주재성은 인간의 경험세계 속에서 수행되었다.

'천도'가 인도이고 인도가 '천도'라는 이러한 관념은, 중화문화의 실용이성이 서양의 경험론·실용주의와는 다르도록 만들었다. 실용이성은 하늘과 인간이 공유한 '객관 규칙성'을 인정하고 강조하기 때문이다. 또한 앞에서도 말했듯이 그것은 중국이 특히 윤리 도덕을 중시하도록 만들었다. 윤리 도덕이 바로 그러한 객관 규칙이자 종교·상제·신명이기 때문이다. 중화문화는 윤리 도덕이 '천도'와 신명을 체현하고 있음을 강조했으며, 이로써 윤리 도덕은 지고무상의 신성神聖이었다.

위·진 현학은 『노자』를 받아들여 "성인은 무를 체현한다聖人體無"고 강조했다. '도'의 '본체'인 '무無'는 그것의 무한 가능한 개방성에 달려 있다. 따라서 그것이야말로 '유有'를 부릴 수 있고 '유'를 생겨나게 할 수 있다. '무' '천' '도'의 이러한 개방성은 역사상 다음과 같이 많은 사례를 찾아볼 수 있다. "천명을 받은 황제가 고하는"187 것은 '천도'이고, "창천蒼天은 이미 죽었으니 황천黃天이 서리라"188

186_ 리쩌허우, 『중국고대사상사론』.

187_ "奉天承運皇帝詔曰." 명나라 때부터 이 여덟 글자는 황제가 발표하는 조서에 사용되었다.—옮긴이

188_ "蒼天已死, 黃天當立." 후한後漢 말 황건黃巾 기의군이 사용한 구호로, '창천'은 한나라를 가리키고 '황천'은 황건 기의군을 가리킨다.—옮긴이

고 한 것 역시 '천도'이며, 양산박梁山伯 무리가 반란을 일으켜 "하늘을 대신하여 도를 행한"[189] 것과 탕왕과 무왕이 혁명하여 "하늘에 순종하고 백성에게 응한"[190] 것 역시 '천도'다. "영명하신 문왕과 무왕께서 위대한 명을 받으신"[191] 것, "위대하신 상제께서 세상에 임하시어 빛난"[192] 것 역시 '천도'다. "만방에 죄가 있다면 그 죄는 짐에게 있다"[193]는 것, 희곡戲曲에서 '용포를 때리는打龍袍' 것과 '혼군이라고 욕하는罵昏君' 것 역시 '천도'다.[194]

'천도'는 '천주'가 아니기 때문에 명확한 인격·형상·언어·의지·교의가 없으며, 각각의 심경·환경·사건·인물에 따라서 서로 다른 해석 심지어는 상반된 해석을 할 수 있다. 따라서 그것의 시대적 변이성 역시 매우 두드러진다. 이로 인해 중국인은 육조·수·당 시기에 큰 저항 없이 불교를 받아들였으며, 근현대에는 다윈니즘(종의 진화론)과 마르크시즘('역사 규율'론)을 큰 저항 없이 받아들였다. 특정한 기존 종교 교의의 심각한 방해가 없었기 때문에 그것들은 모두 의식적·무의식적으로 '천도' 관념과 융합할 수 있었다.

'천도가 바로 인도'라는 것과 '천도의 개방성'은 거대한 해로움을 초래하기도 했다. 우선, 자연과 인간사를 구분하지 않고 '천인합일'을 강조했는데 이는 독립적인 자연법Law of nature 관념이 생겨나는

189_ "替天行道."
190_ "順乎天而應乎人."
191_ "丕顯文武, 膺受大命" 모공정毛公鼎의 명문銘文에 나오는 구절이다.─옮긴이
192_ "皇矣上帝, 臨下有赫."
193_ "萬方有罪, 罪在朕躬."
194_ 이것은 상고시대에 무를 물에 빠뜨리고溺巫 무를 매질하던鞭巫 전통과 관련지을 수 있다.

데 매우 큰 장애가 되었다. 유비類比 연상의 사유 습관이 발명과 창조에 도움이 되지만, 아무튼 그것은 논리가 아니다. 그것은 연역도 아니고 귀납도 아니며 실험은 더욱 아니다. 연역·귀납·실험은 중화 문화에서 발전하지 못했다. 천·인을 뒤섞어 파악하는 방식은 문제와 대상 간에 차이를 낳았고, 결국 중국에는 고도로 발전된 기예(의술醫·농업술農·병술兵·예술藝)만 존재하고 독립적인 과학은 시종일관 결핍되고 말았다. 이것은 중국 문화가 현대 서양문명과 조우하는 과정에서 뚜렷한 열세에 놓이게 된 중요한 원인이기도 하다.

다음으로 사회적 측면에서 보자면, 전체 시스템의 안정과 조화를 강조하는 반면 이 시스템에 놓여 있는 개체의 독립적 가치와 생명의 의의는 말살하거나 홀시했다. 개체는 천인 시스템, 오륜 시스템, 삼강육기三綱六紀 시스템 속에서 하나의 요소·성분·부품 심지어는 나사못에 불과했다. 이런 시스템에서는, 현실의 물질생활 영역 내의 독립적인 개체 및 자유·권리라는 중요한 관념이 결핍되어 있었다. 개체의 자유는 대부분 순수한 정신 영역 내에 국한되어 있었다.

다음으로, '천도가 바로 인도'라는 것과 '천도'에 대한 해석의 개방성으로 인해 과도한 임의성이 발생하기 쉬웠다. 이로써 실용이성은 '유용하면 진리'라는 실용주의에 빠져들게 되었다. 즉 어느 한 시기의 인간사의 이해·공과功過·득실·우열을 가지고 이를 객관적 '천도' 혹은 '도'로 인정했기에 다른 여러 종교 및 그 교의가 지닌, 초험적인 신으로 인해 규범화·규정화된 명백성·정확성·끈기는 결핍되었다.

장점은 종종 그 자체가 바로 결점이기도 하다. 중화문화의 실용이성은 이러한 문제를 인식할 지혜를 지니고 있다. 자신을 반성하고 원래의 누적-침전(적전積澱)[195]된 문화심리와 사유 방식을 변화시켜야 한다. 물론 이것 역시 하나의 과정이며, 상당한 시간을 바쳐야 한다. 중화문화의 약점과 결점에 대해서는 이전의 책에서 이미 말했으니 여기서는 더 말하지 않겠다.

천도의 세 번째 특징은, '천도'는 인간의 주체성과 능동성의 직접적인 앙양이다.

"황제黃帝가 보정寶鼎 세 개를 만들었는데, 천·지·인을 본뜬 것이다. (…) 다리 속이 빈 세발솥을 역鬲이라고 하는데, 삼덕三德을 본뜬 것이다."[196](『한서』, 「교사지」) 이것은 후세의 기록이긴 하지만, 세발솥鼎의 세 다리처럼 '천' '지' '인'이 나란한 것은 상고시대 무사巫史에서 이미 시작되었다. 흥미로운 것은 고고학에 따르면 이 삼족기三足器의 "솥발이 모두 중국 특색의 기물이며 (…) 특히 역鬲은 세계 어디서도 이와 유사한 기물을 찾아볼 수 없다"[197] 이것이 "천·지·인이 솥발처럼 셋이 나란한 것"[198]과 직접적으로 관계되지 않더라도, "하늘이 크고 땅이 크고 사람 역시 크다"[199]는 사상의 단초를 상징하고 의미하는 것일 수 있다. 또한 삼족 정립鼎立의 '천도'를 인정하고 최고신·유일신인 천주를 인정하지 않았기 때문에 중국

195_ '적전積澱'은 누적과 침전을 결합한 단어로, 리쩌허우가 만들어낸 용어다. 오랜 역사 속에서 형성된 심층문화심리와 관련된 '적전'이라는 용어는 리쩌허우 미학 이론의 핵심이기도 하다. 적전을 일반적으로는 '침적'이라고 번역하지만, 침적이라는 단어로는 적전에 담긴 함의를 제대로 전달할 수 없다고 판단하여 '누적-침전'으로 번역했다.—옮긴이

196_ "黃帝作寶鼎三, 象天地人. (…) 其空足曰鬲, 以象三德."

197_ 쑤빙치, 『중국문명기원신탐中國文明起源新探』, 9쪽, 홍콩: 상무인서관, 1997.

198_ "天地人鼎足而三."

199_ "天大地大人亦大."

고대에는, 운명이 절대적으로 주재하여 사람의 힘으로는 어떻게 할 수 없는 그리스 비극(그리스에는 천주가 없었지만 제우스를 우두머리로 하는 신의 세계와 주재主宰가 있었다)이 생겨나지 않았다. 상제가 절대적으로 주재하고 인간은 극단적으로 두려워하며 복종하는, 하늘과 인간이 결코 동질적이지 않은 히브리 『성경』과 기독교 교의 역시 생겨나지 않았다. 이와 반대로, 극단적으로 두려워할 절대적인 숭배 대상이 없었고 바꿀 수 없는 운명의 위협이 없었기 때문에 자신의 현실적 생존과 세상에서의 삶을 주동적으로 선택하고 결정할 수 있었다. 앞에서 말한 『주역』의 '연덕演德'이 바로 이와 같다. 각종 문제와 곤경에 직면했을 때, '무에서 예로의 이행'인 중국의 '성서聖書' 『역』이 사람들에게 알려준 것은, 인간이 자각적이고 주동적으로 선택하고 행동해야 한다는 것이다. "일의 성공은 사람의 노력에 달려 있다事在人爲" "사람이 노력하면 하늘을 이길 수 있다人定勝天"는 말은 전통 격언이자 누적-침전된 문화심리가 되었다.

무사 전통은 인간의 자발성을 크게 앙양시켰다. 하지만 "천도는 인도" 및 "천도의 개방성"과 마찬가지로, 초험적 주재에 대한 극단적인 두려움과 복종이 결핍되어 있기 때문에 인간 자발성의 지나친 앙양은 인간중심론에 쉽게 빠져들 수 있다. 인간이 자연을 주재할 수 있다고 오인하고 멋대로 하다가 엄중한 결과를 초래하기 십상이다. 인류가 동물계를 벗어나 어렵·농경을 할 때부터 이미 생산이라는 문제가 생겨났다. 그래서 중국 고대인은 인간이 그물을 설치해서 "물고기가 놀라고 새가 놀랐다魚駭鳥驚"라고 말했다. 하지만 현대의 과학기술이 없었기 때문에 전반적으로는 그 영향이 아직은 작았다. 그리고 현대의 인간중심론은 본래 서양 봉건시대의 신 중

심 논리의 산물이다. 『성경』에서는 인간에게 자연을 '관리'하라고
했다. 신을 부정하게 되자, 인간이 중심이 되고 주재자가 되었다.
무사 전통은 결코 인간중심론이 아니다. 그것이 강조하는 것은 천
인동체이고 인간과 자연(신)의 조화·일치다. 따라서 (중심은) 신도
아니고 자연도 아니고 인간도 아닌, "천·지·인이 솥발처럼 셋이 나
란한 것"이다.

하지만 중국은 특히 오늘날 빠른 속도로 현대화가 진행되는 과
정에서 여전히 인간 중심론을 애써 피해야 한다.

이제 글을 마칠 때가 되었는데, '무'의 특징에 관한 내용으로 다
시 돌아가야겠다. 「무사 전통을 말하나」에서 말했는데, 지금 다시
비슷한 자료를 인용하기로 한다.

(무술은) 이들 신령을 강박하거나 압박하지, 종교와 같이 그들의 환
심을 사거나 비위를 맞추려고 하지 않는다.[200]

무술의 제재題材는 주로 인간사로, 어렵·원예·무역·질병·사망 같은
것들이다.[201]

무술은 실용적인 기술로, 모든 동작은 목적을 달성하기 위한 수단일
뿐이다. 종교는 그 자체가 바로 목적적 행위이며 그것 바깥의 다른 목
적은 없다.[202]

200_ 『황금가지』중역본, 29쪽, 1987.
201_ 말리노프스키, 『무술·과학·종교·신화』중역본, 61쪽.
202_ 말리노프스키, 『무술·과학·종교·신화』, 75쪽.

무술의 핵심 관심사는 분명하다. 그것은 '자연 과정'의 규칙성을 확보해야 하며, 불규칙성 및 예외 현상을 잘 처리하여 세계의 리듬을 '안정'시켜야 한다. 기형의 출산, 일식·월식 혹은 기타 괴이한 사건이 상서롭지 않은 '징조'를 나타내고 무술이 이에 관여해야 할 필요가 있을 때, 사람들이 추구해야 하는 것은 바로 자연계의 통상적인 질서다. 때 맞춰 출현해야 하는 바람과 비를 무술로 불러내야 하는 것처럼 말이다.[203]

주기적이고 순환적인 모든 과정은 본능에 가까운 공명共鳴을 사람의 몸에 환기시킨다. 처음부터 그는 자신을 재생의 순환에 말려든 것으로 간주한다. 그는 자신을 세계에 결합시킨다. 그와 세계의 연계는 주로 그 자신의 행위 능력을 통해서 이루어진다. (…) 비바람을 불러내고 계절을 마음대로 부릴 수 있게 된다.[204]

무술이 종교와 구별되는 주요 특징은, 인간의 주체성을 직접적으로 확립했다는 것이다. 그것은 중화 상고시대의 이성화 과정 속에서 '예제'와 '천도'로 발전했으며, 최종적으로 '실용이성'과 '낙감樂感문화'를 형성했다. 이것은 바로 중화 전통의 기본 정신이다. 중화문화는 인간의 현실 생명 및 물질생활을 긍정하는 문화다. 중화문화는 세상의 행복과 인간관계의 조화를 매우 중시하는 문화A

203_ 아르놀트 겔렌A. Gehlen, 『기술시대의 인류 영혼』 중역본, 11쪽, 2003. 상하이 과기科技교육출판사, 2003. 원제는 『기술 시대의 영혼Die Seele im technischen Zeitalter』이다.─옮긴이

204_ 아르놀트 겔렌, 『기술시대의 인류 영혼』, 15쪽.

culture of worldly happiness다. 행복에는 물론 물질과 정신의 두 측면이 포함된다. 독립적이고 심지어는 '초험'적인 정신의 행복을 추구한다 할지라도 이 현실의 물질적 생활과 존재(존재자)를 결코 배척·부정·증오하지 않는다. 천주를 믿지 않기 때문에 '낙감문화'는 인간을 근본으로 하며 인간 자신의 힘을 믿는다. 역사가 비극 속에서 앞으로 나아간다 할지라도, 자강불식自强不息하고 강인하게 분투하면 고생 끝에 낙이 올 수 있다. 형세가 변할 수 있고 앞길에 빛이 있을 수 있으며, 과거를 이어받아 미래를 개척하면 "비록 백 세대 이후의 상황이라도 알 수 있다."205 따라서 공자는 "불가능하다는 것을 알면서도 했고"206 『주역』의 '기제旣濟' 다음에는 '미제未濟'가 있다. 그것이 나타내는 것은, 인류가 가야 할 길은 영원히 완성되지 않는 분투의 여정이며 이것이 바로 '천도'이자 '인도'라는 것이다. 따라서 '낙감문화'는 '낙관문화A culture of optimism'이기도 하다.207 그것은 '인간이 살아간다'는 기본 명제를 낙관하며 다잡는다. 이것은 바로 무사 전통의 가장 심층적인 면의 표현이자 발양이다. "신이 죽었어도 인간은 여전히 살아간다. 주체성은 자신의 길을 개척하며 끊임없이 앞으로 나아갈 것이다."208

205_ "雖百世可知也."
206_ "知其不可而爲之."
207_ '낙감樂感문화'의 또 다른 함의는 음악과 심미 정감이 인성의 최종 완성임을 인식하는 것이다. 따라서 그것은 '악감문화A culture of music & Aesthetics'라고도 할 수 있다.
208_ 리쩌허우, 『실용이성과 낙감문화實用理性與樂感文化』, 232쪽, 베이징: 싼롄서점, 2005.

3장

무에서 예로[1]

1_ 「무에서 예로由巫到禮」, 2001·2014. 2001년 6월 26일 홍콩 시티대학 중국 문화센터에서 강연한 녹취록이다. 첨삭을 했고, 위천予忱이 정리했다. 원래는 『중국 문화』, 2014년 춘계호春季號에 실렸던 글이다.

활동 속의 신명

리쩌허우: 오늘 제 강연의 제목은 '무에서 예로'입니다. 설명하기 어려운 주제이지요. 상고사까지 관련되어 있고 자료도 모자라니까요. 제 연구도 충분하지 않고 학술계에서도 아직 연구가 충분하지 않은 것 같습니다. 이건 아주 중요하지만 등한시되는 주제예요. 그래서 이렇게 말해볼 가치가 있답니다. 특히 이 주제는 중국 문화 전체와 중국철학 전체의 특징과도 아주 관계가 깊으니까 아주 큰 주제지요.

중국 문화와 중국철학의 특징은 무엇일까요? 물론 아주 많습니다. 다른 문화와 비교해서 말하자면, 중국 문화에서는 인간의 지위가 아주 높아요. 천지인삼재天地人三才이지요. 인간이 천지와 나란할 수 있어요. "천지에 참여하여 화육化育을 도울" 수 있습니다. 인간은 하늘의 운행에 참여할 수 있어요. 제가 기억하기로, 1980년대에 전통에 반대하던 학자가 말하길 중국 문화의 최대 결점과 최대 문제는 바로 인간의 지위가 너무 높다는 것이기 때문에 기독교를 들여와야 한다고 했지요. 인간은 신 앞에서 죄를 뉘우치고 자신에게 원죄가 있음을 인식해야 하고 자신의 지위를 그렇게 높이 평가해서는 안 된다는 거였죠. 『성경』은 인간이 하느님의 일에 참여할 수 있다고 말하지 않아요. 하느님이 빛이 있으라고 말하니 빛이 생겨났죠. 인간이 거기서 무슨 역할을 할 수 있나요? 저는 그 학자의 견해에는 동의하지 않지만, 그가 핵심을 움켜쥔 부분도 있다고 생각합니다.

중국의 『시경』에는 하늘을 욕하고 원망하는 말이 나옵니다. 하늘을 믿을 수 없다고 말하지요. "하늘이 눈이 멀었다"는 말을 흔히 하는데, 이렇게 직접 하늘을 욕하면서도 별다르게 생각하진 않잖아요. 중국에는 창조주라는 개념이 없어요. 신이 인간을 만들었다는 관념이 없습니다. 사람은 부모로부터 나온 거라 생각하지요. 그러니까 하늘을 욕해도 괜찮은 거죠. 하지만 부모를 욕하면 안 돼요. 인간의 지위가 이렇게 높다보니, 이런 현상을 두고 많은 학자들이 이것이 대체 어디서 유래한 것인지 지적했답니다. 중국은 왜 지금까지 이토록 역사가 오래되었으면서도, 절대적이고 전지전능하고 모든 것을 주재하며 보통의 세속적 삶의 경험을 훨씬 뛰어넘는 신이 시종일관 형성되지 않았을까요? 유대교의 신, 기독교의 신, 이슬람교의 신처럼 말이죠. 중국 백성이 믿는 관공關公·마조媽祖·관음보살은 모두 세속의 삶과 연결되어 있답니다. 게다가 그들은 본래 인간이었어요. 인간에서 신이 된 거죠. 인간과 신은 동질적인 거예요. 관공은 본래 관운장關雲長이라는 개체였어요. 마조 역시 그렇지 않나요? 대체 왜일까요?

중국에서는 천지를 개벽한 절대신·최고신이 시종일관 형성되지 않았습니다. 유대교는 송나라 때 중국에 들어왔는데, 지금 카이펑開封 부근에서 그 후예를 찾을 수 있지만 유대교는 사라졌어요. 기독교 역시 다들 아시다시피 명나라 때 중국에 전해졌지만 지금까지 지식인들 사이에서 보편적인 신앙이 되지는 못했습니다. 왜일까요? 중국 지식인은 신을 믿다가도 때로는 믿지 않고, 신을 믿지 않다가도 때로는 신을 믿어 왔답니다. "조상에게 제사지낼 때는 자리에 계신 듯이 하고 신에게 제사지낼 때는 신이 계신 듯이 하라[2]"고 공자가 말했지요. 제사지낼 때는 그 신명이 존재한다는 것을 믿으라는 말입니다. 하지만 제사지내지 않을 때는 생각하지 않는 거죠. 이슬람에서 날마다 다섯 번 절하고 천주교에서 식사 때마다 감사 기도하고 기독교에서 매주 교회에 가서 예배드리는 것과는 달라요. 그래서 묵자는 일찍이 유가를 두고, "하늘을 분명하지 않다고 여기며 귀신을 신령스럽지 않다고 여긴다[3]"며 질책했지요.

왜 중국을 '하나의 세계'라고 말하는 걸까요? 귀신을 대하는 태도와 마찬가지로, 중국인의 또 다른 세계 역시 상당히 모호하고 어렴풋하고 불명확하기 때문이에요. 중국인에게 또 다른 세계는 이 세계보다 더 중요하거나 더 진실한 게 결코 아닌 듯합니다. 오히려 반대로, 또 다른 세계는 이 세계의 연장이자 모방인 것 같아요. 사람이 죽으면 고대에는 명기明器를 묻었고, 오늘날에는 종이로 만든 집과 가구를 태움으로써 죽은 이가 이 세계의 삶을 계속 향유할

2_ "祭如在, 祭神如神在."
3_ "以天爲不明, 以鬼爲不神."

수 있도록 하지요. 또 다른 세계는 이 세계와 크게 다른 게 없어요. 또 다른 세계는 실제로 이 세계의 현실생활을 위해 이바지하지요. 중국인은 실용을 굉장히 중시하고 공리功利를 중시합니다. 사당에 가서 향을 피우면서 복을 빌지요. 자식을 주십사, 평안을 지켜 주십사, 질병을 없애 주십사 빕니다. 이건 모두 이 세계의 요구에요. 매우 세속적인 목적을 위한 것이죠. 영혼을 구제하고 죄악을 씻기 위해서라고 말하기는 어렵죠. 왜 그럴까요? 이런 문화적 특징은 어디서 유래한 것일까요? 로저 에임스Roger T. Ames의 『손자병법』에서도 서양 전통의 두 세계와 달리 중국은 하나의 세계라고 지적하긴 했지만 그 유래에 대해서는 말하지 않았어요.

철학적 측면에서 말하자면, 서양은 그리스철학부터 하이데거에 이르기까지 Being이 아주 큰 문제였답니다. 이 단어는 하이데거에게 가장 중요한 것이죠. 그의 가장 유명한 저서는 『존재와 시간Being and Time』인데 이걸 중국어로 번역하는 게 쉽지 않답니다. 어떤 사람은 '존재'라 번역하고 또 어떤 사람은 '~이다是'라고 번역해야 한다고 하지요. 학술계에서도 늘 논쟁이 빚어지고요. 왜 그럴까요? 중국철학에 있어서 이 문제는 특별히 중요하거나 심각한 문제가 아닌 듯합니다. 즉 중국철학은, 영원불변하며 가장 근원적인 '진실' 세계의 '존재Being'를 결코 추구하지 않아요. 반대로 중국인은 Becoming을 중시하지요. 끊임없이 생성되며 그치지 않는 것을 중시합니다. 『역경』에서는 "궁하면 변하고 변하면 통하고 통하면 오래간다"[4]고 했어요. 끊임없이 변동하는 이 현실세계가 바로 진실

4_ "窮則變, 變則通, 通則久."

한 것이고 중요한 것이고 근원적인 것이라 여긴 것이지요. 그래서 change를 중시했지, Being 같은 건 중시하지 않았어요.

중국철학에는 또 하나의 특징이 있는데요. 플라톤의 대화에, '미美'는 아름다운 아가씨가 아니고 아름다운 항아리도 아니고 미 자체라는 이야기가 나오죠. 무엇이 미일까요? 그런데 무엇은 무엇 '이다'라고 중국인은 비교적 잘 말하지 않는 것 같아요. 중국인이 늘 말하는 건, 무엇을 할 것인지 어떻게 할 것인지예요. 공자는『논어』에서 '인仁'에 대해 아주 많이 말했답니다. 백 번이 넘지요. 하지만 인이 무엇인지에 대해서는 시종일관 정의를 내리지 않았어요. 이렇게 하면 인이라고 할 수 있다, 저렇게 하면 인이라고 할 수 있다, 늘 이런 식이었죠. 어떻게 하느냐, 이게 중요한 거죠. 송명이학에서 주장하는 "공부工夫가 바로 본체"[5]라는 것도 이와 마찬가지에요.

이 모든 특징은 대체 어떻게 된 것들이고 그 유래가 뭘까요? 제가 보기엔, 중국의 '무巫'라는 전통과 큰 관계가 있습니다. 그런데 왜 그토록 관계가 있는지의 문제가 현재 홀시되고 있지 않습니까? 학술계와 학자들 모두 이 문제를 중시하지 않아요. 제 생각에 그런 원인의 하나는 일반적으로 '무'라고 하면 민간의 무당을 떠올리기 때문이에요. 마녀Witch, 중세기에 서양에도 있었죠. 중국에서는 미신이라고 하면 당연히 부차적인 게 되어버려서 중시하지 않지요. 중국의 고대 기록에 나오는 무巫·축祝·복卜·사史 역시 대단한 관직은 아니에요. 무는 점차 소전통과 민간으로 들어갔고, 나중에는

5_ "工夫卽本體."

도교와 합류해서 중요하지 않게 되었죠. 구이저우貴州의 나儺문화에서는 가면을 쓰고 다양한 춤을 추는데 아직까지도 존재합니다. 이런 현상은 춘추시대 공자 때 이미 있었어요. 『논어』에 이런 말이 나오죠. "마을 사람들이 나례儺를 행할 때는 조복朝服을 입고 동쪽 계단에 서 계셨다."[6] 마을 사람들이 나례를 행할 때면 공자는 조정의 의식에 참여할 때 입는 옷을 입고서 동쪽 계단에 서 있었어요. 왜 그런 옷을 입고 대문 바깥에 서 있었을까요? 존경을 나타내는 겁니다. 무술의 춤에 대한 경의를 나타내는 거죠. 공자는 왜 그것에 경의를 표했을까요? 그 기원이 오래되었고 일찍이 그 지위가 아주 높았으며 아주 중요한 일이었기 때문이에요. 그것은 본래 대진통의 중요한 핵심이었어요. 1998년에 출판한 『논어금독』(3·24)에서 이렇게 말했는데요. "그 당시 사람들과 마찬가지로 공자는 상제와 귀신을 믿었을 것이다. 다만 '논하지 않는' 태도를 취했을 뿐이다. 즉 이성(이지·이해)으로써 신의 존재를 설명하려 하지 않고, 우주의 존재 및 그 규율성(사시의 운행 등)에 대한 깨달음을 통한 이해로써 정감 속으로 깊이 들어가 심리적 신앙의 마음을 형성한 것이다." 나례는 본래 귀신과 통하는 무술 의례예요. 비록 이미 소전통으로 몰락하긴 했지만 공자는 귀신과 상제를 믿었기 때문에, 이성적인 정감의 신앙을 지녔음에도 여전히 조정에서 입는 엄숙한 복장을 하고서 본래는 핵심적인 지위를 차지했던 오래된 전통에 경의를 나타낸 겁니다.

왜 무가 본래는 대전통의 핵심적 지위를 차지했다고 말하는 걸

6_ "鄕人儺, 朝服而立於阼階."

까요? 갑골문을 통해 알 수 있는데, 무는 늘 제帝와 같이 연결되어서 제무帝巫로 칭해졌어요. 그 당시에 무는 요즘 우리가 말하는 무당이 아니었어요. 당시에는 최고의 권세를 지닌 이가 바로 무였지요. 천명자陳夢家부터 시작해서 얼마 전에 별세한 장광즈張光直 교수에 이르기까지 여러 고고학자들의 연구 결과가 말해주지요. 왕은무의 우두머리로, 가장 중요한 무이자 가장 큰 무였다는 겁니다.중국의 전설에 등장하는 고대의 성왕들, 예를 들면 유가에서 늘 강조하는 요·순·우·탕·문왕·무왕·주공은 많은 학자들의 연구에따르면 그들 모두 대무大巫였어요. 『논어』에서는 "요堯가 하늘을 본받았다"고 했는데, 중국 고대에는 천문학이 매우 발달했고 고대의천문은 무술 및 당시의 신앙과 한데 연계되어 있었답니다. 『논어』에서 순舜이 아무 것도 하지 않고서 다스렸으며無爲而治 그저 남쪽을 향하고 있었다南面고 했는데, 대체 뭘 하고 있었던 걸까요? 어떤학자는 순이 법술을 시행하고 있었던 거라고 합니다. 다음으로 하나라의 우禹에 대해 말씀드리자면 우는 물을 다스렸지요. 우와 관련된 우보禹步가 도장道藏에 나오는데, 그건 무술의 걸음걸이에요.우 역시 '대무'였어요. 장광즈는 우의 아들 계啓가 중국 최초의 진정한 세습 우두머리인 하후계夏后啓임을 고증했는데요. 『산해경』에는 하후계가 구대九代라는 춤을 췄다고 나오는데, 이것 역시 무술의 일종이랍니다. 다음으로 탕湯은 상나라의 첫 번째 황제인데, 그의 기도는 아주 유명하죠. 당시에 큰 가뭄이 들어서 비가 내리지않자 탕은 자신의 머리카락을 잘랐어요. 만약 비가 계속 내리지않는다면 죽어버리겠다며 자신을 신명에게 바친 거예요. 아주 유명한 사건이죠. 과연 큰 비가 내렸지요. 무사巫師가 비를 간구하는 건 고대 문헌에 많이 나옵니다. 『주례』에 무를 이끌고 춤을 춘 내용이 나오는데요. 여러 무를 이끌고 춤을 추는 건 무엇을 하는 걸까요? 비가 오기를 비는 겁니다. 농경민족에게 비가 제때 내리는 건 아주 중요하죠. 하늘에서 비가 내리지 않으면 농사를 지을 수가 없어요. 이건 예삿일이 아니죠. 집단 전체가 생존할 수 있느냐 없느냐와 연결된 문제니까요. 무는 하늘과 인간을 소통시킬 수 있기에, 비를 달라고 하늘에 청하는 겁니다. 고증에 따르면 문왕 역시 무였어요. 주공이 무왕을 대신해 병을 고친 것 역시 무술을 행한 겁니다. 이에 대해서는 『상서』에 기록이 있어요. 주공의 아들 역시 무였고 이 역시 명확하게 기록되어 있답니다. 따라서 무의 지위는 그 당시에 매우 높았어요. 대전통 중에서 아주 중요한 역할이었죠. 무는 신의 뜻을 대표하고 전달하고 선포하고 집행했어요. 무 자체가 바로 신이었죠. 민간 소전통의 무당이나 박수와는 완전히 거리가 멉답니다.

따라서 제가 여기서 말하는 '무'는 그 글자 자체를 말하는 게 아니에요. 무·축·복·사 따위의 중요하지 않은 관직을 말하는 게 아닙니다. 아주 중요한 현상을 말하는 거예요. 이 현상은 구석시대까지 거슬러 올라갈 수 있답니다. 다들 아시다시피 19세기에 프랑스와 스페인에서 발견된 원시동굴 벽화에는 사냥 대상인 소가 그려져 있지요. 죄다 아주 어두운 곳에 그려져 있어서 횃불을 밝혀야 제대로 볼 수 있답니다. 이건 물론 감상을 위해서 그린 게 아니죠. 오늘날 벽화를 예술로 간주하는 것과는 달라요. 그 당시에는 무술 활동이자 무술 의례였죠. 활동이 끝나고 마지막에 그 흔적을 남겨놓은 겁니다. 이런 활동이 당시에는 매우 신성하고 매우 중요한 것이었어요. 수만 년 전이지요. 무는 바로 그때 시작되었어요. 바로 아주 중요한 현상이죠.

이러한 현상이 집단 혹은 인간에게 어떤 작용을 했을까요? 결코 간단하지 않은 작용이었을 겁니다. 이런 활동과 의례를 통해서, 춤을 통해서, 집단과 인간을 조직했던 거죠. 갑골문의 '무巫' 자는 춤을 춘다는 '무舞' 자와 같은 글자예요. 무가 바로 춤이고 춤이 바로 무예요. 무술로서의 춤은 일반적인 춤이 아닙니다. 문화나 오락을 위한 게 아니라, 매우 중대하고 신성한 것이자 현실의 삶에 중요한 작용을 하는 의미를 지닌 것이죠. 비를 내리게 하기 위해서 수렵을 위해서 풍작을 위해서 전쟁에서의 승리를 위해서였답니다. 양사오 시기의 마자야오 채도분에 그려진 아주 유명한 그림을 여기 가지고 왔는데요. 지금으로부터 4500년에서 5000년 이전에 그려진 거랍니다. 춤추는 모습이 그려져 있어요. 한 사람이 아니라 여러 사람이 춤을 추는 모습이지요. 그리고 모두가 손에 손을 잡고서 춤을 추고 있어요. 이건 무슨 역할을 했을까요? 집단의 단결 및 공고화·조직화의 역할을 했답니다. 처음에는 아마도 아무렇게나 췄을 겁니다. 하지만 나중에는 매우 정교해졌지요. 발은 어떻게 도약하고 동작은 어떻게 하며 왼손과 오른손은 어떻게 조화시킬지, 앞뒤로 나아가고 물러서는 것은 어떻게 할지, 얼굴 표정은 어떻게 할지, 어떤 복식을 착용할지. 오늘날에도 아프리카와 태평양군도의 원시부족은 아주 다양하고 기괴한 가면과 복식을 착용하고 춤을 춘답니다. 이런 활동을 통해서 사람들의 집단적 관계가 공공해지지요. 누가 무엇을 추고 순서는 어떻게 할지, 각자 분담한 역할도 분명합니다. 이 모든 것에는 엄격한 규정이 있지요. 인간의 주관적 측면에서는, 아주 큰 격정·정서·정감을 수반하기 때문에 춤을 추면서 광적인 도취에 빠질 수가 있어요. 하지만 그 안에는 이성적인 것들이 있답니다. 상상·이해·인식 같은 것들이죠. 때로는 사냥의 장면을 재현하지요. 이러한 기술과 기억이 모두 한데 섞여서 동물에게는 없는 인간의 심리형식 즉 정감−이성情理 구조를 형성했고, 원시 무술 활동 속에서 이지적 요소(인식·이행·상상)로 가득한 정감을 배양하고 발전시켜 나갔답니다. 이것이 아주 중요합니다. 이로 인해서 후세에, 정감과 이성에 부합하고 정감과 이성을 융합하고자 하는 문화심리 구조를 형성하게 되었으니까요. 아무튼 무술의 춤은 인류의 독특한 최초의 정신문화 활동이었어요. 그것은 원고 시대에 집단 전체의 생존과 삶을 유지헤주는 정신문화 활동이었지요. 사냥과 채집 같은 생산 활동 밖의 정신 활동이었어요. 최초의 이러한 춤과 의례에는 아마도 누구나 다 참여했을 겁니다. 마자야오 채도분에 표현된 것처럼 말이지요.7 그러다가 후대에는 왕과 군주가 소수의 무사巫師를 거느리고 거행하는 것으로 변했어요. 즉 규범화·전문화된 것이지요.8

이런 활동에는 어떤 특징이 있을까요? 많은 인류학자들 예를 들면 타일러Edward Tylor, 프레이저James Frazer, 베버Max Weber 같은 이들 모두 종교와 무술에는 아주 큰 차이점이 있다고 말했는데요. 가장 중요한 점은 바로 무술은 대상을 강박해서 인간을 위해 힘쓰도록 한다는 거죠. 중국에서는 이를 두고 "비바람을 부른다呼風喚雨"고 하지요. 인간의 활동을 통해 각종 사물이 인간의 지배를 받게 되는 것이죠. 일방적으로 간청하는 게 아니랍니다. 의

7_ "누구나 무사가 되었다家爲巫史."
8_ "하늘과 땅의 자유로운 소통이 끊겼다絕地天通."

례를 통해서, 그림으로 그려진 소의 몸에 화살을 쏘면 이튿날 들소를 사냥할 수 있었을 겁니다. 이것은 인간의 활동을 통해 자연계를 지배하는 거죠. 제 기억에 49년 전에 큰 가뭄이 들었을 때 기우의식이 있었는데요. 마을 사람들이 용의 소상塑像을 밖으로 가지고 나와서 햇빛을 쪼였는데, 이것을 "용왕을 햇볕에 말린다嚗龍王"고 하지요. 용왕이 비를 관장하니까 날이 심하게 가물고 더우면 그걸 밖으로 가지고 나와 햇빛을 쪼이면서, 반드시 비를 내리게 하라고 강박하는 겁니다. 겉으로는 비를 간구하는 것이지만 실제로는 인간의 활동(무술)을 통해 '용왕'과 '하늘'이 비를 내리도록 강박하는 거죠. 앞에서 언급한 문화인류학자들은 모두 무술과 종교의 이 중대한 구별을 강조한답니다. 즉 무술에는 인간 활동의 능동성이 매우 두드러지고 중요한데, 바라고 요구하는 결과를 무술 활동을 통해서 도출해 내는 것이 바로 무술이지요. 인간이 피동적으로 신·하늘·하느님을 향해 무릎 꿇고서 기도하는 게 결코 아니랍니다. 이것과 관련된 건데, 무술에는 신이 존재하지만 이 신은 바로 활동과 과정 속에서 나타납니다. 춤을 추는 중에 신이 강림하는 거죠. 오늘날에도 무당이 굿을 할 때면 마치 신명이 온 듯이 중얼중얼 뇌까리잖아요. 신명은 과정 속에서 나타나는 것이지, 고정적이고 분명한 신명이 저기 앉은 채 사람들이 와서 기도하길 기다리고 있는 게 아니에요. 신은 과정 속에서 오는 것이죠. 그러니까 어떤 신명이 오는지는 중요하지 않아요. 종종 아주 모호하고 다원적이고 불확정적이지요. 춤을 추다 보면 신명이 온 걸 느끼는 겁니다. 벤저민 슈워츠Benjamin Schwartz가 말하길(『중국 고대사상의 세계』), 신을 공경하는 의례가 신에 대한 공경 자체보다 중요하다고 했답니다. 허버트 핑가레트Herbert Fingarette는 공자의 중심 사상이, 인仁이 아닌 예禮라고 하면서 일상 의례의 신성성을 매우 강조했지요. 그의 책 제목이 바로 『공자: 범속하면서 신성한孔子: 卽凡而聖』9이랍니다. 무와 예의 신성성은 모두 과정 속에 있고, 활동하는 가운데 나타나는 것이죠.

무술 활동이라는 현상은 어느 민족에게나 있답니다. 서양에도 있고 아프리카 남아메리카에도 있지요. 하지만 오직 중국만 아주 일찍이 그것을 충분히 이성화시켜 발전시켰어요. 서양에서는 무술 가운데서 세계를 인식하는 것과 관련된 측면, 그리고 고난도의 동작을 포함한 기술적 측면이 기예와 과학으로 바뀌었죠. 중국학자 리링李零이 말한 방기方技 역시 그렇고요. 한편 정감적인 측면은 종교로 발전했답니다. 종교로 무술을 대체했고, 나중에는 대전통과 엘리트 문화 속에서 무술의 존재가 사라졌어요. 소전통의 샤먼 역시 기독교에 의해 엄금되었고요. 다들 아시다시피 중세기에는 대규모로 마녀를 불태운 심각한 박해가 있었지요. 하지만 중국의 경우, 제 생각에 대전통과 소전통 안에서 모두 무가 보존되었어요. 소전통은 바로 오늘날에도 있는 무당과 박수지요. 대전통은 조상에게 제사지내는 의례를 통해서 엘리트 문화의 '의례'로 천천히 변했고요. 앞에서 말했던 무술의 기본 특징이 배제되지 않았을 뿐만 아니라 전환적 창조를 통해 예제 가운데 보존되어 '예교'가 되었지요. 예교는 중국 대전통 속의 '종교'가 되었답니다. 이것으로 인해 중국인(한족)한테서는 유대교·기독교·이슬람교가 생겨나지 않았고 보편적으로 받아들이지도 않았지요. 왜일까요? 신은 바로 '의례' 속

9_ 원제는 『공자: 신성스러운 세속인Confucius: The Secular as Sacred』이다.─옮긴이

에 존재하기 때문에 의례를 엄격히 이행하는 것이 바로 신명을 경배하는 것이기에 주재자인 신명이 별도로 필요하지 않았던 겁니다.

허빙디何炳棣 교수가 말한 중국문명의 두 특징에 매우 찬성하는데요. 하나는 중국의 씨족 혈연이 아주 오래도록 공고히 유지되었다는 겁니다. 중국의 신석기시대는 기간이 매우 길었고 생산도구가 매우 낙후되었지요. 철기는 아주 늦게야 사용되었어요. 그런데 정주생활은 아주 일찍 이루어졌고 농업 역시 굉장히 일찍 시작되었답니다. 협업의 필요가 강했고 도구는 발달하지 않았으니 상호협력에 기대야했지요. 그래서 집단 구성원들 간의 관계를 매우 중시했습니다. 집단의 생산에 도움이 되도록 어떻게 잘 협조하고 서로의 관계를 원만하게 할 것이지 말이죠. 이렇게 해서 혈연적 유대를 중심으로 형성된 인간과 인간의 '윤상倫常' 관계가 '이름名'의 칭호에 의해 등급 질서로 고정되었지요.[10] 이것이 사회의 주요 조직 형태 및 삶의 질서가 되었고 아주 중요했지요. 또 이것과 밀접한 관계가 있는 특징으로, 허빙디가 지적한 것은 조상 숭배인데요. 많은 민족에게 조상 숭배가 있지만 중국은 특별히 조상 숭배가 발달했답니다. 지금까지도 그렇지요. 상나라의 '상제'는 바로 조상신이라는 것을 많은 사람들이 고증했는데요. 주나라에 이르러서 '천天'으로 상제를 대신하긴 했지만 '천'은 아주 모호했어요. '천'이라는 글자는 지금까지도 여전히 이중적 의미를 갖는데, 하나는 자연의 하늘이고 또 하나는 상벌의 권력을 지닌 하늘입니다. 중국인이 "하늘이시

10_ 즉 후대의 "임금은 임금다워야 하고, 신하는 신하다워야 하고, 아버지는 아버지다워야 하고, 자식은 자식다워야 한다"는 것이다.

여!"라고 소리칠 때는 마치 신명이 거기에 있는 것 같지요. 하지만 다른 한편으로는 넓고 푸른 것이 하늘이에요. 자연의 하늘이죠. 그래서 '천'은 결코 명확하지 않답니다. 기독교의 하느님처럼 명령을 내리는 인격신이 아니지요. 중국의 '천'은 그렇게 명확하지가 않습니다. 하지만 조상신은 아주 명확하지요. 조상이 뭔가요? 살아서는 사람이고 죽으면 신이 되지요. 신은 본래 인간이에요. 고고학자들의 발굴에 의하면, 중국 신석기시기에는 침전과 종묘가 연결되어 있었어요. 취침하는 곳이 종묘와 서로 연결되어 있었던 거죠. 중국은 지금까지도, 적어도 제가 어렸을 땐 이랬답니다 주상의 위패는 집의 정방正房에 모셔 놓고, 초하룻날과 보름날에 제사를 지내야 하지요. 집밖에 따로 예배당을 두는 게 아니라요. 그래서 저는 중국인이 참 피곤하게 산다고 말합니다. 살아서는 가족을 위해 책임을 다해야 하고, 죽어서도 이 가족을 보호할 책임이 있으니까요. 자손은 조상에게 먼저 공물供物을 바칩니다. 조상의 보우하심을 바라면서 말이죠. 조상 숭배는 중국에서 굉장히 두드러져요. 중국인은 특히 '효'를 중시하지요. 대전통과 소전통 모두에서요. 한나라 때 황제의 시호에는 모두 '효'가 들어 있답니다. 효문제, 효무제처럼 말이에요. 어떤 사람의 고증에 의하면, '효'는 본래 조상신에 대한 제사였다고 합니다. 나중에 비로소, 건재하신 부모님에 대한 효도와 효경孝敬으로 변한 것이라고 해요. 아무튼 '무'는 '예'를 거치면서, 본성은 보존되는 한편 형체는 은닉되었지요. 무술 활동의 의전儀典형식은 사라졌지만 무의 특징·성격·실질은 오래도록 보존되어 내려왔습니다.

중국의 예교禮敎는 무·군 합일에서 유래한 윤리·종교·정치의

'세 가지 합일' 즉 중국식의 '정교政敎 합일'입니다. 씨족과 부족의 군주와 왕은 무의 우두머리였어요. 최대의 무로서, 최고의 종교 우두머리이자 최대의 정치 우두머리였지요. 동시에 씨족의 덕망 높은 추장이었고요. 정치·종교·윤리의 권능의 집중이 아주 일찍부터 이루어졌답니다. 최근의 신석기 고고 발굴에 의하면, 아주 이른 시기 그러니까 하나라 이전에는 왕권이 신권과 나뉘지 않았다고 합니다. 옥은 왕권의 상징이었죠. 경극京劇이나 지방희地方戲를 보면, 대신이 조정에 나가 왕을 뵐 때면 반드시 옥판을 드는데, 이것은 정치권력의 상징이에요. 가장 큰 권력의 상징은 물론 왕의 옥이지요. 신선도 옥을 지닙니다. 『설문해자』에서 "옥으로 신에게 제사지내는 자를 일러 무巫라 한다"[11]고 했는데요. 옥은 무의 기호이자 왕의 기호이죠. 방금 말했듯이 무와 왕은 서로 합쳐져 있었어요. 고고학자의 고증에 의하면, 룽산龍山시대부터 시작해서 하나라 이전에는 확실히 왕권이 신권보다 강력했습니다. 왕은 무의 우두머리였고 그의 정치권력은 여러 무를 통솔할 수 있었지요. 아까 말했던 무·축·복·사의 지위는 왕보다 훨씬 아래였어요. 량주良渚문화에서 왕권을 상징하는 '월鉞'과 신권을 상징하는 최대·최고의 '종琮'이 한 사람의 묘 안에 놓여 있었는데요. 왕은 왕권을 장악했을 뿐더러 최고의 신권 역시 장악했지요. 저는 이것이 중국의 무술이 직접적으로 이성화되는 데 중요한 원인이었다고 생각합니다.

왜일까요? 『좌전』에서 "나라의 큰일은 사祀와 융戎"이라고 했는데, 하나는 제사고 또 하나는 전쟁이라는 겁니다. 중국의 상고시대

11_ "以玉祀神者謂之巫"

에는 전쟁이 아주 많았어요. 부락 씨족 간의 교전이었지요. 중국의 병서兵書는 왜 그렇게 일찍 형성되었을까요?[12] 물론 중국의 전쟁 경험과 관계가 있습니다. 상고시대에는 아주 많은 전쟁이 있었지요. 하나라 우왕의 시기에는 만 개의 나라가 있었어요. 만이 넘는 소부락이 모임에 참가했지요. 무왕에 이르러서는 팔백 제후만 남았어요. 전쟁에서 사라지고 먹혀버린 것이죠. 춘추시대에 이르러서는 더 적어져서 겨우 백여 개만 남았고, 전국시대에 이르러서는 '칠웅七雄'만 남았지요. 전쟁에 대해, 『손자병법』은 도입부에서 바로 강조하길 반드시 아주 냉정하고 이지적으로 각종 정황을 예측해야 한다고 합니다. 귀신을 믿으면 안 되고 미신에 빠져도 안 되는데, 이게 존망의 도道라는 겁니다. 그렇게 하지 않으면 나라가 단번에 멸망하게 되니, 장난으로 여길 게 아니지요. 『손자병법』의 시작 부분에서 이것을 강조합니다. 이것은 수많은 전쟁 경험의 총결이에요. 저는 노자가 손자에서 유래했다고 봐요.[13] 노자 역시 "성패·존망·화복·고금의 도를 두루 기록했고 (…) 이것이 군주가 나라를 다스리는南面 방법"[14](『한서』)이었다고 생각했습니다. 저는 무·군이 합일된 '우두머리 무'로서의 왕이 군대를 이끌고 전쟁했던 것이, 중국에서 '무'가 이성화를 거쳐 '예'로 변하는 데 큰 역할을 했다고 보는데요. 원래 커다란 신비를 지닌, 신명과 통하는 무술 활동을 갈수록

12_ 최근의 고증에 따르면 『손자』가 『노자』『논어』보다 먼저이고, 중국에서 가장 먼저 책으로 형성된 개인의 저작이다. 이것 역시 허빙디 교수의 연구 성과다. 그가 아직 발표하지 않은 글을 내게 보내왔는데, 나는 그의 논증에 매우 찬성한다.

13_ 허빙디 역시 내 견해에 찬성한다.

14_ "歷記成敗·存亡·禍福·古今之道. (…) 此君人南面之術也."

이성적으로 운용하고 해석함으로써 매우 번쇄하고 신비한 무술 의례를 점차 '예'로 변화시킨 겁니다. 그 사이에 물론 아주 복잡한 취사·첨삭·변경·변이의 과정을 거쳤고 아주 많은 단계와 사건이 있었겠지요. 하지만 우리가 현재로서 이것들을 명백히 알기는 어려워요. 다만 그중에서 가장 유명한 것은 바로 주공이 '예악을 만든 것'입니다.

갑골문에 '무巫' 자, '무舞' 자, '악樂' 자는 나오지만 '예禮' 자는 없어요. 공자가 말하길, "은나라는 하나라의 예를 본받았고"[15] "주나라는 은나라의 예를 본받았다"[16]고 했답니다. 주대의 예는 은나라의 예에서 나왔고 은대의 예는 하나라의 예에서 나왔다는 것이죠. 그래서 주공이 '예악을 만든 것'은 주공 개인의 발명이 아니라 이전 시대의 예를 집대성하여 그것을 체계화하고 전면적으로 이성화한 겁니다. '하夏'라는 글자는 청나라 사람의 고증에 의하면 '무舞' 자예요. 그렇다면 하나라의 예는 바로 원시 무술의 춤이라고 할 수 있지요. 주공이 체계화하고 전면적으로 이성화한 주례周禮가, 실제로는 하나라 혹은 그보다 더 이른 시기의 원시 무술의 춤에서 비롯되어 대대로 전승되어 내려온 겁니다. 주공에 이르러서 그것을 체계화하고 이성화하여, 무→예의 과정을 완성한 것이지요. 이것이 바로 주공의 큰 공헌이에요. 각종 옛 책에서 주공의 '예악禮樂 제정'이 중국 역사상 가장 중요한 일이라고 하지요. 송대 이전에는 '주周(주공)·공孔(공자)'이라고 병칭했답니다. 장학성章學誠의 명언이

15_ "殷因於夏禮."
16_ "周因於殷禮."

있는데, 집대성자는 주공이지 공자가 아니라는 거예요. 공자의 일생은 바로 주공을 배우고 주례를 수호하는 것이었지요. 주례와 관련하여 현존하는 전적典籍으로는 한대의 『의례』 『주관周官』 『예기』가 있는데, 정치체제와 사회생활 및 일상의 행동거지 등 여러 방면의 내용을 포괄합니다. 위서僞書 혹은 후대 사람의 저작이라고 생각하는 이들이 많고 논쟁의 여지가 큰데요. 저는 무술 의례에서 전환된 예제가 그 안에 보존되어 있다고 늘 생각했어요. 1980년에 발표한 「공자 재평가」의 시작 부분에서 '무술 의례' 문제를 다루었지요. 소수민족인 어윈커족에 대한 그 당시의 조사 연구와 비교히여, 주례는 '신(조상)에 대한 제사' 의례를 동해 일련의 사회 조직 및 생활 질서의 규범으로 확대된 것이라고 보았습니다. 1999년에 발표한 「무사 전통을 말하다」에서는 이를 보다 구체적으로 전개시켰고요. 오늘은 이에 대해 상세히 말하지는 않겠습니다. 몇 년 전에 미국인 로버트 에노Robert Eno의 책 『유가에 의한 하늘의 창조The Confucian Creation of Heaven』(1990)를 읽었는데요. 이 책에서는 공자를 춤의 대가the master of dance라고 말하더군요. 유가의 예는 춤에서 유래했다고 하는데, 제 견해와 비슷하다고 생각합니다. 저는 처음부터 '무술 의례'를 관련지어서 '예'가 '무'에서 나왔다고 했지요. 무술 활동의 원시 춤을 예악제도와 연결시킨 거죠. 물론 무술에는 정적인 일환도 있지만 중심은 활동이랍니다.

'예'의 세 가지 특징

예악禮樂에 대해 말씀드리지요. 악(원시 음악과 춤)은 본래 예(의례 제도)보다 먼저였지만 나중에 예로 귀속되었답니다. 예에는 몇 가지 특징이 있는데요. 첫째, 예라는 것은 '이履(이행하다)'입니다. 무슨 의미냐 하면요. 예는 실천이라는 거죠. 실천이 강조하는 것은 인간 마음의 활동이 아니에요. 개체가 신과 통하거나 하늘로 올라가는 마음의 초월이 아닙니다. 실천이 강조하는 것은 현실생활에서 개체의 행위와 행동거지와 활동이에요. '예'의 수많은 의례·규칙·준칙·범례는, 인간의 활동·행위·행동거지·언어 심지어는 용모를 겨냥해 설정된 것입니다. 반드시 순차적으로 규칙적으로 질서에 맞게 행해야 하지요. 매우 분명하고 엄격하게 요구합니다. 『의례』에 기록된 각종 의례는 인간의 일상 행위와 행동거지를 아주 세밀하고 엄격하게 규정해 놓았는데요. "만약 예가 없으면 손과 발을 둘 곳이 없다"는 말이 있어요. 예가 없다면 손과 발조차 어떻게 해야 할지 모른다는 말이죠. 예의 실천성이 이 정도나 되었던 거예요.

의례에 대해 말씀드리지요. 예는 반드시 의儀와 연결되어 있답니다. 의례는 인간이 실행해야 하는 것이지, 생각해야 하는 게 아닙니다. 무가 하늘에 오르고 신과 통하는 것은 활동이고 실행이지, 사색과 생각이 아니에요. 유희劉熙의 『석명釋名』에서 "예는 체體다. 일을 성취하는 근본體임을 말하는 것"[17]이라고 했는데요. 예수禮數에 부합하는 접대와 응대, 행동거지와 왕래는 모두 직접적인 실천

17_ "禮, 體也. 言得事之體也."

을 통해 이루어지는 것이지요. 각 방면의 크고 작은 일을 달성하되 꼭 맞고 적당하고 알맞게 하는 것은, 실천과 조작의 과정 속에서 인간세상의 각종 관계가 적절하게 실현되도록 하는 거랍니다. "예에는 다섯 가지 근간五經이 있는데 제사보다 중요한 것은 없다"[18]는 말이 있지요. 제례가 가장 중요합니다. 제사는 의례 활동 즉 실천을 통해서 인간의 각종 관계, 장유·부자·부부·형제·친구 관계를 원근·친소·상하·존비에 따라 매우 명확하게 규범화하지요. 이것이 바로 "예는 다름을 구별한다禮別異"는 겁니다. '예'의 실천 활동을 통해서 사회생활의 서로 다른 위치·책임·의무를 구분하는 거죠. 근대에 이르러서도 마찬가지였어요. 누가 죽으면 그의 가족은 상복을 입고 두건을 써야 하지요. 하지만 상복과 두건의 종류는 결코 같지 않고 여러 차이가 있어요. 상복 중에 어떤 것은 가장자리를 꿰매야 하고 어떤 것은 꿰매지 않습니다. 가장 가까운 사람은 가장자리를 꿰매면 안 되지요. 또 가장 거친 밥을 먹어야 하고 가장 질이 낮은 옷을 입어야 해요. 이로써 최대의 슬픔을 나타내는 것이죠. 관계가 좀 먼 사람은 조금 더 괜찮게 입어도 됩니다. 각각의 신분·관계·지위·등급에 따라서 아주 명확히 구분되고, 서로 다른 정감의 표현을 요구하지요. 서양과는 달라요. 서양은 사람이 죽으면 모두 검은 모자를 쓰고 동작·자태·언어·순서 등에 있어서 차이가 크지 않아요. 중국에서 이것은 예가 아니랍니다. 중국의 예는 아주 엄격하지요. 각종 활동에서, 누가 앞에서 가고 누가 뒤에서 가는지 명백하게 요구합니다. 머리를 조아려 절하는 것에도 여러

18_ "禮有五經, 莫重於祭."

종류가 있어요. 어떤 경우에는 반드시 머리를 땅에 부딪치도록 해서 소리가 나도록 해야 하고, 어떤 경우에는 그럴 필요까지는 없지요. 어떤 경우에는 한 번만 조아리면 되고, 어떤 경우에는 삼궤구고三跪九叩를 해야 하지요. 사실 이 모든 것은 원시의 무술 활동에서 유래한 겁니다. 앞에서 이미 말했는데, 많은 인류학자들이 부족의 무술을 연구한 바에 따르면 만약 한 걸음이라도 실수하면 죽임을 당하지요. 한 걸음의 실수가 부족에게 재난을 초래할 수 있다고 생각하기 때문입니다. 중국의 예 역시 이와 유사해요. 예에 어긋나는 것은 심각한 문제지요. 예는 현실생활에서 피하거나 어길 수 없는 실천 법규이자 비성문법이랍니다.

여기까지가 예의 첫 번째 특징에 관해서였는데요. 그것은 실천을 요구합니다. 실천 속에서 어겨서는 안 되는 엄격한 순서를 요구하지요.

다음으로 예의 두 번째 특징은, 사회생활을 전면적으로 규범화한다는 겁니다. 단지 제사지낼 때만 아니라, 제사를 통해서 사회생활 전반에 걸친 각 방면의 모든 것을 배치하고 규정하지요. 중국의 가족 시스템과 제도는 '오복五服' 등 상례喪禮의 등급과 질서를 제정하고 규범화하면서 확장되어 나온 겁니다. 인간의 서로 다른 실천 활동 및 복식·음식·주택·걸음걸이 등의 의식주행을 포함한 실천 활동의 외재적 형태를 통해 인간관계와 세상의 현실생활을 규범화하고 배치함으로써 커다란 시스템을 이루었지요. 『의례』는 아주 복잡하고 세밀한데, 『예경』이라 칭해진답니다. 손님이 오면 어떻게 접대해야 하는지, 예를 들자면 손님은 어디에 앉고 나는 어디에 앉는지 손님은 술잔을 어떻게 들고 나는 술잔을 어떻게 들어야 하는지에 관해서 엄격한 규정이 있어서 실수하면 안 되지요. 실수하면 실례를 범하는 겁니다. 아주 심각한 일이지요. 결혼 같은 경우, 요즘에는 아주 간단하지만 고대에는 24가지 절차가 있었어요. 문례問禮니 납빙納聘이니, 아주 상세하게 규정했지요. 서양의 경우에도 원시 부족에 관한 다큐멘터리를 보면 아주 많은 절차가 있긴 하지만 중국처럼 복잡하지는 않아요. 중국은 어떤 일이든 아주 많은 절차와 예가 있답니다. 여기에 자료가 있는데요. 70-80개 항목에 달하는 예의 요구에 관한 거예요. 생활의 모든 방면을 포괄하지요. 식사에도 예가 있고 외출에도 예가 있고 길을 걸을 때도 예가 있어요. 한 대에 이르러서는 동중서董仲舒가 음양가·도가·법가를 결합해서 상고시대의 일련의 예제를 '인仁은 천심天心'[19]이라는 '유정有情 우주관'으로, 전환적으로 창조해 냈습니다. '천인감응'의 '천인합일' 방식으로 정치 제도를 마련했지요. 은·주 이래로 무에서 예로 이행하면서, 활동 중이던 신명이 활동 중인 천명·천도로 변했어요. 여기에 이르러서 더욱 체계적으로 정치화되었지요. 무군巫君은 천자로 변했으며, 하늘로 올라가고 신과 통하던 것은 천명·천도를 담당하고 천견天譴을 받아들이는 것으로 변했답니다. 군왕(대신과 사대부를 포함한다)이 하늘로 올라가고 신과 통하던 흔적은 기본적으로 찾아볼 수 없게 되었지요. 하지만 천자는 반드시 하늘에 제사지내야 하고 하늘은 자연의 재이災異를 통해 군왕(하늘의 아들)을 견책

19_ 동중서는 『춘추번로春秋繁露』에서 "패왕의 도는 모두 인에 근본을 둔다. 인은 천심이다霸王之道, 皆本於仁. 仁, 天心"라고 했다. 원서에는 "人, 天心"으로 되어 있으나 오류이므로 바로잡아 번역했다. 이 책 4장 「예를 해석하여 인으로 귀결시키다」에서도 동중서가 인仁을 '유정 우주관' 천인론의 피드백 시스템으로 만들었음을 언급하고 있다.―옮긴이

할 수 있었어요. 지진이나 천재가 생기면 황제는 죄기조罪己詔를 내려야 하고 재상을 파면해야 했지요. 이러한 천인감응·천인합일의 무술 특징은 여전히 강력하게 보존되어 있었고, 현실생활을 엄격히 규범화하는 예 역시 여전히 보존되어 있었답니다. 이후에 역대로 많은 첨삭과 변경이 있긴 했지만 그 기본 정신은 줄곧 이어져 왔어요.

식사의 경우만 보더라도, 제가 어렸을 때 할머니·아버지·어머니·남동생 그리고 저까지 다섯 명이 함께 밥을 먹었는데 반드시 할머니가 먼저 젓가락을 들고 음식을 드셔야만 우리도 먹을 수 있었답니다. 멋대로 먼저 젓가락을 움직이면 예의가 없는 거였습니다. 분위기도 늘 엄숙했죠. 평소에도 "앉아 있을 때는 앉아 있는 자세, 서 있을 때는 서 있는 자세"를 요구했어요. 이미 현대사회의 소가족인데도 그랬지요. 그러니 고대의 대가정·대가족의 경우는 말할 필요도 없이 아주 신경을 썼을 겁니다. 중국인은 밥을 먹거나 글씨를 쓸 때 일반적으로 오른손을 사용하고 왼손을 사용하는 경우는 드문데요. 하지만 미국은 왼손잡이가 많아요. 제가 어렸을 때, 여동생이 왼손으로 젓가락질을 하고 글씨를 쓰다가 제지를 받고 오른손잡이로 바꿔야만 했답니다. 『의례』에 향음주례鄕飮酒禮가 나오는데요. 농촌에서 사람들이 한데 모여서 잔치를 여는 건데, 파티party에 상당하는 것이죠. 그 안에 어떤 규정이 있을까요? 쉰 살은 서 있어야 하고, 예순 살은 앉을 수 있어요. 예순 살은 세 그릇을 먹고 일흔 살은 네 그릇을 먹을 수 있고 여든 살은 다섯 그릇을 먹을 수 있고 아흔 살은 여섯 그릇을 먹을 수 있어요. 그리고 잔치가 끝나면 나이든 사람이 먼저 떠나야 젊은 사람이 떠날 수 있고요. 공자는 "지팡이를 짚은 이가 나간 뒤에 나갔다"[20]고 하지요. 제가 어렸을 때는 이걸 아주 신경 썼답니다. 나이 많은 사람이 먼저 나가야 우리도 나갈 수가 있었어요. 이건 정부가 규정한 것도 아니고 법률이 규정한 것도 아니고, 유래가 오래된 습속인데 수천 년 이후에도 여전히 존재하고 있어요. 대단하지 않습니까!

왜 이토록 오래 전승되고 연속될 수 있었을까요? 왜 이토록 번쇄한 생활규범이 엄격히 준수되고 이행되어야 했을까요? 이것이 바로 제가 말하려는 예의 세 번째 특징이자 가장 중요한 특징인데요. '예'는 신성성을 지닙니다. 예는 매우 신성하기 때문에 반드시 준수해야 하고 위배하면 안 되지요. 예는 무에서 유래했고 무술에는 신명이 있기 때문에 '예'의 규범은 단순히 인간사회의 법규가 아니에요. "예라는 것은 하늘의 법칙經이고 땅의 의義이며 사람의 행行"이지요. 이 천지의 법칙은 천지가 인간에게 준 규정이에요. 예를 위반하는 것은 인간세상의 습속·규칙·법규를 위반하는 것일 뿐만 아니라 신명을 범한다는 점에서 훨씬 심각한 일이지요. 그렇게 되면 물론 각종 재난과 징벌이 닥치게 됩니다. 불효자는 하늘이 내린 벼락을 맞게 된다는 설이 민간에서 내내 전해졌지요. 인간의 '행'(행위·활동·행동거지·언어·용모 등)은 반드시 '예'의 규범에 부합해야만 신명·천지와 함께하고 소통할 수 있는 거예요. 이 모든 것은 무술의 기본 특징과 기본 정신을 보존하고 있답니다. 다만 그것을 완전히 세속화·이성화하여 인간세상의 신성한 질서가 되도록 한 것이죠. 많은 학자들이 종교와 세속의 큰 차이점에 대해 말하길, 전자

20_ "杖者出, 斯出矣."

는 경험의 세계를 초월하는 반면 후자는 경험의 세계라고 하지요. 그런데 중국은 그렇지 않아요. 중국은 이 두 세계가 한데 합쳐 있답니다. 신은 이 세계에 존재하고 인간세상의 '예' 속에 존재하지요. 인간세상의 의례가 바로 신명의 뜻이고, 인간과 신은 하나의 세계에 함께 존재합니다. 그래서 '예교'는 중국의 '종교'가 되었지요.

명확한 다른 세계가 없기 때문에 '초월'이니 하는 것을 말하기 어려운 거죠. 또 다른 세계가 없는데 '초월'해서 어디로 갈 수 있겠어요? "산 기운은 해질녘에 아름답고, 날던 새들도 더불어 돌아가는구나. 이 안에 참뜻이 담겼으니 말하고자 해도 말을 잊네."[21] "왜 푸른 산에 사냐고 내게 물으니, 웃으며 답하지 않고 마음 한가로워라. 복사꽃 싣고 흐르는 물 아득히 흘러가니, 인간세상이 아닌 별천지라네."[22] 중국인이 즐겨 말하는 것은 이처럼 자연으로 돌아가는 마음의 초탈이에요. 영혼이 육체를 떠나 또 다른 세계로 초월하는 것을 추구하는 게 아니지요. 즉 중국인은 초탈을 말하지 초월을 말하지 않습니다. 중국인이 숭배하는 '천·지·국·친·師'는 모두 현실감이 있는 대상이에요. 소리도 없고 냄새도 없는 천의天意·천명이라 하더라도 명령을 내리고 전지전능한 주재신은 아닙니다. 설령 신이 '예' 속에 완전히 존재하는 게 아닐지라도, 인간과 근본적으로 다르며 인지할 수 없고 이해할 수 없는 그런 신은 여전히 없었어요. 중국이 말하는, "음양을 헤아릴 수 없는 것을 신이라고 한다"는 것은 활동과 운

21_ "山氣日夕佳, 飛鳥相與還. 此中有眞意, 欲辨已忘言." 도연명陶淵明의 「음주飮酒」 제5수에 나오는 구절이다.—옮긴이
22_ "問余何意栖碧山, 笑而不答心自閑. 桃花流水杳然去, 別有天地非人間." 이백李白의 「산중문답山中問答」이다.—옮긴이

행 속에 존재하는 신명[23]의 불확정성을 말하지요. 이것은 예측할수 없고 이해할 수 없는 인격신personal God이 아니랍니다.

주나라 초에 중국은 '덕'을 말했지요. 도덕의 덕인데요. 덕은 뭘까요? 그것 역시 최초에는 무의 활동에서 출현한 마력magic force, magic power이었습니다. 나중에 덕은 왕의 행위·능력·역량으로 변했는데, 왕은 대무大巫였어요. 덕은 최후에야 마음의 도덕으로 변하게 됩니다. 마법적 힘magic force, magic power이 마법적 도덕magic moral, 마법적 특징magic character으로 변한 거죠. '덕德' 자에 있는 '마음 심心' 자는 나중에 첨가된 거랍니다. 원래는 무술 활동의 힘을 가리키던 것이 도덕·품격으로 변했지요. 이것은 마력을 지닌 심령이에요.

덕이 있는 왕이 성왕인데, '성聖' 자에는 '귀 이耳' 자가 있어요. 신명은 보이지 않고 들을 수만 있기 때문이죠. "성인의 큰 보물은 위位라고 한다"는 말이 있는데, 하늘에 오르고 신과 통하는 성인은 반드시 왕의 지위를 지녀야 하지요. 그래서 후대 사람들이 왕위를 신기神器로 간주한 겁니다. 이것 역시 무·군 합일의 특징을 구현한 것이죠. 이 모든 것이 한데 연결되어 있어요.

주나라 초에 두드러지는 글자가 또 하나 있는데 '경敬' 자입니다. 존경의 경인데요. 경의 특징은 무엇일까요? 현대 신유학가인 쉬푸관徐復觀 선생과 머우쭝싼牟宗三 선생은 아주 철학화된 설명을 했답니다. 쉬푸관 선생은 이렇게 말했어요. "주나라 초에 강조한 경의 관념은 종교적 경건과 비슷하지만 사실은 다르다. 종교적 경건은,

---

23_ 이것은 바로 "도라고 말할 수 있는 도는 상도常道가 아니다"라는 것의 '도'다.

인간이 자신의 주체성을 제거하고 신 앞에 자신을 던져 철저하게 신에게 귀의하는 심리상태다. 주나라 초에 강조한 경은, 인간의 정신이다. 흩어져 있던 정신을 집중했고, 스스로 져야 할 책임 앞에서 자신의 관능적 욕망을 제거했으며, 자신의 주체적 적극성과 이성의 작용을 부각시켰다." 머우쫑싼 선생은 이렇게 말했지요. "'경' 가운데서, 우리의 주체는 결코 상제가 있는 곳으로 내던져지지 않는다. 우리가 하는 일은 자아부정이 아니라 자아긍정Self-affirmation이다. 경의 과정에서는 천명과 천도가 아래로 관통할수록 우리의 주체가 더욱 긍정되는 듯하다." 이 두 사람은 '경'을 가지고 중국철학의 특징을 설명했는데요. 저는 이런 특징이 어디서 유래했는지 묻고자 합니다. 저는 그것이 무술에서 비롯되었다고 봐요. 제가 도출한 결론은, 중국의 특징은 서양의 특징과 다르다는 겁니다. 철학적 특징이 다를 뿐만 아니라 종교적 특징과 문화적 특징도 달라요. 그것들은 무술의 이성화에서 비롯되었어요. 종교에 의해 쫓겨나지 않은 무술이 예제의 정신, 즉 중국의 '종교'인 '예교' '명교名敎'가 되었답니다. 중국의 특징은, 하늘이 크고 인간 역시 작지 않다는 겁니다. 『노자』에서 말하길 "하늘이 크고 땅이 크고 사람 역시 크다"고 했지요. 서양은 이렇지 않아요. 신은 극히 크고 인간은 아주 미미하지요. 중국의 '경'은 숭배 대상에 기탁되어 있는 게 아니랍니다. 모든 것을 상제에게 의지하는 게 아니라 자신의 주체적 역량을 확대하는 것이지요. 자신의 활동을 통해 신명이 나오도록 하는 겁니다. 왜일까요? 어디서 나오는 걸까요? 무술로부터 나오는 것이죠.

많은 민족이 무술에서 종교로 나아간 것과 달리, 중국은 '무에서 '예'로 나아갔습니다. 무술 속에 있는 모호하고 다원적이며 불확정적이지만 활동 중인 신명이 실천 속의 신성성인 '예'로 변했지요. 역시 모호하고 다원적이고 불확정적이지만 운행 중인 '천도' '천명'은 자신(개체)의 행위와 활동 속의 신성감·사명감·책임감이라는 마음 상태로 변하여 나타났고요. 즉 쉬푸관 선생과 머우쭝싼 선생이 말한 '주체'와 '자아 긍정'의 '적극성'이지요. 이것이 바로 제가 말한 무의 이성화랍니다. 중국의 '예교'는 기독교 등과 달라요. 그것은 사람들이 다른 종교의 신을 믿고 다른 보살에게 절하는 걸 허락할 수 있답니다. 왜일까요? 다른 신과 종교는 단지 개인의 생사·심신·이해利害와 관계될 뿐, 집단(국가·민족) 전체와 관련된 '천도' '천명'이 아니기 때문이에요. 이것은 원시 무술 활동의 핵심이기도 한데, 집단의 생존을 위한 것이지 개체의 운명을 위한 게 아니라는 겁니다. 이것은 중국에 개인주의가 결핍된 근본 원인이기도 하지요. 무巫와 의醫가 연결되어 있고 무 역시 병을 고치며 양생養生하고 개인과 관련되어 있긴 하지만, '무·군 합일'의 대무가 군왕으로 변한 이후에는 주로 정치를 주관하면서 정치·군사의 우두머리로서 천명을 담당하고 백성을 다스렸지, 개체에 역점을 두지는 않았어요. 무에서 예로 이행한 뒤에는 더욱 그랬답니다. 이것은 정치적 측면이고요. 사회적 측면에서는, 예교를 통해 '중국의 생활방식'(현세의 삶, 인륜관계, 정감의 가치를 중시하며 이것들을 신성성을 지닌 신앙으로 끌어올리는 것)이 빚어졌고 이것을 통해 많은 서로 다른 집단·문화·종교를 제압하고 수용하고 동화했지요. 이것은 한나라부터 위·진을 거쳐 수·당에 이르기까지 쭉 이어져 내려왔습니다.

역사적 사명감

내재적 심리 측면에서 말하자면, 주관 심리상태인 '덕'과 '경'은 모두 '무'와 관련이 있답니다. 덕과 경은 '무'가 이성화되어 생겨난 산물이에요. 덕과 경은, '사랑愛'과 관련된 무술의 광적 도취의 정감과 신비한 마력을 이성화함으로써 세속화·대인관계화된 도덕·품격·심리가 되었지요. 소위 '이성화'란, 이지·인식·상상·이해 등의 각종 이성적 요소를 원시의 광적 도취의 정서 속으로 스며들게 하고 융합함으로써 광적 도취를 제어하고 주재하여 사람들(무엇보다도 우두머리와 무군)의 행위·심리·품격에 대한 요구와 규범이 되도록 한 것입니다. 이것은 앞에서 강조한 무의 정감적 특징의 전환적 창조이기도 하지요. "귀신이란 두 기氣(음·양—옮긴이)의 양능良能이다"[24] "생각하고 생각하면 귀신처럼 꿰뚫는다"[25]고 했는데, 특히 송명이학이 불교의 영향을 받아서 반일정좌半日靜坐와 공안낙처孔顏樂處[26]를 강조한 데 이어서, 신과 통하고 하늘에 오르는 무술의

24_ "鬼神者二氣之良能."

25_ "思之思之, 鬼神通之."

26_ 공안낙처孔顏樂處는 공자와 안회顏回가 즐겼던 안빈낙도安貧樂道의 경지를 의미한다. 『논어』「술이述而」에서 공자는 이렇게 말했다. "거친 밥을 먹고 물을 마시고 팔을 베고서 누웠어도 즐거움이 그 가운데 있다. 의롭지 않은데도 부귀한 것은 내게 뜬구름과 같다飯疏食飮水, 曲肱而枕之, 樂亦在其中矣. 不義而富且貴, 於我如浮雲." 또 『논어』「옹야雍也」에서는 공자가 안회를 이렇게 칭찬했다. "훌륭하구나, 안회여! 대그릇에 담긴 밥과 표주박에 담긴 물을 마시며 누추한 곳에서 산다. 다른 이들은 그 고통을 견디지 못하거늘 안회는 그 즐거움을 바꾸지 않는다. 훌륭하구나, 안회여賢哉, 回也! 一簞食, 一瓢飮, 在陋巷. 人不堪其憂, 回也不改其樂. 賢哉, 回也!" '공안낙처'는 유학자들이 최고의 인격 이상이자 최고의 도덕적 경지로 받들었던 명제다. 수신을 통해 공자와 안회가 즐긴 경지를 실현하는 것이

신비 경험을 후세에 전승하고 심지어는 더욱 선양해서 오늘날까지 이어졌답니다. 철학에 있어서, 머우쭝싼이 말한 '지적 직관intellectual intuition'이나 펑치馮契가 말한 '지식의 지혜로의 전환轉識成智' 모두 그것의 전개라고 볼 수 있어요. 즉 이성을 뛰어넘거나 초월하는 방식으로 진리를 획득하고 생명을 느끼고 천의(혹은 천명·천도)를 '체득'하는 겁니다. 공자는 "하늘이 나에게 덕을 주셨으니 환퇴桓魋가 나를 어찌하겠느냐?"[27] "문왕이 돌아가셨으니 문文이 나에게 있지 않겠느냐?"[28]라고 자임하는 바가 있었지요. 맹자는 "나는 나의 호연지기浩然之氣를 잘 기른다. (…) 그 기는 몹시 크고도 굳세서 그것을 곧게 길러 해치지 않는다면 하늘과 땅 사이에 가득하게 된다"[29]는 자신이 있었지요. 그런데 저는 여기서 중요한 건 바로 하늘로 올라가고 신과 통하는 원시 무술의 특징을 정감이 충만하면서도 이성적인, 인간세상의 역사적 사명감과 사회적 책임감(소위 천명·천도·천리·천의를 짊어지는 것)으로 '전환적 창조'를 이루어낸 것이라고 생각합니다. 무가 하늘로 올라가고 신과 통하는 게 결코 그 자체가 목적인 것이 아니라 비를 구하고 재난을 없애기 위해서인 것처럼, 유가의 '내성內聖' 역시 그것이 결코 목적 자체가 아니라 '외왕外王'을 위해서지요. 공자가 '인仁'보다 낫다고 말한 '성聖'은 "백성에게 널리 베풀어서 능히 대중을 구제하는"[30] 것입니다. 하늘로 올

　　그들 삶의 목표였다.―옮긴이
27_　"天生德於予, 桓魋其如予何?"
28_　"文王旣沒, 文不在玆乎?" 여기서 '문文'은 주대의 예악문화를 의미한다.―옮긴이
29_　"我善養吾浩然之氣 (…) 其爲氣也, 至大至剛, 以直養而無害, 則塞於天地之間."
30_　"博施於民而能濟衆"

라가고 신과 통하는 무의 개체 능력은, 역사적 사명감과 사회적 책임감이라는

개체의 정감-이성 구조로 변했지요. 또 무사巫師의 신비함은 '예-인仁'의 신성함

으로 변했습니다. 이 신성함은 숭배의 대상에 있지 않고, 자신의 현실생활에서

의 행위·활동 및 정감-이성情理 구조에 있지요. 이것이야말로 핵심입니다. 문천

상文天祥이 이렇게 노래했지요.

천지에 정기正氣가 있어, 온갖 형체를 부여했네.

아래서는 강과 산이 되고, 위에서는 해와 별이 되었지.

사람에게는 호연지기가 있어, 천지를 가득 메운다네.

나라가 태평할 땐, 화목한 기운을 조정에 토해내리.

때가 궁하면 절개를 드러내, 청사에 길이길이 이름을 드리우리.

제齊나라에선 태사太史의 죽간31, 진晉나라에선 동호董狐의 붓.32

진秦나라에선 장량張良의 철퇴椎33, 한漢나라에선 소무蘇武의 부절節.34

31_ 춘추시대 제齊나라의 대부 최저崔杼가 군주를 죽였는데, 제나라의 태사太史가 "최저가
　군주를 시해했다崔杼弑其君"고 기록했다. 최저가 태사를 죽이자 태사의 두 동생이 잇달
　아 다시 기록했고 모두 죽임을 당했는데, 셋째 동생 역시 그렇게 기록하자 최자가 결국
　그냥 둘 수밖에 없었다고 한다. 『좌전』양공襄公 25년에 나오는 이야기다.— 옮긴이
32_ 춘추시대 진晉나라 영공靈公은 폭군이었다. 곰발바닥을 설익게 삶았다는 이유로 요리
　사를 죽일 정도였다. 재상 조돈趙盾이 여러 번 간언하자 영공은 화를 냈다. 결국 간신
　도안가屠岸賈가 조돈을 죽일 계략을 꾸미고 영오靈獒라는 개를 풀어 그를 물게 했는데,
　제미명提彌明이 목숨을 바쳐 조돈을 지켜주었다. 간신히 탈출한 조돈은 국경 근처에 다
　다랐을 때 조천趙穿이 영공을 죽였다는 소식을 듣고 다시 돌아왔다. 이후 조돈은 조천
　을 처벌하지 않았다. 이에 태사인 동호가 "조돈이 군주를 시해했다"고 기록했다. 공자는
　동호를 '양사良史'라고 칭찬했다. 『좌전』선공宣公 2년에 나오는 이야기다.— 옮긴이
33_ 장량張良은 한韓나라 사람인데 한나라가 진시황秦始皇에 의해 멸망하자 복수를 하기 위
　해서 역사力士를 찾아갔다. 두 사람은 박랑사博浪沙에 매복해 있다가 120근이나 나가
　는 철추로 진시황이 탄 마차를 격파하려 했으나 엉뚱한 마차를 공격하고 결국 실패했
　다. 후에 장량은 유방劉邦의 한漢나라 건국을 돕고 유후留侯에 봉해졌다. 『사기』「유후
　세가留侯世家」에 나오는 이야기다.— 옮긴이

엄嚴 장군의 머리35가 되고, 혜嵇 시중侍中의 피36가 되었네.

장수양張睢陽의 이37가 되고, 안상산顔常山의 혀38가 되었네.39

무사巫史 전통에서 이어져 내려온 것은 바로 이처럼 이성화되었으면서도 정감이 가득한 정감-이성 구조랍니다. 한편으로는 세속을 초탈하고 자연으로 회귀하며 위아래로 천지와 더불어 흐르지요. 다른 한편으로는 천하의 흥망이 필부에게도 책임이 있고, 불가능하다는 걸 알면서도 하는 겁

34_ 한 무제 때 소무蘇武는 흉노에 사신으로 가게 되는데, 흉노가 투항을 강요했지만 거절하는 바람에 북해北海(시베리아 바이칼호 근처)로 보내져 양을 치며 지냈다. 그는 한나라에서 가져온 부절을 하루종일 손에서 놓지 않았다. 이렇게 19년 동안 충절을 지키다가 마침내 한나라로 돌아가게 된다. 『한서』 「이광·소건전李廣蘇建傳」에 나오는 이야기다. — 옮긴이

35_ 엄嚴 장군은 유장劉璋의 수하 장군인 엄안嚴顔으로, 파군巴郡을 지키고 있다가 장비張飛에게 사로잡힌다. 장비가 투항을 요구하자 "우리 주州에는 머리 잘린斷頭 장군이 있을 뿐 투항한 장군은 없다"고 대답한다. 장비는 엄안의 의연함에 그를 풀어준다. 『삼국지』 「촉지蜀志·장비전」에 나오는 이야기다. — 옮긴이

36_ 혜嵇 시중侍中은 혜강嵇康의 아들 혜소嵇紹로, 진晉 혜제惠帝 때 시중을 지냈다. 팔왕八王의 난이 한창일 때, 혜소는 혜제를 지키다가 적의 화살에 맞아 죽었다. 그의 피가 어의御衣에 묻었는데, 난이 끝난 뒤에 시종이 어의를 빨려고 하자 혜제는 "혜소의 피이니 없애지 말라"고 했다. 『진서晉書』 「혜소전」에 나오는 이야기다. — 옮긴이

37_ 장수양張睢陽은 당나라의 장순張巡으로, 안녹산安祿山이 반란을 일으켰을 때 수양睢陽을 굳게 지켰다. 매번 전쟁을 독려하면서 비분강개하여 이를 악무는 바람에 이가 거의 다 부서졌다고 한다. 오랫동안 적에게 포위당하여 사람들이 굶어죽는 지경에 이르자 장순은 자신의 애첩을 죽여 병사들에게 먹이기까지 하면서 수양을 사수했다. 『구당서』 「장순전」에 나오는 이야기다. — 옮긴이

38_ 안상산顔常山은 당나라의 안고경顔杲卿으로, 상산태수常山太守를 지냈다. 안녹산의 난이 일어났을 때 포로로 잡히자 안녹산의 면전에서 안녹산을 욕하다가 결국 혀가 잘렸다. 그래도 굴하지 않다가 죽임을 당했다. 『신당서』 「안고경전」에 나오는 이야기다. — 옮긴이

39_ "天地有正氣, 雜然賦流形. 下則爲河嶽, 上則爲日星. 於人曰浩然, 沛乎塞蒼冥. 皇路當淸夷, 含和吐明廷. 時窮節乃見, 一一垂丹靑. 在齊太史簡, 在晉董狐筆. 在秦張良椎, 在漢蘇武節. 爲嚴將軍頭, 爲嵇侍中血. 爲張睢陽齒, 爲顔常山舌." 「정기가正氣歌」의 앞부분이다. — 옮긴이

니다. 요컨대 저는 주공이 '예악을 만든 것'은 원시 무술을 외재적으로 이성화한 것이며, 공자가 '예를 인仁으로 귀결시킨 것'은 주나라 초의 '경' '덕'을 계승하여 그것을 내재적으로 이성화한 거라고 생각합니다. 이것은 바로 '무에서 예로' '예에서 인으로', 즉 무를 안팎에서 이성화한 중국 전통이지요.

몇 년 전에 있었던 대담인 걸로 기억하는데요. 제가 벤저민 슈워츠는 중국과 서양의 같은 점을 제시하는 걸 좋아하고, 앵거스 그레이엄은 중국과 서양의 다른 점을 드러내는 걸 좋아한다고 말했지요. 저는 후자 쪽인데요. 차이를 명백히 해야만 같은 점을 보다 잘 알 수 있다고 생각하기 때문이죠. 저는 무의 이성화를 강조했습니다. 중국의 경우 일찌감치 정교政教가 분리되어 고대의 무술이 종교로 진화했으며 무는 이미 소실되었다는 견해에 저는 줄곧 찬성하지 않았답니다. 또 막스 베버가 주장한 근대의 탈주술화와 이성화에도 찬성하지 않았고, 칼 야스퍼스Karl Jaspers가 주장한 '축의 시대의 철학적 돌파'설 역시 받아들이지 않았어요. 제가 강조한 건, 무가 예로 진입하고 이후에 예에서 인으로 귀결했는데 그 기본적 성격(정감성·활동성·능동성)은 여전히 존재했다는 겁니다. 즉 '본성은 보존되고 형체는 은닉된' 것이지요.

서양의 정통 신학은 인간과 신의 합일을 말하지 않아요. 오직 인간이 신에게 귀의할 뿐이죠. 신은 전지전능하고 심지어는 인지할 수도 없고 오직 믿어야만 하지요. 중국의 경우에는 하늘이라도 이치를 따라야 하고 하늘이라도 백성의 말을 들어야 해요. "하늘은 우리 백성이 보는 것을 보며, 하늘은 우리 백성이 듣는 것을 듣는다"고 했잖아요. 심지어는 사람이 하늘을 폐할 수도 있어요. "창천

蒼天은 이미 죽었으니 황천黃天이 서리라"고 했잖아요. 천도는 바로 인노이고 천도는 인도에서 비롯되었으니까요. 이를 통해 보면, 중국은 하나의 세계이고 서양은 두 세계라는 것을 알 수 있지요. 그래서 오직 중국만이 '하늘과 인간이 합일'할 수 있답니다. '신과 인간이 본질적으로 다른' 서양과 다르지요. 그리스와 히브리에서 이데아와 현실, 영혼과 육체를 확연히 양분한 것과 달라요. 전자(이데아·영혼)는 본원·진리·길이고 후자(현실·육체)는 단지 모방·타락·죄악일 뿐이죠. 중국의 무사 전통에는 이런 양분 관념이 없기 때문에 실용이성과 낙감樂感문화로 발전할 수 있었답니다. 그것은 준용과 도度를 추구했어요. 예와 인仁의 병행, 유가와 법가의 호용, 유가와 도가의 상호보충, 정감과 이성의 조화를 강조했지요. 이것은 신 지상주의, 이성 지상주의인 서양 전통과는 확연히 다르답니다.

'무에서 예로의 이행'에 있어서의 이성화는 물론 유가에만 한정된 게 아니었어요. 『미의 역정』「선진先秦시대의 이성정신」및「무사 전통을 말하다」에서 도가를 비롯한 각종 사유 범주를 두드러지게 언급하고 논술했는데, 오늘은 상세히 말하지 않겠습니다. 흥미가 있으시면 그 글들을 보시면 좋겠네요.

'무에서 예로의 이행'은 설명하기 어려운 주제이고 그것의 중요성이 등한시되었다고 시작 부분에서 말했는데요. 연구가 충분하지 않은 관계로, 이 주제의 중요성과 관련하여 중국 문화와 중국철학의 근원성의 특징을 제시하는 정도로 말씀드릴 수밖에 없었습니다. 마지막으로, 예전에 제가 했던 말로 끝을 맺고 싶군요.

주례周禮는 무엇인가? 일반적으로 공인된 바로는, 그것은 주나라 초에

확정된 일련의 전장典章·제도·규칙·의절儀節이다. 이 글에서는 그것의 기본 특징이 원시 무술 의례를 기초로 한 말기 씨족 통치체계의 규범화와 체계화라고 본다. 초기 종법제인 은·주 체제는 여전히 씨족 혈연의 겹겹의 옷에 싸여 있었다. 그것의 상부구조와 이데올로기는 직접적으로 원시문화로부터 연속된 것이다.(「공자 재평가」, 1980)

의례는 인문人文이다. 그것은 본래 원고시대 민족이라면 모두 지니고 있던 신성한 제도이다. 그것을 통해 사람들을 단결시키고 질서를 공고히 하고 인성을 수립했다. 최초에 그것은 무술이었다. 일종의 상징적인 정신 생산이자 인류 최초의 상부구조와 이데올로기였다. "이것을 통해 인류 행위의 모든 영역이 무술적 상징주의의 그물 속으로 들어오게 되었다." "가장 경미한 위반이라 할지라도 (…) 의식儀式 전체를 무효화할 수 있었다." "아메리카 인디언 무사巫師는 종교의 춤 의례를 주관할 때, 노래를 틀리게 부르는 사람이 있으면 즉시 죽음에 처함으로써 신의 분노를 피했다."(막스 베버, 『경제와 사회』 제2부) 중국에서 원고시대의 이러한 무술 의례가 어떻게 점차 은·주 예제로 나아갔는지, 즉 어떻게 점차 이성화·정치화되었는지(중국에서 이성화와 정치화는 동일한 과정이었다), 종교성과 정치성이 어떻게 그 구조를 조직했는지, 이는 상고 사상사에서 아직 해결되지 않은 중요한 과제다. 앞에서 말했듯이, 나는 중국의 무사巫史문화가 원시 무술을 윤리·정치와 융합시켜 '세 가지가 합일'된 예제를 형성했다고 본다. 그것은 윤리이자 정치이자 종교. 바로 이러한 '세 가지의 합일'이 정을 본체로 하는 유학 및 그 뒤의 '유가와 도가의 상호보충' '유가와 법가의 호용'을 형성했다. '도가'와 '법가'가 형식이라면 '유가'는 넋인데, 그 원인은 유가가 무술형巫術型의 문화전통에서 비롯되어 중국 상고시대의 '무사巫史문화'가 되었기 때문이다. 무의 특성 가운데 하나는 인간이 능동적으로 신에게 작용할 수 있으며 활동과 조작을 중시한다는 것이다. 갖가지 복잡한 활동과 조작을 통해 신과 교통하고, 자신을 위해 힘쓰도록 신을 부린다. 이것은 신을 인간에게 은혜를 베풀어주길 간구하는 기도의 대상으로 간주하면서 인간은 완전히 피동적으로 기도하는 정관靜觀적 지위에 있는 것과 사뭇 다르다. 각 원시민족에게 무술이 있었고, 오늘날 현대생활에도 여전히 무의 흔적이 있다. 그런데 중국의 무술전통은 정치체제 및 조상 숭배와 융합·혼합되었고 그 이후의 이행 과정에서 신속히 이성화됨으로써 독특한 전통을 형성했다. 무(종교 우두머리)는 왕(정치 우두머리)이기도 했는데, 우·탕·문왕은 모두 대무사大巫師였으며 사후에 숭배대상이 되었다. 조상은 제상의 중심이 되었는데, 무술의 중개를 통해 인간과 신은 연속되었고(조상은 원래 인간이다) 하나로 합쳐졌다. 이것이 바로 중국이 '하나의 세계'인 원인이다. 조상 숭배는 본래 씨족 혈연의 윤리질서와 한데 연결되어 있었는데, 실제로 이 관계의 질서 위에 구축된 것이다. 이 모든 것이 주공의 '예악 제정'에 이르러서, 매우 이성화되고 체계화된 종교·정치·윤리의 세 가지 합일 체제로 완성되었다. 공자는 인仁으로 예를 해석했는데, 이는 조숙한 의례 체제의 붕괴를 만회하기 위해서 원시 무술 전통의 정情적인 측면의 도움을 구한 것이다. 하지만 강대한 이성이 이미 존재했기 때문에 이 '정'은 더 이상 신비하고 말할 수 없는 것이 아니었으며 세속적이면서도 초세속적인 공경敬·두려움 畏·정성誠·인仁 등이 되었다. 이 모든 것은 극히 복잡한 역사 및 사상사의 과정이다.(『논어금독』 3·11)

순자는 이렇게 말했다. "무릇 예란, 산 자를 섬길 때 즐거움을 꾸미고, 죽은 자를 보낼 때 슬픔을 꾸미고, 제사에서는 공경함을 꾸미고, 군사에서는 위엄을 꾸미는 것이다."[40] '꾸민다飾'는 말은 매우 깊이가 있고 사색할 만하다. '예'는 정감을 나타내고 전달하는 한편, 확정적인 형식을 정감에 부여함으로써 의례가 되었다. 인을 내재화하고 예를 외재화함으로써 '인이 먼저이고 예는 나중'이라는 것이 정론이 된 듯하다. 하지만 이 내재하는 '인'은 어디서 비롯된 것일까? 이것이 최대의 문제가 되었다. 맹자는 그것을 선험적인 선단善端에 귀착시켰지만 감성에서 벗어나기 어렵다. 주자朱子는 그것을 '천리天理'에 귀착시켰지만 타율이 된 듯하다. 이는 순자가 인을 버리고 예를 이야기한 것만 못하다. 외재적 규범에서 비롯하여 내재적 심성에 이르렀던 것이 오히려 더 확실히 일관적이다. 나는 예가 바로 인문人文이며, 인仁이 바로 인성人性이라고 생각한다. 양자는 실제로 동시에 병진하는 역사적 성과다. 인성 내용(인)과 인문 형식(예)은 기원에 있어서 나뉠 수 없다. 인성 정감은 반드시 특정한 형식 안에 담아내야만 비로소 빚어질 수 있는 것이다. 형식이 없다면 정감도 없으며, '꾸밈'이 없다면 '기쁨' '슬픔' '공경' '위엄'도 없다.(『논어금독』 3·8)

원고시대 무사巫史문화로 인해 중국은 독립적인 종교와 독립적인 정치가 발전하지 못했으며, 신성한 무술-종교의 풍격과 기능을 지닌 예제(씨족 가부장제 하의 윤리 혈연관계와 질서이기도 하다)를 기초로 한 윤리·종교·정치가 합일된 상부구조와 이데올로기를 형성했다. 바로 이 때

40_ "凡禮, 事生飾歡也, 送死飾哀也, 祭禮飾敬也, 師旅飾威也."

문에 윤상倫常과 정치는 모두 신성한 종교적 정감에 휩싸여 있었다. 두려움畏(은나라)으로부터 공경敬(주나라)과 사랑愛(공자)으로 나아가는 것, 즉 이성화된 정감을 배양하는 것이 유학의 주요 특징이 되었다. 그것은 끊임없이 발전하여, 우주 규율(한유漢儒의 "인仁은 천심이다")과 도덕 율령(송유宋儒의 "인이라는 것은 마음의 덕이고 사랑의 이치다"[41])으로 보편화되었다. 정감(인·애)은 '천심'과 '천리'라는 본체가 존재하는 곳이 되었다. '유가와 도가의 상호보충'이든 '유가와 법가의 호용'이든, '내성'이든 '외왕'이든, 이 본체 혹은 특징이 시종일관 그것의 내재적 영혼이었다. 따라서 천天 본체, 기氣 본체, 심心 본체, 성性 본체가 아니라 '정情 본체'야만로 유학의 요점이 존재하는 곳이다.(『논어금독』 3·4)

『역경易經』은 본래 점서지만 많은 역사 사실史實과 경험의 이야기를 포함하고 설명한다. 그 기능 역시 인간이 객체에 영향을 미치고 대상에 작용하도록 하는 데 있으며, 주관적 선택성과 능동성이 매우 강하다. 이는 대상에게 엎드리고 기도하며 스스로 속박을 감수하는 종교적 숭배와 다르다. 이것은 중화문화를 이해하는 요점이자 내가 강조하는 '하나의 세계' '정 본체' '실용이성' '낙감문화'의 역사적 근원이기도 하다.(『논어금독』 5·18)

제 강연은 여기까지입니다. 이제 여러분께서 질문해주시기 바랍니다.

41_ "仁者, 心之德, 愛之理也."

질문자 1: 주례周禮는 은례殷禮에서 비롯되었고 은례는 하례夏禮에서 비롯되었는데, 그렇다면 하례는 또 어디서 비롯되었는지요? 누가 창조한 것인가요?

리쩌허우: 예전에는 다들 중국에서 가장 이른 조대가 하나라이고 그 이전은 고찰할 수 없다고 말했지요. 하지만 지금은 고고학에 의해서 하나라 이전의 룽산문화가 발견되었어요. 그때는 문자 같은 건 없었지요. 갑골문은 상나라 문자인데, 이미 굉장히 성숙한 문자예요. 그래서 하나라 때도 문자가 있었을 거라고 추측하지만 현재까지는 아직 발견되지 않았답니다. 신석기시대의 도기에서 부호들을 발견했는데, 그게 대체 문자인지 아니면 족휘族徽인지는 분명하지 않아요. 그래서 제가 방금 말하길, 무에서 예로의 이행은 굉장히 어려운 주제라고 한 겁니다. 자료가 충분하지 않기 때문에 가설적인 성격이 짙게 마련이고 추측할 수밖에 없지요. 서양의 많은 학자들은 하나라의 존재를 부정합니다. 그들은 구제강顧頡剛의 '고사변古史辨'42의 관점을 믿지요. 하지만 중국 대륙의 고고학 자료는 하나라의 존재를 증명할 뿐만 아니라 그 지점 역시 거의 밝혀냈어요. 하나라 이전은 룽산문화인데 흑도黑陶가 있지요. 최근 20년 동안의 중국 신석기시대 고고학은 특히 많은 수확을 올렸답니다. 이전에는 늘 황하黃河를 어머니 강이라고 말하면서 중국 문화는 황하 유역에서 밖으로 뻗어나간 거라고 했지요. 지금은 그렇지 않아요. 중국 문화는 아주 일찍부터 곳곳에 꽃이 만발한 형태였답니

42_ 1920~1930년대 구제강을 대표로 하는 고사변파古史辨派는 청대 고증학의 전통을 계승하고 서구 근대 사학의 문헌고증학적 방법을 수용하여 고문헌의 신빙성에 근본적인 의문을 제기하며 세밀한 고증을 통해 "우禹 이전의 고사古史는 신화"라고 주장했다.—옮긴이

다. 고고학계의 표현을 쓰자면 '온 하늘의 뭇 별滿天星斗'이었지요.
동북에서부터 남방에 이르기까지 도처가 그랬답니다. 저장浙江에
서 발견된 허무두河姆渡문화는 중원문화보다 훨씬 이전이에요. 목
조 구조물과 벼 재배가 있었던 아주 성숙한 문화지요. 원래 벼는
외부에서 유래한 거라고 말해졌지만 그렇지 않아요. 중국의 남방
에 일찌감치 있었답니다. 신석기시대 남방문화는 북방보다 훨씬 일
찍 발전했고 보다 성숙했던 것 같습니다. 이들 문화는 점차 하나로
융합되었지요. 이 과정은 지금까지도 아직 명확하지 않아요. 대체
어떤 '융합'이었는지 아직 분명하지 않답니다. 하지만 긍정할 수 있
는 건, 하나라 이전에 아주 긴 단계가 있었다는 것이죠. 중국의 많
은 문제는 더 많은 지하 자료를 통해 대답을 기다릴 수밖에 없답니
다. 제가 방금 말한 무에서 예로의 이행 문제 역시 지하 자료를 통
해 보다 나은 증명을 할 필요가 있고요.

질문자 2: '축의 시대'의 공자는 사인士人의 인격 배양에 대해 말
할 때 "시로 일어나고 예로 서며 악樂으로 완성한다"[43]고 했습니다.
선생님께서는 『화하미학華夏美學』에서 이 문제를 이야기하셨는데
요. 공자에게 시는 아주 중요한 거였죠. 시로 시작하는 거니까요.
무巫의 시대에도 시가 아주 중요했는데요. 『상서』「순전舜典」[44]에서
"시는 뜻志을 말한 것이고, 노래는 말言을 길게 읊조린 것이다. 소리
聲는 길게 읊조리는 것에 부합해야 하고, 음률律은 소리와 조화를

43_ "興於詩, 立於禮, 成於樂."
44_ 원서에는 「요전堯典」으로 되어 있으나 오류이므로 「순전舜典」으로 바로잡아 번역했
다.―옮긴이

이루어야 한다"[45]고 했습니다. 그리고 이어서 말하길, 백수百獸를 이끌고 춤춘다고 했습니다. 이건 무와 보다 직접적으로 관계가 있는데요. 시는 뜻을 말한 것이라는 말에서 뜻은 무와 직접적으로 관련이 있는 천의天意인 것 같습니다. 선생님께 여쭙고 싶습니다. 무의 단계에서 예의 단계로 넘어가는 데 있어서 시가 인간을 배양하는 데 왜 이토록 줄곧 중요했고 신성성을 지니고 있었는지요?

리쩌허우: 좋은 의견입니다. 시는 아주 중요합니다. 무술의 원시 가무에서 노래하고 춤추는 건 주문을 외는 것과 한데 연결되어 있었어요. 시의 언어에는 마력이 있지요. 오늘날에도 무술을 행할 때 주문을 욉니다. 무엇을 외는지는 모르지만, 언어는 만물을 지휘하고 부릴 수 있는 것 같습니다. 언어는 마력을 지니고, 신성하고 신비한 힘을 지니지요. 공자 시대에 이르러서, 춘추시대의 시 역시 단순히 개인의 감정을 나타내는 게 아니었답니다. 시에는 아주 중요한 용도가 있었어요. 예를 들면 외교에서 "시를 배우지 않으면 제대로 말할 수 없었다"[46]는 말처럼, 시를 배우지 않으면 외교 업무를 제대로 할 수가 없었어요. 외교관이라면 일단 시를 몇 구절 인용해야 했지요. 신성한 시의 언어를 인용해 상대를 설득하는 것이죠. 아주 중요한 겁니다.

제가 방금 공자에 대해서는 그다지 말하지 않고 주로 주공을 이야기했는데요. 주공은 무술 의례 즉 외재적인 무술 의례를 이성화했지요. 공자 시대에 이르러서 예악이 붕괴되자, 어떻게 예제를 유

45_ "詩言志, 歌永言, 聲依永, 律和聲."
46_ "不學詩無以言."

지할 것인지 그 근거를 찾아야 했어요. 그 근거를 바로 공자가 찾아낸 겁니다. 무술의 신병 따위를 또 말해봐야 이미 믿는 사람이 없어진 상황에서 어디에 근거해야 했을까요? 공자는 그것을 마음內 心에 귀결했답니다. 제가 자주 인용하는 『논어』의 대화가 있는데요.[47] 재아宰我가 삼년상에 대해 묻습니다. 부모가 세상을 떠나고 삼년상을 지내는 건 너무 길지 않느냐고 말이죠. 그러자 공자가 재아에게 묻지요. "너는 3년이 너무 길다고 생각하느냐, 그럼 얼마가 적당하냐?" 그러자 재아가 대답하길, 1년이면 된다고 합니다. 그런데 공자는 1년은 안 된다고 말하지 않아요. 전통 습속이라든가 하늘의 뜻이라든가 하면서 안 된다고 하지 않아요. 다만 이렇게 묻시요. "1년이면 네 마음이 편안하겠느냐?" 재아가 대답하길 편안하다고 합니다. 1년이면 괜찮다는 거죠. 그러자 공자가 말하길, "네가 편안하다면 1년으로 하라"고 합니다. 3년이냐 1년이냐는 중요하지

47_ '삼년상'과 관련한 공자와 재아宰我의 대화로, 다음 내용(『논어』 「양화陽貨」)을 참고하기 바란다. "재아가 여쭈었다. '삼년상은 기간이 너무 깁니다. 군자가 3년 동안 예를 행하지 아니하면 예가 반드시 무너지고, 3년 동안 음악을 연주하지 아니하면 음악 역시 반드시 무너질 것입니다. 묵은 곡식이 동나고 햇곡식이 나며 불붙이는 나무를 바꾸었으니, 1년이면 상을 끝낼 만합니다.' 쌀밥을 먹으며 비단옷을 입는 것이 너에겐 편안하겠느냐?' '편안합니다.' '네가 편안하다면 그렇게 해라! 군자가 상중에 있을 때는, 맛있는 음식을 먹어도 달지 않고 음악을 들어도 즐겁지 않고, 집에 있어도 편안하지 않기 때문에 하지 않는 것이다. 이제 네가 편안하다면 그렇게 해라!' 재아가 나가자 공자께서 말씀하셨다. '여予(재아)는 인仁하지 않구나! 자식은 태어나면 3년이 지나서야 부모의 품에서 벗어난다. 삼년상은 천하 공통의 상례喪禮다. 여도 그 부모로부터 3년의 사랑을 받지 않았던가!'宰我問: '三年之喪, 期已久矣. 君子三年不爲禮, 禮必壞, 三年不爲樂, 樂必崩. 舊穀旣沒, 新穀旣升, 鑽燧改火, 期可已矣.' 子曰: '食夫稻, 衣夫錦, 於女安乎.' 曰: '安.' '女安則爲之. 夫君子之居喪, 食旨不甘, 聞樂不樂, 居處不安, 故不爲也. 今女安則爲之.' 宰我出. 子曰: '予之不仁也. 子生三年, 然後免於父母之懷. 夫三年之喪, 天下之通喪也. 予也有三年之愛於其父母乎.'— 옮긴이

않아요. 중요한 건 공자가 그것을 마음이 '편안하냐 편안하지 않느냐'의 문제로 귀착시킨 겁니다. 이게 아주 중요하지요. 왜냐면 '편안하냐 편안하지 않느냐'는 분명 정감 심리지만 단지 자연의 정감이 아니기 때문이에요. 자녀는 유년기에 부모에게 의지했던 자연적·생리적 본능이라는 기초를 갖고 있게 마련이에요. 유가는 그 본능을, 자각적이고도 이지적인 인식이 함유된 '효'로 끌어올렸어요. "자식은 태어나면 3년이 지나서야 부모의 품에서 벗어난다"는 것에 대한 정감 차원의 보답이죠. 유학은 정감성을 중시하고 이를 근원으로 삼았는데, 저는 이것 역시 '무'에서 유래했다고 생각해요. 무의 정감을 이성화한 것이죠. 공자는 이것이 상제의 명령이라고 하지 않았어요. 정부의 규정이라거나 풍속의 요구라고도 하지 않았지요. 그런 외재적인 게 아니라 마음이 '편안하냐 편안하지 않느냐'는 거죠. 그래서 공자는 "사람으로서 어질지 않으면 예가 무슨 소용이며 사람으로서 어질지 않으면 음악이 무슨 소용인가?"라고 했답니다. 당시에 예악이 형식적으로 흘렀기 때문이에요. 마음에 정감이 없다면 외재적 형식은 아무 의미가 없는 것이죠.

공자는 외재적 의례를 내적 마음의 정감으로 귀결시켰습니다. 이 정감은 어디서 비롯된 걸가요? 저는 이것이 일반적인 정감이 아니라 무술과 관계가 있다고 생각합니다. 무술에서 추구하는 신명과 관련이 있어요. 신성하고 진실한 정감은 바로 여기서 기원한 것이죠. "정성을 다하면 영험해진다"고 지금도 말하는데, 신성하고 성실하고 진실한 정감을 배양해야만 비로소 신명과 통하여 신통력을 발휘할 수 있지요. 심지어는 그것 자체가 바로 신명입니다. 신명은 자신에게 있는 것이죠. 저는 '완전한 덕全德'인 '인仁'이 바로 이런 정감에서 비롯되었다고 봅니다. 인·성誠과 예·악은 본래 내외가 일체인 동일한 무술 활동의 두 측면이에요. 주공이 예악을 만들어 무술 활동의 외재적 측면을 이성화했다면, 공자는 인과 충신忠信을 강조하면서 무술 활동의 내재적 측면을 이성화했지요. 공자는 미신적·신비적 요소를 떨쳐 버리고 그것을 세속적·일반적·경험적인 '사랑愛'으로 귀결시켰어요. 그런데 이 '사랑' 안에는 모종의 신성성이 여전히 보존되어 있답니다. 그래서 부모에 대한 '효'에는 반드시 '공경함敬'이 있어야 하고, "공경하지 않는다면 어찌 짐승과 구별하겠는가?"[48]라고 말한 것이죠. '용감함勇'도 그렇답니다. "용감한 자는 두려워하지 않는다"[49]고 했는데, 어떤 것도 두려워하지 않는 것이지요. 고생도 두려워하지 않고 죽음도 두려워하지 않아요. 그건 결코 자연적인 신체적 역량이 아닙니다. 그저 자연의 혈기에서 나온 용감함도 아니고요. "맨손으로 범을 잡고 맨발로 강을 건너면서 죽어도 후회가 없는 것"[50]은 결코 공자가 좋다고 여기지 않았어요. 그런데 이런 용감함의 힘은 어디서 비롯된 걸까요? 그 근원 역시 신성성에 있답니다. "천만 명이 막는다 할지라도 나는 간다"[51]고 맹자가 말했지요. 『중국고대사상사론』(1985)에서 맹자의 '가장 특출한' '양기설養氣說'에 대해 이야기했는데요. '의를 축적하여集義' 생겨나는 맹자의 '기'는, "이성을 응집한 감성 역량"이며 "우주 천지와 서로 교통"하며 "이것은 맹자가 거듭 강조한, '대저 군자가 지나간

48_ "不敬, 何以別乎?"
49_ "勇者不懼."
50_ "暴虎憑河, 死而無悔."
51_ "雖千滿人, 吾往矣."

곳은 사람들이 교화되고 신령스러움이 보존되어 위아래로 천지와 더불어 운행한다[52]는 것이기도 하다"라고 생각합니다. 이것은 사실 '무'의 특징이에요. 비록 이성화되긴 했지만 무의 신성한 힘을 여전히 보존하고 있지요. 하지만 이미 이성이 녹아든 정감과 의지, 즉 정감-이성 구조 가운데의 자유의지에요.

요컨대 주공은 무를 인문 제도로 외재화했고, 공자는 무를 인성 정감으로 내재화했습니다. 시는 마음과 정감을 감동시켜 움직이지요. "시는 뜻을 말한다詩言志"에서의 뜻은 후대에 개인의 의지로 말해졌는데요. 주쯔칭朱自淸의 『시언지변詩言志辨』에서 분명히 말했듯이, 실제로는 역시 도를 전하는 것이고 이 '도'는 바로 천도입니다. "아침에 도를 깨달으면 저녁에 죽어도 좋다"[53]고 공자가 말했는데요. 천명을 알게 되면 생사를 따지지 않게 되지요. 개인이 하늘로 올라가고 신과 통하는 건 결코 중요한 게 아니에요. 마음을 닦고 본성을 기르는 것修心養性과 기를 배양하고 마음을 다스리는 것養氣治心을 매우 중시한 송명이학가들한테 있어서도, 신과 소통하는 신비한 경험은 결코 가장 중요한 위치를 차지하지 않았답니다. 천명·천도·천리·경세치용·구세제민의 사명감을 자각적이고 이성적으로 담당하는 것이 실제로 보다 중요했지요. 이것이야말로 진정한 유가이고 유자입니다.

질문자 3: 중국 문화는 인간의 지위를 아주 높게 평가합니다. 신

---

52 "夫君子所過者化, 所存者神, 上下與天地同流."
53 "朝聞道, 夕死可矣."

을 두려워하지 않지요. 그런데 왜 중국 문화에서는 개체의 가치를 충분히 존중하지 않을까요? 서양은 인간의 지위가 신처럼 높지 않지만 도리어 개체의 가치는 충분히 존중하잖아요. 이런 현상을 어떻게 해석하시는지요?

리쩌허우: 두 가지 원인이 있습니다. 하나는 중국의 씨족제도에요. 중국은 신석기시대가 아주 길었고 씨족제도가 매우 발달했지요. 씨족제도는 집단에 속한 사람들에게 복잡하고도 높은 수준의 협력을 요구합니다. 인간은 시종일관 독립적이고 자유로운 개체가 아니라, 씨족 중에서 특정한 지위에 놓인 일원이었지요. 인간에게는 오류가 있어서, 나는 단지 내가 아니라 아버지의 아들이고 아들의 아버지며 남편의 아내이고 아내의 남편이며 형의 동생이고 동생의 형이었어요. 인간은 일생 동안 집단 속에서 생존하면서 자신의 의무를 다해야 했고 그래야 비로소 집단 속에서 생활할 수 있었지요. 이것이 바로 인생의 의의이자 삶의 가치이자 생존과 운명이 존재하는 바였답니다. 고대 그리스와는 사회조직이 다르고 생활환경도 달랐지요. 이것은 현실생활에서의 원인입니다.

또 다른 원인은 정신과 관련이 있어요. 서양은 신 앞에서 인간 모두가 평등합니다. 최후의 심판 앞에서는 아버지와 아들도 형제처럼 동등하지요. 중국은 매우 다릅니다. 중국의 인간관계는 아주 세밀하게 구별되지요. 그래서 중국에서는 '이름名' '명분'이 아주 중요합니다. "명분이 바르지 못하면 말이 사리에 맞지 않고, 말이 사리에 맞지 않으면 일이 이루어지지 않고, 일이 이루어지지 않으면 예악이 흥성하지 못하고, 예악이 흥성하지 못하면 형벌의 시행이 적절하지 못하게 된다"[54]고 했으니, 얼마나 중요합니까! '예교'는 '명교名敎'라고도 하지요. '이름'을 가지고 관계의 친소親疎, 의무의 경중, 이해利害의 대소를 정했어요. 또한 서로 다른 감정과 태도를 규정했지요. 삼촌과 외삼촌은 구별되고 이모와 고모 역시 구별되지요. 고종사촌과 이종사촌도 다릅니다. 서양은 그렇지 않아요. 삼촌과 외삼촌은 하나의 단어이고 구별하지 않아요. 중국의 구별은 친소親疏를 따집니다. 고종사촌은 이종사촌보다 친하지요. 가보옥賈寶玉의 경우, 고종사촌인 임대옥林黛玉과의 관계가 이종사촌인 설보채薛寶釵보다 훨씬 친합니다. 중국인은 살아서는 '윤리를 다하고자' 하지요. 도는 바로 일상의 윤리 가운데 있어요. '하늘이 크고 인간 역시 크다'는 것은, 개체가 크다는 게 아니라 집단이 크다는 말입니다. 혹은 집단을 대표하는 '왕'이 크다, 즉 "도가 크고 하늘이 크고 땅이 크고 왕 역시 크다"는 말이지요. 인간 역시 크다는 것은 일반적 의미에서의 인간이 크다는 것이지, 중국에서 개체는 작습니다. 신석기시대의 씨족제도는 후에 예제화되는데, 개체는 예제화의 일부로 변해서 단지 오륜 관계 속의 존재였답니다. 그래서 저는 고대 중국에서는 서양과 같은 개인주의가 없었다고 봐요.

질문자 4: 중국 고대의 인간과 신의 관계에는 대체 어떤 특징이 있었는지 여쭙겠습니다. 무의 시대에는 여러 신을 신앙했고, 무에서 예로 이행한 뒤에는 인간이 신보다 갈수록 두드러졌습니다. 이게 맞는지요? 또 인간과 신의 관계에 있어서 중국은 서양과 어떤 차이가 있는지요?

54_ "名不正則言不順, 言不順則事不成, 事不成則禮樂不興, 禮樂不興則刑罰不中."

리쩌허우: 서양문화에 대해서 저도 잘 아는 건 아닙니다. 서양의 경우, 신은 전지전능하고 인간은 신의 일에 참여할 수 없어요. 신은 모든 것을 초월한 존재이고 초경험적인 존재지요. 신의 의도를 인간은 이해할 수 없더라도 받아들여야 해요. 중국은 비교적 다원적인데, 신 역시 이치에 맞아야 합니다. 이치에 부합하지 않으면 믿지 않고 받아들이지 않아도 되지요. 믿음에도 일정한 이치가 있어요. 타이완에서는 마조媽祖를 믿어요. 홍콩 사람들이 뭘 믿는지 잘 모르겠지만, 관음보살을 믿는 사람도 있고 관제關帝를 믿는 사람도 있지요. 관운장關雲長(관제)은 본래 결점이 아주 많은 사람인데 죽은 뒤에 신이 되었답니다. 관운장은 의리를 강조하고 정을 중시하고 유현덕劉玄德에게 충성했지요. 그래서 살아서는 위인이었고 죽어서는 신이 되었어요. 그래서 그를 숭배할 수도 있답니다. 중국의 인간과 신의 관계는 서양과 많이 달라요. 중국은 집집마다 자신의 조상을 모시는데, 조상은 본래 사람이었어요. 기독교의 하느님은 인간이 아니지요. 예수는 인간이자 신이고요. 하느님과 예수를 믿으면, 조상을 숭배할 수 없고 다른 신을 모셔도 안 되지요. 중국은 인간과 신의 경계가 서양처럼 분명하지가 않아요. 신이라도 그토록 큰 힘은 없답니다. 도교에 옥황상제가 있지만 손오공이 천궁에서 난리를 피울 수 있었지요. 중국인은 서양의 경건한 신도처럼 그토록 신을 경외하지는 않아요. 아우슈비츠에서 신은 죽었다고 누군가 말했지만, 그래도 사람들은 여전히 신을 믿고 있어요. 중국에는 그런 정감이 없답니다. 중국문학에서는 도스토예프스키가 나올 수 없어요. 중국인에게는 그런 종교적 정감이 없기 때문이죠.

중국은 늘 인간관계의 조화를 중시하고, 인간관계를 뛰어넘는 방면에 대해서는 별로 말하지 않아요. 공자는 항상 현실생활을 중시했지요. "삶에 대해서도 모르는데 어찌 죽음을 알겠는가" "사람을 섬기지도 못하는데 어찌 귀신을 섬길 수 있겠는가" "공자께서는 괴력난신怪力亂神에 대해 말씀하시지 않았다" "하늘이 어디 말을 하더냐" 등이 그 증거예요. 공자는 '천도'에 대해서도 말을 삼갔지요. 공자가 중시한 것은 어떻게 일하며 사람다운 사람이 되느냐는 거였어요. 영혼이 어떻게 수난당하고 구제받는지는 중시하지 않았지요. 이것은 중국인의 특징입니다. 한漢민족의 역사가 이토록 오랫동안 발전하고 인구 규모가 이토록 큰 것은 기적이에요. 게다가 문화가 시종일관 단절된 적이 없습니다. 이것 모두 방금 말한 특징과 관계가 있어요. 고대 이집트와 바빌론은 모두 사라졌지요. 작년에 남미를 다녀왔는데, 잉카문화와 마야문화 역시 사라졌어요. 오직 중국 문화만이 끊김이 없었답니다. 중국 문화는 우리가 생각하는 것보다도 훨씬 유구합니다. 중국 문화가 왜 이토록 커다란 역량을 지니고 있을까요? 이후에는 또 어떨까요? 어때야만 할까요? 이것은 매우 현실적인 문제랍니다. 저는 문화의 특징을 근원까지 밀고 올라가서 대체 어떻게 된 것인지 살펴보고 싶습니다. 학자가 할 수 있는 건 단지 이런 작은 일뿐이니까요.

질문자 5: 선생님께서 무에서 예로 이행했다고 하셨는데, 저는 아직도 많은 무술이 존재한다고 믿습니다. 조상에 대한 제사는 무술이 예와 한데 연결된 것 같다는 생각이 듭니다.

리쩌허우: 중국에는 지금도 여전히 무술이 존재합니다. 그것은 소전통으로 변한 것이지요. 예를 들면 무당은 원시 무술과 매우 유

사합니다. 공자는 "너는 군자유君子儒가 되어야지 소인유小人儒가 되지 말라"고 했는데요. 군자와 같은 유자가 되어야 하며 소인 같은 유자가 되지 말라는 말입니다. 이 말에는 정확한 해석이 없어요. 저는 군자유란 주공이 만든 예제의 전승자가 되는 것이고, 소인유란 민간의 무사巫師가 되는 것이라고 생각합니다. 제가 어렸을 때 본 건데, 사람이 죽으면 스님을 불러다 경을 읽고 도사를 불러다 주문을 외요. 그와 동시에 유생들을 불러다 의례를 행하는데, 아주 구체적이랍니다. 스님이나 도사와 마찬가지에요. 이것이 바로 '소인유'지요. 이런 이들은 공자 시대에 이미 있었고, 전문적으로 의례 활동을 맡아 하다가 무巫·축祝·복卜·사史로 바뀐 셋이죠. 이번 강연에서 말하고 싶은 건, 무를 일률적으로 소전통으로 간주하면 안 되고 그 정신이 대전통으로 흡수된 점을 보아야 한다는 겁니다. 요컨대 중국 문화에서 무는 배제되지 않았으며, 소전통은 무의 '형形'(겉모양·의례)을 이어받았고, 대전통은 무의 '신神'(실질·특징)을 이어받았습니다. '예'는 대전통에 속하는 것이고, '군자유'는 의례의 단순한 집행자가 아니라 신성한 '천명' '천도' 즉 집단생활의 생존과 연속이라는 사명의 담당자였습니다. 개체가 하늘로 올라가고 신과 통하는 것, 개체의 초월과 신비는 결코 두드러지지 않았고 특별히 중요하지도 않았답니다.

오늘은 여기서 마치도록 하겠습니다. 감사합니다.

4장

예를 해석하여
인으로 귀결시키다[1]

1_ 「예를 해석하여 인으로 귀결시키다釋禮歸仁」(2014), 2014년 6월, 쑤저우蘇州 타이후 太湖 황금해안黃金海岸 호텔에서 탈고하다.

유정 우주관

문: 이전의 여러 글에서 선생님께서는 주공이 '예악을 만든 것'을 주로 강조하셨습니다. 즉 '무-제사-예'를 통해, 절차적이고 의례적인 전례典禮가 귀족의 일상생활의 세밀한 규범 및 엄격한 질서가 되도록 전환적 창조를 이루었다는 건데요. 그런데 선생님께서는 "주공과 공자를 병칭했다"고 강조하셨는데, 무사巫史 전통에서 공자의 지위는 어떤 것인지요?

답: 사실 그건 이미 말한 적이 있답니다. 즉 주공은 외재적인 체제·제도의 측면에서, 공자는 내재적인 심리·정감의 측면에서 원고시대 무술을 이성화함으로써 중국인의 인문(밖)과 인성(안)을 형성했어요. 주공은 '무에서 예로 나아갔고', 공자는 '예를 해석하여 인仁으로 귀결'시켰지요. 예악이 붕괴되었기 때문에 '예'를 위해서 무술 신명을 대체할 견실한 근거를 찾아야 했는데, 그게 바로 공자의 '인'입니다.

문: 그런데 '인'이 대체 무엇인지 명확하지 않은데요. 『논어』에서는 '인'을 거의 백 번이나 언급하고 있지만 정의나 답안은 없습니다. '인'이 무엇인지 선생님께서 개괄해주실 수 있는지요?

답: 이전 글(「무사 전통을 말하다」)에서 말했던 것으로 대답하겠습니다.

'인'은 부모와 자식 간의 정(효자孝慈)을 주축으로 삼아 뻗어 나간 것으로, 신성성을 지닌 '사랑愛'이라는 인간관계의 심리를 개괄적으로 총칭한 것이다.

즉 그 당시 신성한 의례에 보존되었던 신성한 마음 상태였다. 이러한 마음 상태가 공자를 거쳐 이성화되었고 그것을 '인'이라 했다. 공자는 '인'을 세속의 일상생활·행위·언어·태도에서 실현할 것을 요구했다.

무술 의례의 공경敬·두려움畏·충실忠·정성誠·장엄莊·믿음信 등의 기본 정감과 심리상태를 강조함으로써 인문화·이성화하고 이를 세속의 일상생활과 인간관계 속으로 가져와 일상생활과 인간관계 자체가 신성한 의미를 지니도록 했다.

문: 선생님께서는 '인'의 신성성을 줄곧 강조하셨는데요. 그런데 1980년의 「공자 재평가」라는 글에서는 '인'을 세속의 다원 요소적인 구조로 해석하셨습니다. 이런 구조적 해석이 당시에는 전대미문의 것이었지요.

답: '인'이 네 측면의 구조체라는 의견을 저는 지금까지도 견지합니다. 즉 '혈연 기초, 심리 원칙, 인도주의, 개체 인격'으로 형성된 인성 구조지요. 이것은 후에 『논어금독』에서 제기한 '정감-이성情理 구조emotion-rational structure' 즉 '정 본체emotion as substance'이기도 합니다. 정감과 이성의 합류는 금수 같은 동물성과 구별되고 기계적인 이성과도 구별되지요. 이건 수십 년 동안 변함이 없는, 인성론에 관한 제 관점의 원심圓心이랍니다. 저는 공자가 말한 것이 바로 '심리가 본체가 된다'는 인성론이라고 생각해요. 그리고 그것이 바로 무사 전통의 연속·발전이고요. "나는 사史·무巫와 같은 길을 가지만 귀착점이 다르다"는 말에서 '다른 귀착점'이란 바로 이 '정감-이성 구조'에 있지요. 「공자 재평가」에서 두 번째 요소 혹은 측면인 '심리 원칙'에 대해 서술한 부분을 옮겨보도록 하겠습니다.

여기서 중요한 것은, 공자가 인간의 정감 심리를 외재적인 숭배 대상 혹은 신비한 경계를 향해 이끌지 않고 그것을 부모와 자식의 관계를 핵심으로 하는 인간과 인간의 세속관계 속에서 해소시키고 만족시킴으로써 종교의 삼요소인 관념·정감·의례가 이 세속윤리와 일상심리의 종합적 통일체를 온통 에워싸고 그 속에 잠기도록 했으며, 별도의 신학·신앙의 빌딩을 세울 필요가 없었다는 사실이다. 이것은 다른 몇 가지 요소와 유기적으로 결합하여 유학이 종교가 아니면서도 종교를 대신하는 기능을 갖도록 하여 준準종교의 역할을 하도록 했다. 이는 세계문화사에서 비교적 드문 일이다.

이것은 중국의 무사 전통에서 '예를 해석하여 인으로 귀결시키는' 데 있어서 핵심적인 일환이기도 했어요.

예는 이러한 심리학적인 내재적 근거를 획득하여 인성화되었다. (…) 신의 기준과 명령이 인간의 내재적 욕구와 자각적 의식으로 변했으며, 신에 대한 복종이 인간에 대한 복종 및 자신에 대한 복종으로 변했다. 이러한 전변은 중국 상고 사상사에서 획기적인 의의를 지닌다.(「공자 재평가」)

요컨대 공자는 무·사와 같은 길을 간다는 것, 즉 신성함과 신명의 동일한 원천을 강조하되, '덕'이라는 '다른 귀착점'을 더 강조했습니다. 즉 자각적인 인성Human Psychology으로 귀착한다는 것이지요. 그 뒤로 맹자와 순자가 각각의 길을 개척했는데, 뒤에서 다시 말씀드리기로 하지요.

문: 지금 말씀하셔도 될 것 같은데요. 선생님께서는 줄곧 순자를 높이고 맹자를 깎아내리지 않으셨나요?
답: 저는 맹자를 조금도 깎아내리지 않았답니다. 최근에 윤리학을 말하면서, 맹자의 '대장부'가 '대단하고 엄청난' 공헌을 했다고 특별히 강조했어요. 1985년에 제가 말했던 건데요. 맹자는 무술의 통신通神에서 유래한 것을 이성화한 '특출'한 양기설養氣說을 제시했지요. 즉 기를 길러 하늘과 통하도록 하는 원고시대의 신비한 능력을 세속화·인간화하여 설명하길, 개체 인격의 위대한 역량을 현실생활에서 구축하는 것이라고 했어요.

순舜은 어떤 사람인가? 나는 어떤 사람인가? 노력하는 자는 이처럼 될

수 있다.[2]

대저 뜻志은 기氣를 통솔하는 것이고, 기는 몸을 가득 채우고 있는 것이다. (…) 그 기는 의義와 짝하며 도道와 함께하니, 이것이 없으면 기는 굶주리게 된다. 이 기는 의를 축적하여 생겨나는 것이지, 의가 갑자기 들어옴으로써 얻을 수 있는 게 아니다.[3]

'의'는 바로 인간화된 공정함·도의·적합함·책임이지요. "그 기는 몹시 크고도 굳세서 그것을 곧게 길러 해치지 않는다면 하늘과 땅 사이에 가득하게 된다"고 했습니다. 이성의 응집인 개체의 자유의지가 사회적 실천의 거대한 감성 역량이 되지요. 이상의 이야기는 모두 『중국고대사상사론』에 나오는 말이니까 한번 살펴보세요.

문: 지금 말씀하신 게 바로 중국의 '개인주의'군요.

답: 맞습니다. 저는 중국의 '개인주의'가 정신적인 거라고 말했지요. 유가의 입세入世적 개인주의 즉 맹자가 말한 "부귀가 타락시키지 못하고 빈천이 지조를 바꾸지 못하고 위무威武가 굴복시키지 못하는"[4] 개인주의든, 장자처럼 세상을 벗어나 홀로 지내며 마음 내키는 대로 유유자적하는逍遙遊 개인주의든, 모두가 개체 정신의 독립과 자주 그리고 당당하며 속박 받지 않는 위대한 인격입니다.

2_ "舜何人也, 予何人也, 有爲者亦若是."
3_ "夫志, 氣之帥也, 氣, 體之充也. (…) 其爲氣也, 配義與道, 無是, 餒也. 是集義所生者, 非義襲而取之也."
4_ "富貴不能淫, 貧賤不能移, 威武不能屈"

물질적 이익과 생활의 이해利害를 현실적 기초로 삼는 현대 서양의 개인주의가 아니지요. 전자(중국의 개인주의)는 인성의 측면에 속하고 외재적인 인문 제도 등과는 간접적으로만 관계가 있답니다. 후자(서양의 개인주의)는 인문 제도의 건설과 직접적으로 관계가 있지요.

그런데 이런 개체의 정신과 위대한 인격이 현실의 물질세계를 버리거나 부정해야 하는 건 아니에요. 그것은 개체 정신이 현실에 맞서 싸우고 현실을 초탈하는 것에 중점을 두지만, 현실(자신의 육체적 생명을 포함한다)을 필요로 하지 않는 영혼의 승천은 아닙니다. 오히려 이런 개체의 정신과 위대한 인격은 늘 이 세계를 위해 힘쓰지요.

문: 또 이런 말씀을 하셨던 걸로 기억하는데요. 공자 인학仁學의 네 측면 혹은 요소는 상호 제약을 통해 유기적 총체가 되는데, 이는 실용이성과 낙감樂感문화 즉 선생님이 말씀하신 '하나의 세계'에서 유래한 것이고, 이것이 바로 선생님이 말씀하신 무사 전통의 요점이라고요.

답: 「공자 재평가」에 나오는 단락을 말씀드리지요.

혈연·심리·인도·인격5이 마침내 실용이성을 특징으로 하는 사유 양식의 유기적 총체를 형성했다. 그것이 유기적 총체가 되는 것은, 이들

5_ 혈연·심리·인도·인격은 혈연의 기초, 심리원칙, 인도주의, 개체인격을 가리킨다.─옮긴이

요소의 상호 견제와 작용 속에서 상호균형·자아조절·자아발전을 이루는 한편 모종의 폐쇄성을 지니면서 외재적인 간섭과 파괴를 늘 배척하기 때문이다. 예를 들면 두 번째 요소(심리원칙: 사랑에는 차등이 있다)의 억제 하에, 세 번째 요소(인도주의)의 경향이 편파적으로 발전하는 게 제약됨으로써, '겸애兼愛' '비공非攻'을 강조한 묵가학설의 공세가 결국 실패했다. 또 예를 들면 세 번째 요소의 제약 하에, 네 번째 요소(개체인격)의 경향이 편파적으로 발전해 개인의 공적과 향락 및 자아구제를 추구하는 것 역시 통용되지 못했으며, 선진시기의 양주楊朱학파 및 후세에 한동안 매우 성행했던 불가의 각 종파 역시 (이런 제약 속에) 흡수되어 사라졌다.

그것은 마침내 한漢민족의 집단무의식의 원형原型 현상이 되었고, 민족적 문화-심리 구조를 구성했다. 공학孔學이 중국 문화(한민족을 주체로 하는 중국 문화)의 대명사처럼 된 것은 결코 우연이 아니다.

공자 인학이 "지극히 고명하고 중용의 도를 따르는"[6] 것은, 바로 그것이 신성성과 실용성을 지니고 "천지에 참여하여 화육을 돕는" 동시에 "도가 일상의 인륜 가운데 있다"는 데 있지요. 그것은 "모두 서로가 똑같이 사랑하고" "적을 친구처럼 여기는" 게 아니고, "원자로서의 개인" 혹은 "자유 지상주의"도 아니지요. 모든 요소가 상호 제약하는 인학 구조를 통해 다른 종교·주의主義·이데올로기·사상 학설을 막아내고 포용하고 나아가 흡수하고 동화하면서 미래를 위

6_ "極高明而道中庸"

해 끊임없이 공헌했습니다. 이것은 '무사 전통'이 다른 많은 종교·주의가 지닌 강경한 도그마와 다른 점이기도 하답니다.

문: 그런데 선생님께서는 '인체仁體'와 관련된 각종 이론과 학설에는 반대하시잖아요.

답: 머우쭝싼을 예로 들겠습니다. 그는 심체·성체性體를 강조하면서, 그게 바로 '인체'라고 여겼어요. 머우쭝싼에게 인체는 심체·성체·도체道體·천체天體이고 창생創生 실체(즉 우주 본체)이며, "심원함이 그침이 없는"[7] '천명'으로 여겨지고 심지어는 '성신聖神'으로 받아들여졌지요. 그는 심오하고 복잡한 현대 언어로써 "내 마음이 곧 우주"[8]라는 심학파心學派의 송명이학을 되풀이했답니다.

문: 오늘날의 많은 학자들도 그렇잖아요.

답: 머우쭝싼을 비롯해 오늘날 많은 학자들이 송명이학의 길을 다시 걷고 있지요. 송명이학은 불교의 영향을 많이 받았답니다. '이理'와 '기氣', '천지의 성性'과 '기질의 성', '도심道心'과 '인심人心'의 이분법을 통해 '이'가 '기'에 앞서고 '도심'이 '인심'을 통할하고 '천지의 성'이 '기질의 성'을 주재함을 강조함으로써, 현실의 경험세계를 초월하여 "희노애락이 발현되지 않은"[9] 상태 즉 부모한테서 태어나기 전 본래의 면모에 도달하고자 합니다. 머우쭝싼과 현대 중국학자는 서양철학의 영향을 받아 '인체' '도체' 등을 경험의 현실세계

7_ "於穆不已."
8_ "吾心卽宇宙."
9_ "喜怒哀樂之未發."

를 초월한 본체로 삼았어요. 송명이학에서는 '효제孝悌가 인仁의 본체體'
인지, '인이 효제의 본체'인지의 거대한 난제가 발생했지요. 이에 대한 대답
은 공교롭게도 『논어』의 본뜻에 어긋나는 후자였답니다. 머우쫑싼
등은 '지적 직관' 혹은 '지식의 지혜로의 전환' 따위를 제기했지만
'직관'이나 '지혜'가 대체 무엇인지에 관한 대답은 공교롭게도 칸트
의 본뜻에 어긋나는 신비주의였어요.[10]

　　무사 전통으로 인해 중국에는 플라톤(현실세계와 이데아의 세계)
혹은 『성경』(현실세계와 초험세계)의 양분된 세계를 지지하는 의식
이 없었습니다. 송명이학이 한편으로는 "이가 기에 앞서 존재한
다"[11]고 하면서도 "이는 기와 떨어질 수 없다"[12] "이는 기 속에 있
다"[13]고 강조했어요. 또 한편으로는 "인심은 위태롭고 도심은 미묘
하다"[14]고 하면서도 '도심'과 '인심'은 여전히 하나의 마음이라고 강
조했지요. 초험적 본체가 경험 현실과 확연히 양분될 수 없기 때문
에 사변적 이론에 있어서 처음부터 끝까지 일관되고 허점 없이 완
벽할 수 없는 것이지요. 제가 쓴 책의 소제목 중에 '초험을 추구한
송명이학의 실패'[15]가 별도로 있는데, 안타깝게도 주목한 사람이
없답니다. 하지만 사회적 실천에 있어서, 송명이학은 무사 전통을
오랫동안 전승했다는 점에서 성공했지요.

10_ 「실용이성과 낙감문화를 논하다論實用理性與樂感文化」를 참고하기 바란다. 『실용이성과 낙
　　감문화』에 실린 글이다.─옮긴이
11_ "理在氣先."
12_ "理不離氣."
13_ "理在氣中."
14_ "人心惟危, 道心惟微."
15_ 『실용이성과 낙감문화』「심과 성이 본체인가, 정이 본체인가?心‧性爲本還是情爲本?」 안에
　　'초험을 추구한 송명이학의 실패宋明理學追求超驗的失敗'가 실려 있다.─옮긴이

문: 무슨 말씀인지요?

답: 불가는 마음에서 만물을 비울뿐더러 마음이 모든 것을 만들어 내기에 속세를 떠나는 것이죠. 이학은 '일전어一轉語를 통해서'(펑유란馮友蘭) 초험 혹은 선험의 '이' '도심' '천지의 성'이 세상을 주재하게 하면서, 물질의 '기' '인심' '기질의 성'이 그것에 절대적으로 귀속하고 순종하길 요구합니다. 이로써 현실생활에서의 전통사회 삼강오륜의 합리성·공정성·신성성을 사변적 이론의 측면에서 강력하게 논증하고 펼쳐 보였지요.

주희는 '인'을 "마음의 덕, 사랑의 이치"[16]라는 선험 이성으로 해석했고, 세상의 모든 예제·규범을 '이일분수理一分殊'로서의 '인간사'의 '의칙儀則'으로 간주함으로써 인간세상의 애정과 관계를 매우 구체적으로 구속하고 관할했답니다. 또한 "하늘의 법칙經이고 땅의 의義"로서 그것(이일분수로서의 예제·규범—옮긴이)의 신성성을 강조했지요. 결국 그것은 사람들이 반드시 복종하고 이행해야 하는 '마땅한 것'이 되었지요. 이것은 무사 전통의 '무에서 예로의 이행'을 이어받은 것이며, 다시 한 번 하늘과 인간의 관계라는 측면에서 전통사회의 현실생활의 윤리 질서를 논증하고 자리매김한 것입니다.

문: 머우쭝싼은 이천伊川과 주자朱子의 '이'에 대해, "존유存有이지만 활동하지 않으며" 외재적인 타율로 사람의 마음을 제어한다고 비판했습니다. 오직 심즉성즉리心即性即理(성性이자 이理인 심心)만이

16_ "心之德, 愛之理"

'마음이 편안하지 않아 차마 하지 못함不安不忍'과 '측은함惻然'에서 출발함으로써 인간이 비로소 진정으로 '생기 있게' 윤리적 행위를 할 수 있다는 것이죠.

답: 머우쭝싼은 주희의 '이'가 외재적 타율이라고 비판했지요. 선악 관념으로서 '이'는 확실히 외재적 환경에 의해 결정됩니다. 하지만 주희가 그것을 개체의 내재적 자각과 자유의지로 전환했을 때 그것은 윤리적 타율이 아닌 도덕적 자율이 되었지요. 도리어 머우쭝싼이 말한 '마음이 편안하지 않아 차마 하지 못함'과 '측은지심惻隱之心'이야말로 선험 심지어 초험의 '본체' '도체'로 숭배되어 '최후의 실재final reality' 혹은 '본원적 존재original being'와 동일시되면서 훨씬 불명확해지고 온갖 결함이 드러났답니다.

문: 왜 그런가요?

답: 머우쭝싼은 칸트를 즐겨 인용하지만, 칸트에게 본체 noumenon는 인류를 초월한 순수이성이랍니다. 감성경험과는 아무 관계가 없어요. 본체가 내리는 정언명령categorical imperative은 감성을 초월한 선험법칙이지요. 인간세상의 행복·쾌락·정감·경험과는 조금도 관계가 없어요. 그래서 제가 "칸트는 오직 의義를 중시하지만 이학은 인仁을 중시한다"는 펑유란의 말을 인용했던 겁니다. 이학에서는 설령 '인'이 사랑과 같을 수 없고 '도심' 역시 '인심人心'과 구별된다 하더라도, '인'은 결국 '사랑의 이理'이고 '도심' 역시 '인심'과 동떨어질 수 없어요. 이천伊川(정이程頤)과 주자가 '인'이 효제孝悌의 본체라고 했더라도 인은 효제에서 벗어날 수 없지요. 또한 "천리는 인욕 가운데 있다"[17]고 말했는데 천리와 인욕, 도심과 인심, 인과

효제, 본체와 현상을 확연히 양분할 수는 없는 겁니다. 그리고 '이 일분수理一分殊'를 강조함으로써 현실생활의 등급질서가 윤리의 측면에서 논증되고 실천에 옮겨질 수 있었지요. 온갖 가규家規·족훈族訓·향약鄕約·마을규범·제사 등이 그 예랍니다. 상산象山의 학문은 이에 대해서는 약간 소홀했고, 외재적 규범은 특별히 중시하지 않았어요. 그래서 '심즉리'의 길이 인륜질서를 홀시한 무부무군無父無君을 초래할 수 있다고 주희로부터 경고 격의 책망을 받았던 것이죠. 양명陽明 후학은 "시비是非는 단지 좋아함과 싫어함好惡일 뿐이다"[18]로 발전했고, 진확陳確·대진戴震·캉유웨이康有爲·담사동譚嗣同 등도 그랬지요. 다들 자연 인성본으로 향했습니다.

머우쭝싼은 자연 인성론의 방향과는 반대로, 성에 반대하며 정을 중시反性主情하면서도 오히려 금욕을 주장한 유즙산劉蕺山을 극력 추앙하며 그를 계승할 것을 공언했지요. 또한 명백히 경험의 정감 심리인 '측은지심'과 '마음이 편안하지 않아 차마 하지 못함'의 동정·공감·감정이입 등을 선험 혹은 초험의 '본체' '도체'라고 우겼답니다. 게다가 머우쭝싼에게는 주희의 '이일분수'와 같은 현실적 책략도 없었지요. 그래서 이론적으로 사람들을 설득하기 어려웠을뿐더러 현실적으로도 효과를 거둘 수가 없었어요. 그저 서재의 심오한 이론일 수밖에 없지요. 20-30년 전에 저는 이것(머우쭝싼의 주장)이 이미 시대적 근거를 잃었고 전망이 없으며, 단지 이론에 있어서 송명이학의 창백한 회광반조廻光返照일 뿐이라고 말했습

17_ "天理卽在人慾之中"
18_ "是非只是個好惡."

니다.[19]

내재적 초월?

문: 선생님 말씀은, 중국이 무사 전통에서 시작하여 무에서 예로 나아갔고 공자가 예를 해석하여 인으로 귀결시켰으며, 두 세계는 존재하지 않으며 존재할 수도 없다는 거군요. 그래서 머우쭝싼이 제기한 내재적 초월 역시 성립할 수 없고 필요하지도 않다는 말씀이지요?

답: 초월transcendence 혹은 초험·선험transcendent, transcendental은 일반적으로 기독교에서 유행하는 개념입니다. '내재적 초월' immanent transcendence은 정통 기독교에서 이단 사교邪敎로 간주되지요. 초월자는 신이지, 인간일 수 없어요. 인간의 마음일 수도 없지요. 신이 마음속에 있을 수는 있지만 마음이 신은 아니죠. 신은 여전히 '전적인 타자The Wholly Other'예요. 인간의 마음은 신에게 귀의하고 신에게 종속되고 신에게 복종할 뿐, 신이 되거나 신과 합일될 수는 없는 겁니다. 그래서 오직 '외재적 초월'만 가능하지 '내재적 초월'은 불가능한 거죠. '내재'와 '초월'은 직접적으로 모순이며 불가능하다고 칸트가 명확히 말했어요.

인간과 신의 직접적 합일이 서양에서는 방자하고 오만한 '자성自聖'으로 간주됩니다. "내 마음이 곧 우주"라는 중국 이학에서는, '공

19_ 「현대 신유가를 간략히 논하다略論現代新儒家」 등의 글을 참고하기 바란다.

경함敬'이 있으면 됐지 '두려움畏'은 필요가 없지요. 그래도 유사한 문제가 있답니다. 제가 일찍이 질문한 게 있는데요. 신을 믿지 않는 중국 학자가 '내재적 초월'을 강조하는데, '초월'해서 어디로 갈 것인가요? 평소에 말하는 소위 '내재적 초월'은 대부분 세속을 버린 마음의 초탈이고 소수는 모종의 신비 경험이에요.

문: 선생님께서는 무사巫師가 신과 소통하고 하늘로 오르던 것이 주공과 공자의 이성화를 거쳐, 특히 공자가 '예를 해석하여 인으로 귀결'시킨 것과 맹자가 '대장부'의 인격을 구축한 것과 정욕을 기초로 한 순자의 예론·천론을 통하여, 세상 사대부 지식인의 신성한 역사적 사명감과 사회적 책임감을 전환적으로 창조해 냈다고 생각하시잖아요.

답: 맞습니다. 그게 바로 중국인의 '초월'이에요. 신성한 사명감과 역사적 책임감으로 개체의 유한한 생존과 생명을 초월하고, 유한한 개체의 존재가 신성한 삶의 의의와 인생의 가치와 생존의 목적을 획득하도록 하는 것이지요. 이것은 개인의 영혼 구제, 득도하여 승천하는 것, 혹은 신비한 경험보다 훨씬 중요하고 훨씬 실제적이랍니다. 이것이야말로 "문왕이 돌아가셨으니 문文이 나에게 있지 않겠느냐?" "내가 이 사람들과 함께하지 않는다면 누구와 함께하겠는가?"[20] "천하에 도가 있다면 내가 굳이 바꾸고자 하지 않을 것이다"[21] "하늘이 장차 선생님을 목탁으로 삼고자 하십니다"[22] "하늘이 나에게 덕을 주셨으니

20_ "吾非斯人之徒與而誰與?"
21_ "天下有道, 丘不與易也."
22_ "天將以夫子爲木鐸."

환퇴桓魋가 나를 어찌하겠느냐?" 등에 담긴, '예를 해석하여 인으로 귀결시킨' 공자의 근본정신입니다. "내가 지옥에 들어가지 않으면 누가 지옥에 들어가랴?"[23]라는 대승불교의 자비구세慈悲救世의 이론을 중국인이 받아들인 것처럼 경세치용과 백성을 구제하는 것이 중국 사대부 지식인이 선택한, 자신의 유한한 생명의 초월이 되었지요. 이것은 여전히 '하나의 세계'의 길이랍니다.

문: 그것과 관계가 있는 것 같은데요. 『중국고대사상사론』에서 선생님께서는 동중서가 "인仁은 천심"이라고 한 것을 특별히 중시하셨지요. 동중서는 '관제상천官制象天'[24]의 우주론적 정치 유학을 구축했잖아요.

답: 그것(동중서의 유가 이론)은 원전原典 유학이 도가·법가·음양가 심지어는 묵가 사상을 흡수하여 도출된 거대한 전환적 창조라고 제가 전에 말했답니다. 그것은 '유정有情 우주관'을 통해, 공자가 '예를 해석하여 인으로 귀결'시킨 것을 천인론의 제도 유학으로 만들었지요. 이것이 바로 그 당시의 "하늘과 인간의 관계를 끝까지 캐내고, 과거와 현재의 변화를 꿰뚫고, 일가의 말을 이루는"[25] 것이었어요. 동중서의 『춘추번로春秋繁露』와 「천인삼책天人三策」 그리고 『황제내경黃帝內經』 같은 책을 보면, 중국이 늘 하늘·인간의 소통과 천

23_ "我不入地獄, 誰入地獄?"
24_ '관제상천官制象天'이란, '관제는 하늘을 본뜬다'는 뜻으로, 동중서는 천문학과 음양오행설을 운용하여 천상天象에 부합하는 관제를 제정함으로써 봉건 전제의 합리성과 신비성을 극대화했다.—옮긴이
25_ "窮天人之際, 通古今之變, 成一家之言."

인감응과 천인합일을 강조했음을 알 수 있답니다. '하늘'과 '인간'은 긴밀히 연결되어 서로 호응하지, 완전히 이질적이며 확연히 양분되는 게 결코 아니에요. 이것은 제가 말한 무사 전통이자 무에서 예로의 이행, 예에서 인으로의 귀결, 하나의 세계인 중화전통이랍니다. 동중서 등이 '인'을 '유정 우주관'의 천인론의 피드백 시스템으로 만든 것은 지금까지도 여전히 영향력이 있고 송명이학에 뒤지지 않아요. 하지만 머우쭝싼 등의 현대 신유학가는 그것을 단번에 부정했지요.

문: 선생님께서는 '유정 우주관'을 말씀하시면서, "천지는 어질지 않으니 만물을 짚으로 만든 개처럼 여긴다"[26]에 나오는 '하늘天', "요堯 때문에 존재하는 것도 아니고 걸桀 때문에 없어지는 것도 아닌"[27] 본디 중성中性적인 자연의 '하늘'을 인류의 정감으로 충만하며 인류의 생명·생존·생활을 충분히 긍정하고 돕는 '하늘'로 창조하셨는데요. 이것은 중요한 철학적 의의를 지닙니다.

답: 그건 『역전』의 철학에서 비롯된 거라고 할 수 있답니다. 『역전』에서는 "하늘의 운행은 강건하니 군자는 스스로 강건해지기 위해 쉼이 없어야 한다" "한 번은 음이 되고 한 번은 양이 되는 것을 도라고 한다. 이를 잇는 것이 선善이다"[28]라고 했어요. "하늘의 운행은 강건하다" "사람의 성은 선하다", 위로는 '예를 해석하여 인으로 귀결시킨 것'을 이어받아 아래로는 '인仁은 천심이다'로 발전시킨

26_ "天地不仁, 以萬物爲芻狗"
27_ "不爲堯存, 不爲桀亡"
28_ "一陰一陽之謂道, 繼之者善也."

것, 이상은 모두 매우 적극적이고 낙관적인 태도로 이 세계의 생존·연속을 긍정하고 인류의 실천·활동을 '지선至善'으로 간주한 겁니다.

『역전』에서 말하길, "무릇 대인大人은 천지와 더불어 그 덕이 부합하고, 일월과 더불어 그 밝음이 부합하고, 사시와 더불어 그 질서가 부합하고, 귀신과 더불어 그 길흉이 부합한다"고 했어요. 이건 바로 고대 무군巫君이 신과 통하며 하늘로 올라감으로써 백성을 다스리던 게 이성화한 이후의 흔적이 아닐까요? 한대의 '유정 우주관'은 『역전』에서 비롯되었고, 『역전』은 '무-예'에서 비롯되었어요. 그 특징은 『중국고대사상사론』에서 말했듯이 '역사적 이성'이자 '정감적'이라는 겁니다.[29] 송명이학가에 이르러서, 뜰의 풀을 없애지 않음으로써[30] 천의를 나타내고자 했던 것 역시 이런 '유정 우주관'이 아닐까요? 『논어금독』에서 했던 말을 인용해보겠습니다.

흄과 애덤 스미스 등도 '동정심'을 도덕의 동력 혹은 본원으로 삼았다. 그것과 유학의 차이점은 바로, '동정심'은 단지 모종의 경험심리지만 유학의 '인'은 '천지와 더불어 나란한' '본체'의 성질을 지닌다는 데 있다. '인'은 원시 무술에서 비롯되었다. '인'은 우주를 포괄하며 모든 것을 관통하고, 멀리할 수도 가까이할 수도 있으며, 쉽게 획득할 수도 있지만

29_ 『중국고대사상사론』, 싼롄 판, 127쪽.
30_ 주돈이周敦頤의 일화로, 그는 자기 집 뜰의 풀을 제거하지 않았는데 혹자가 그 이유를 묻자 "나의 뜻과 같기 때문이다與自家意思一般"라고 대답했다. 잡초 역시 생명을 가졌으므로 살고자 하는 뜻은 마찬가지라는 의미다. 이 일화는 '만물일체의 인仁' 사상을 나타낸다.—옮긴이

얻기 어렵기도 하고, 상당히 신비한 듯하다. 캉유웨이와 담사동에 이르러서 '전기電' '에테르以太'로 '인'을 해석했는데, 인은 본체이자 생명이고 정감이다. 이 역시 원시 무술의 전통이다.(『논어금독』 5·19)

그런데 핵심은 여전히 앞에서 말한 '정감-이성 구조' 즉 '정 본체'입니다. 그러니까 '인 본체' 역시 '정 본체'에서 비롯된 것이겠죠?

문: 그래서 '인 본체'는 실제로 '정 본체'구요. 그리고 개념 자체가 모호하고 어렴풋한 '인'으로 '정'을 대신해 '본체'로 삼을 수 없는 것이고요.

답: 무사 전통은, 이 현실세계의 생명·생존·생활을 충분히 긍정하고 적극적·낙관적인 긍정적 정감을 지닌 '하나의 세계'를 통해 중국의 특징을 보여줍니다. "만물은 모두 공허하고 환영이다" "태어나면서부터 죄가 있으니 구원을 받아야 한다" "이 세계는 살 가치가 없다"는 등의 다른 많은 종교나 철학과는 굉장히 다른 중국의 특징을 보여주지요. 이 특징은 보편적 의의를 지닙니다. 앞으로 중국이 굴기하여 강대해지면서 보편적으로 받아들여질 거예요. 정감과 이성의 융합이 추구하는 인간관계의 조화, 몸과 마음의 조화, 인간과 자연환경의 조화는 두 세계를 구분함으로써 초월과 이성지상주의를 추구하는 것을 능가하여 우세를 차지할 겁니다.

'성'과 '정', 어느 것이 '본체'인가?

문: 그런데 중요한 쟁론이 있습니다. 대체 정이 본체인가, 성性이 본체인가인데요. 궈뎬郭店 죽간에서 명백히 말하길, "정은 성에서 나왔다"[31]고 합니다. 『역전』에서도 "이것을 이루는 것은 성"[32]이라고 했는데요. 그러니까 '정'이 아닌 '성'이야말로 본체 혹은 본원인 것이지요.

답: 문제는 그 '성'이라는 게 뭐냐는 겁니다. 저는 궈뎬 죽간을 포함한 원전 유학이 말하는 '성'이 가리키는 것은 기질의 성, 자연의 성, "식食과 색色이 성이다"[33]의 성이라고 봅니다. 따라서 "타고난 그대로의 성"[34] 즉 "희노애락이 발현되지 않은" 잠재적인 자연 본성과 생물 본능을 말하는 것이지, 송명이학과 머우쫑싼 같은 현대 신유가들이 말하는 의리義理의 성, 천지의 성, 선험의 성이 아니에요. 그래서 이 '기질의 성'은 반드시 "발현하면 모두 절도에 맞아야"[35] 하는 것이죠. 즉 사회성과 이성의 침투·참여·배양(자각적인 것과 비자각적인 것을 모두 포함)을 통해 나온 '희노애락의 발현'인 '정'이야말로 진정한 현실이자 실질이자 본원이지요. 잠재적인 자연의 '성'은 다만 현실 생명의 논리적 전제이고 생물적 조건일 뿐이랍니다.

31_ "情生於性."
32_ "成之者性也." "한 번은 음이 되고 한 번은 양이 되는 것을 도라고 하니, 이것을 잇는 것은 선이고 이것을 이루는 것은 성이다—陰一陽之謂道, 繼之者善也, 成之者性也."(『주역』「계사繫辭」)—옮긴이
33_ "食色性也."
34_ "生之謂性."
35_ "發而皆中節."

그래서 '정'을 떠나 '성'을 말하거나 '정'을 '성'으로 귀결시킨다면, 이 '성'은 생물 자연의 본체 혹은 선험 개념의 이성이 되지요. 전자에서는 인간이 동물과 같아지고 후자에서는 인간이 신이 됩니다. 양자 모두 '인간이 근본'이 아니라 사물 혹은 신이 근본인 것이지요. 하지만 인간은 결코 자연의 산물이 아니고 신성神性을 타고난 것도 아닙니다. 그래서 '정 본체' 혹은 '정감-이성 구조emotion-rational structure'를 제기하려는 거예요. 이것은 자연의 '성'(욕慾)이나 선험의 '성'(이理)을 근본으로 삼는 것에 찬성하지 않는 것이기도 하답니다.

문: '정'이 보다 실재적이고 구체적이며 '성'은 보다 추상적이고 종잡을 수 없다는 말씀이시군요.

답: 이성의 침투와 참여가 있기 때문에 정은 보다 실재적이고 다양하고 충실하고 복잡하고 세밀하지요. 그것은 인류 역사와 개체 교육의 성과에요. 즉 내재적 자연의 인간화랍니다. 선험 혹은 초험의 이理와 신이 아니고, 자연적·생리적 동물 본능이 아닌 인간이지요.

성을 체體로 삼는다면, 동물처럼 행동하는 포스트모던의 자연 인성론으로 흐르게 되거나 '이理로 사람을 죽이고' 정욕을 압살하는 천리 인성론이 되겠지요. 전자는 오늘날 인간의 동물성에 대한 다량의 묘사를 참고하면 되고요. 후자는 머우쭝싼이 극력 추앙한 유즙산의 『인보人譜』에 나오는 백 가지 조목의 '경계할 것에 대한 기록'을 참고하면 됩니다. 희극喜劇 보는 것에 대한 경계, 염사艶詞를 짓는 것에 대한 경계, 꿈에서 노니는 것에 대한 경계, 소·개를 먹는 것에 대한 경계, 종이를 훼손하는 것에 대한 경계 등이 나오지요.

문: 재미있는 현상은, 공자가 인을 말한 이후로 2000여 년 동안 동중서를 대표로 하는 한유漢儒에서부터 주희를 대표로 하는 송유宋儒, 캉유웨이를 대표로 하는 현대 유학 및 머우쭝싼과 당대의 여러 학자들에 이르기까지 비록 각자 다르긴 하지만 다들 '인仁'을 기치로 삼아 철리를 구축했다는 겁니다. 반反전통에 가장 격렬했던 담사동까지도요. 현대사회의 자유·평등·박애 역시 '인학'의 자루 안에 담겼지요. "인은 통하는 것을 제일의第一義로 삼는다"36라면서 "억압의 그물을 찢고" 전통의 차등과 등급을 뿌리 뽑고자 했는데요.

답: 그건 현실과 밀접한 정 본체의 역량을 말해주는 것이랍니다. 추상적인 천도·천명·천의가 아니고 언어로 명확히 가르침을 주는 이성적 명령인 신의 지도가 아닌, 정감의 역량 하에서 "예를 해석하여 인으로 귀결시킨" 여러 요소(혈연에 기초한 효제孝悌 관념, 낙관적 심리상태의 심층 의식, 정감과 관계된 인도주의 정신, 독립적이고 자주적인 개체의 인격)가 서로 지탱하고 견인함으로써 온갖 힘들고 고달픈 상황에서도 이 세계에서의 인간의 생명·생존·생활이 굳세게 연속되면서 신성성을 지니게 되었지요. 신성함을 피안의 천국에 귀속시키지 않고 이곳의 인생에서 실현하는 겁니다.

문: 선생님께서는 신비성에 대해서는 그다지 말씀하시지 않지

36_ "仁以通爲第一義"

만, 유가에는 "인자仁者는 천지만물을 한몸으로 삼는다"[37]는 신비한 견해 혹은 체험이 있습니다. 어떻게 생각하시는지요?

답: 앞서 언급했던 기존의 견해를 말씀드리지요. 개인의 체험으로서는 확실히 모종의 신비 경험을 인정할 수 있어요. 하지만 신비 경험은 일반적으로 객관 보편성을 갖기가 상당히 어렵지요. 늘 우발적이고 순간적이고 독특하며 개성의 차이로 충만한 것이죠. 명백한 서술이나 공인된 설명조차 있을 수가 없답니다. 그래서 차라리 만물이 일체라는 견해를 객관 보편적인 소박한 이해로 간주하는 게 나아요. 특히 유자儒者의 사회적·정치적 포부와 뜻과 심경으로 이해하자면, 바로 혈육을 친애하고親親 백성에게 어질고仁民 만물을 사랑하는愛物 것이지요. '인'의 옛 글자는 위쪽의 신身과 아래쪽의 심心으로 이루어져 있답니다. 마음이 몸과 떨어지지 않고 몸과 마음이 합일된 것을 '인'이라고 하는 것이죠. 그래서 설령 '천지만물과 합일'하는 신비 체험이나 경지가 있다 하더라도, 그것은 여전히 이 세계의 정감과 관련되어 있답니다.

순자가 잘 말했는데요. "제사라는 것은 사모의 정을 나타내는 것이다. (…) 군자는 그것을 인간의 도道로 여기지만 백성은 그것을 귀신 섬기는 것으로 여긴다."[38] 귀신에게 제사지내는 체험과 다른 세계를 상상하는 것 역시 인간세계의 정감의 표현일 따름이에요. 이것은 바로 공자가 "군자로서의 유자儒者가 되어야지 소인으로서의 유자가 되지 말라"고 한 것입니다. 귀신을 응대하거나 부르는 낡

37_ "仁者以天地萬物爲一體"
38_ "祭者, 志意思慕之情也. (…) 其在君子, 以爲人道也, 其在百姓, 以爲鬼事也."

은 방식의 무사巫師가 되지 말고, "경敬으로 자신을 닦으며"[39] "자신을 닦아 백성을 편안하게 하는"[40] "도에 뜻을 둔"[41] 담지자가 되라는 말이지요.

"인자는 천지만물을 한몸으로 삼는다"는 해석학을 통해, 이성화된 세속적 설명을 얻을 수 있을뿐더러 거기엔 신성한 의의도 있지요. 앞에서 거듭 설명했듯이, 무사巫史 전통의 이성화는 무군巫君과 무사巫師가 하늘에 오르고 신과 통하며 신의 뜻을 전하던 것을, 천명·천도·천의를 담당하는 역사적 사명감과 신성한 책임감이 되도록 전환적 창조를 이루어냈습니다. 이것이야말로 "문왕이 돌아가셨으니 문文이 나에게 있지 않겠느냐?"에 대한 정확한 이해이며, 후세에 "인자는 천지만물을 한몸으로 삼는다"는 것을 실천하려는 어질고 숭고한 뜻을 지닌 이들의 우수한 전통의 근거입니다. 관심을 갖는 것은 인간세상의 고난, 백성의 기쁨과 걱정, 만민의 안위, "천하 사람들이 근심하기에 앞서 근심하고 천하 사람들이 즐거워한 후에 즐거워하는" 것이지, 자신의 영혼이 신과 통하거나 승천하거나 구원을 받는 게 아니에요. 불교와 도가의 영향을 깊게 받아 속세를 피해 은거하는 사대부를 포함해 대부분은 "몸은 강호에 있어도 마음에는 조정을 품고"[42] 있었답니다. 도연명陶淵明의 도화원桃花源, 캉유웨이의 『대동서大同書』처럼 중국인의 행복관은 늘 이 세계 속에 놓여 있지, 초월해서 다른 세계로 가는 게 아니랍니다.

39_ "修己以敬."
40_ "修己以安百姓."
41_ "志於道."
42_ "身在江湖, 心存魏闕"

하나의 세계

문: 선생님께서는 다들 이구동성으로 말하는 야스퍼스의 '축의 시대의 철학적 돌파'설, 그리고 개인주의설에 반대하시는 것 같은데요.

답: 야스퍼스는 초월transcendence을 추구하는 유신론적 실존주의로, 불가사의한unthinkable 전적 타자인 신을 신봉했시요. 저는 야스퍼스와 그의 '축의 시대'설에 대해 연구하지 않았기 때문에 반대한다고 말할 게 없답니다. 다만 그의 이론의 역사적 근거와 학리적 논증이 충분하지 않아서 제가 납득하기 어려울 뿐이지요. 그래서 받아들일 수가 없습니다. 저는 중국 본토의 역사적 실제에서 출발해서, 무에서 예로의 이행을 집대성한 주공을 중시할 것을 주장한답니다. 무의 미혹에서 탈피해 예제로 들어간 그 발걸음이 매우 중요하다고 생각해요. 이후 예악이 붕괴한 시대가 되자 비로소 예를 해석하여 인으로 귀결시킨 공자가 나오게 된 것이죠.

개체주의에 대해서는 전에 말한 바대로 공자·맹자든 장자든, 두드러진 것은 개체의 인격 역량과 정신의 자유이지 신과의 소통과 합일이 아닙니다. 중국에는 신 앞에서 모든 사람이 평등하다는 의미에서의 개인주의가 없어요. 물질의 권익을 기초로 한 현대 개인주의는 더더욱 없고요. 유가는 인생의 의의와 생활의 가치를 자아의 개체가 아닌 인간관계에 두었습니다. "내가 이 사람들과 함께하지 않는다면 누구와 함께하겠는가?"라고 했지요. 장자는 이러한 관계에서 벗어나 의의와 가치를 찾을 것을 요구했지만 여전히 이 세상의 인간관계를 인정했습니다. 유가와 도가는 무사 전통에서 비롯되었는데, 양자 모두 완전히 이질적인 다른 세계로의 '초월'을 추구하지 않았고 개인의 구원도 없었어요. 엄격히 말하자면 중국에는 단지 '초탈'만 있고 '초월'은 없습니다.

문: 선생님께서 말씀하시길, 중국인의 다른 세계는 단지 이 세계의 연장 혹은 모방이라고 하셨는데요.

답: 당연하죠. 중국인에게 '초월'적인 '하늘'과 다른 세계가 전혀 없는 건 아니지만, 관념·정감·사상에 있어서는 명확하지 않고 확정적이지 않답니다. 히브리의 여호와의 성城이나 플라톤의 두 세계와는 매우 다르지요. 생과 사의 두 세계는 생의 세계를 모델로 삼아 사후의 세계를 모방하고 상상한 것이기 때문에, 소위 다른 세계란 이 세계의 연장·복제·미화·이상화에 불과할 뿐이죠.

한대의 수많은 화상석畵像石을 보세요. 서왕모西王母의 신선세계는 바로 이 세계의 의·식·주·행行의 연속을 극락의 버전으로 나타낸 것 아닌가요? 사람들은 장생과 불로를 추구하기도 하고 사후의 즐거운 생활을 추구하기도 하지요. 중국은 예로부터 상장喪葬과 제사가 있었고 물질적인 공양과 봉양을 중시합니다. 태뢰太牢와 소뢰少牢, 음식과 명기明器는 바로 이 세계에서의 생활의 연속이지 않습니까? 여기엔 '초월'해서 어디로 간다는 게 없습니다. 사실은 이런 식으로 다른 세계를 상상하는 게 보편성을 지니지요. 비유대교·비기독교인 많은 문화와 원시 부족 역시 이런 식으로 다른 세계를 상상했답니다. 그것들은 모두 '초월'하지 않아요. 다른 세계에 대한 이런 식의 상상이, 이성 지상주의가 구축한 다른 세계보다 더 정감과 이성에 맞고 인성 심리에도 보다 부합하지요.

문: 그렇다면 중국 전통에서 늘 주의를 기울인 '수신修身'은 다른 세계와 관계가 있는 건가요?

답: 여전히 '하나의 세계' 안에서의 관계랍니다. 즉 신과 통하고 하늘로 오르는 무술에서 비롯된 것이죠. 앞에서 말했듯이 유가는 그것을 이성화하고 입세화入世化했는데, '정심正心과 성의誠意' 역시 '수제치평修齊治平(수신제가치국평천하)'을 위해 수립된, 종교·윤리·정치가 합일된 예교 정치철학의 일환이지요. 도가 특히 도교는 그것을 영생과 향락 심지어는 신선이 되어 승천하는 환상과 상상으로 발전시켰고, 중화의 의학은 그것을 양생養生·장수의 최상의 방법으로 발전시켰답니다. 이 것은 모두 이 세계에서의 생존과 삶을 떠나지 않을뿐더러 매우 중시함으로써 몸과 생명을 중시하는 흔적을 선명하게 남겼지요.

문: 그렇다면 선생님께서는 그것을 가지고 중국과 서양의 사상·철학이 근본적으로 모종의 차이가 있음을 말씀하시고 싶은 건지요?

답: 그리스와 히브리가 합류할 수 있었던 것은, 근본적으로 양자가 모두 육체를 경시하고 이 현실의 물질세계를 경시하며 고행과 금욕을 통해 영혼이 다른 세계로 초월하길 추구했던 것과 큰 관계가 있을 겁니다. 이것은 중국이 무에서 예로 이행하면서 다른 세계를 단지 이 세계의 연속으로 간주하고 다른 세계가 여전히 이 세계를 위해 힘쓰고 이바지하길 추구함으로써 이 물질세계에서의 사람

들의 현실적 생존과 생활과 생명을 극단적으로 중시했던 특징과
비교하면 확실히 매우 다르지요. 중국에서는 서양적 의미에서의
'종교'가 발전하지 않았답니다. 다만 '무의 이성화Shamanism
Rationalized'를 통해 형성된, 인간이 자연의 규율을 따르고 스스로
운명을 주재하며 '인仁'을 근본적인 귀착점으로 삼는 '예교'가 있을
따름이지요.

문: 하지만 선생님께서는『마이클 샌델에 대한 답변 및 기타回應
桑德爾及其他』에서 '공안낙처孔顏樂處'가 추구한, 개체가 범속함을 초
월해 성스러움으로 들어가는 것超凡入聖을 강조하셨습니다.

답: 확실히 그런 측면이 있긴 합니다. 선진先秦시대의 기화론氣化
論이든 한대의『황제내경』과 마왕두이馬王堆의 견인도牽引圖이든, 대
전통이든 소전통이든, 군자로서의 유자이든 소인으로서의 유자이
든, 또 오늘날의 각종 기공氣功에 이르기까지 이 모든 것에는 원고
시대 무술에서 하늘과 인간이 소통하던 신비한 방술·기예·사상·
이론이 시종일관 작용하면서 중국 문화 속에서 은밀하게 혹은 뚜
렷하게 존재하고 있습니다. 특히 불교가 전해진 이후에는 도가전
통과 결합하면서, 참동계參同契에서부터 선천도先天圖에 이르기까지
개체의 마음을 수양하고 정기를 함양하는養心治氣 가운데 모종의
신비 경험과 '초월'의 체험을 추구하는 현상이 확실히 유가에 존재
했지요. 주돈이周敦頤·소옹邵雍·주희에서 왕양명王陽明에 이르기까
지, 그리고 량수밍梁漱溟이 밀종密宗 대수인大手印을 익힌 것까지 모
두가 그렇답니다. 하지만 이것을 그들이 추구한 경세치용과 제세구민濟世
救民이라는 커다란 책임에 비교한다면 시종일관 부차적인 지위에 있었다는 게

특징입니다.

이집트와 인도 그리고 유럽 중세기의 고행승이 중국에는 시종일 관 출현한 적이 없어요. 중국인은 '목욕재계'라는 매우 가벼운 정 도의 금욕방식으로, 잔혹하게 오랫동안 육체를 고통스럽게 함으로 써 성결聖潔 혹은 신과 통하고자 하는 것을 대신했지요. 중국인은 마음을 깨끗이 씻고자 몸을 해칠 필요가 없어요. 몸과 마음이 합 일된 '인仁'으로써 생장과 양육이라는 하늘의 은혜를 체현하는 겁 니다. 유가는 슬퍼하되 몸이 상하는 데까지는 이르지 않도록 강조 하고, 긴 노래로 곡哭을 대신하며 슬퍼함을 그침으로써 애도를 완 성하는 예제 규범을 강조하는데, 바로 그런 특징을 매우 구체적이 고 실재적으로 나타내는 겁니다.

문: 유가는 신비 경험을 추구하기도 하는데요. 머우쭝싼의 '지 적 직관' '역각체증逆覺體證'[41]은 일종의 직관주의적 이론이라고 할 수 있습니다. 서양에는 도덕 직관주의가 있는데, 머우쭝싼은 이것 을 초도덕적인 형이상의 본체 즉 심체·성체·인체·도체라고 말했 지요.

답: 머우쭝싼은 칸트에서 '신비주의'로 상승해야 한다고 명확히 제기했습니다. 직관주의는 1950년대의 미학 토론에서 부딪쳤던 문 제인데요. 당시에 "표현은 직관이다"라는 크로체Croce와 주광첸朱光

43_ 증자曾子의 "하루에 세 번 자신을 돌아본다三省吾身", 맹자의 "잃어버린 마음을 찾는다求 放心", 왕양명王陽明의 "양지를 실현한다致良知"는 것은 모두 자신을 돌아보며 성의를 다 하는 인식 과정이다. 이것을 머우쭝싼의 말로 표현하자면 '역각체증逆覺體證' 즉 반성을 통해 본래의 마음을 깨닫고 마음이 제자리를 찾게 되는 것이다.—옮긴이

潛의 주장에 대해 토론할 때, 저는 개체 직관성과 사회 공리성의 '미감의 모순 이중성' 문제를 제기했고 헤겔의 논리학을 원용해서 '직접성'은 많은 '간접성'의 결과라고 했답니다. 즉 직관은 선천적이거나 선험적인 것이 아니라, 간접성이 누적되어서 형성된 거라고 생각했죠. 도덕 역시 그렇답니다.

그래서 저는 공자가 주장한 것이, 정으로 서는 게 아니라 "예로 서는 것立於禮"이고 정에 내맡기는 게 아니라 '예를 배우는 것'이라고 강조합니다. '예를 해석하여 인으로 귀결시킨' 것은 정욕을 방임하는 게 아니에요. 오히려 반대로 '극기복례克己復禮'를 요구하는 것이지요. 인은 '극기'를 포함하는 의지의 단련이에요. 정욕을 의식적으로 자각하여 주재하고 제어하는 것이지요. '극기복례' '예로 선다'는 것은 짧은 시간에 이룰 수 있는 성과가 절대 아니에요. 직관이 그것을 담보하거나 직관으로 그것을 이룰 수 있는 건 더욱 아니고요. 일반적으로 직관과 정감과 본능은 긴밀히 연결되어 있지요. 저는 인에 대해서 공자가 안연顏淵과 번지樊遲에게 다른 대답을 했던 것이 중요한 의의를 지닌다고 했습니다.

문: 그래서 공자가 예를 해석하여 인으로 귀결시키면서 강조한 것이 '배움學'이군요. 선생님께서 강조하신 것처럼 『논어』에서 두드러지는 게 바로 '배움'인데요. 예와 인仁의 합일, 하늘과 인간의 합일을 이루어야 하고 오랫동안의 강인한 학습과 단련이 필요하다고 했습니다. "인자는 말을 하는 데 참음이 있어야 하고"[44] 일흔이 되

44_ "仁者, 其言也, 訒"

어야 비로소 "마음이 원하는 바를 따라도 법도에 어긋남이 없게"⁴⁵ 되고요.

답: 그래서 머우쭝싼이 '지적 직관'과 '측은지심'을 형이상의 본체로 치켜세운 건, 원전 유학을 떠난 것이고 공자의 원래 뜻에서 너무 멀리 벗어난 겁니다. "잃어버린 마음을 찾으라求放心"는 맹자역시 직관을 강조한 게 아니에요. "마음이라는 기관은 생각하는 것"⁴⁶이라고 하면서 잃어버린 본심을 '생각'해서 찾아오라고 한 겁니다. 순자는 더 말할 것도 없고요. 주희 역시 마찬가지에요. 일본의 주자학과 중국의 많은 학자는 주자를 순자와 연결시킵니다 차이위안페이蔡元培는 주자가 "멀리로는 순자를 근본으로 삼았다"고 했는데요. 주자는 격물치지格物致知를 강조했어요. 각각의 사물로부터 시비是非와 호오好惡를 '궁구해格'낼 것을 요구했지요.

저는 공자-순자-주자가 공문孔門 인학仁學 전통의 중심선이고, 상산象山과 양명陽明은 곁가지를 치고 나와 일파를 이룬 것이라고 봅니다. 머우쭝싼이 말한 것과는 상반되지요. 공자·순자·주자는 모두 '인仁'을 배양하는 데 있어서 외재적 규범(예·이理)의 중요성을 중시했답니다. '인'은 직관이나 정감의 자연적 발양이 아니에요.

문: 주희는 맹학孟學인데 어째서 그를 순학荀學의 계열에 집어넣으신 건지요?

답: 좋은 질문이에요. 정곡을 지적했습니다. 그런데 저는 주희

45_ "從心所慾不踰矩"
46_ "心之官則思"

를 순학에 편입시키지 않았어요. 그 문제는 다음에 토론할 수 있겠군요.

문: 그런데 공자가 "하늘이 나에게 덕을 주셨으니 환퇴桓魋가 나를 어찌하겠느냐?" "문왕이 돌아가셨으니 문文이 나에게 있지 않겠느냐?"라고 한 것에는 모종의 신비한 의미가 있습니다.

답: 저는 공자의 그 말이 신비 내지 신과 통하는 비방을 그다지 강조하지 않은 거라고 봅니다. 오히려 공자가 보다 강조한 것은 이성화된 세속적 응대에요. 그래서 헤겔이 『논어』는 단지 일반적인 도덕 격언이라고 비웃었던 것이고요. 자공子貢은 공자가 성性과 천도에 대해 적게 말했다고 감탄했지요. 그것들은 이해하기 어렵기 때문에 말을 하게 되면 신비와 관련될 수밖에 없어요. 그래서 차라리 말을 하지 않은 것이죠. 『논어』가 다른 많은 종교 경전과 다른 점이 바로 여기에 있답니다.

공자가 제기한 인仁의 인성人性 '정감-이성 구조'는, 허버트 핑가레트가 말한 것처럼 "범속하면서 신성한" 것이지요. 공자의 '덕'과 '문'은, 신비한 마력(무巫·군君)에서 비롯되어 전환적 창조를 통해 신성한 개체 심리의 독립적 품격이 되었습니다. 이로써 무군이 담당했던 신비한 천명·천도와 하늘의 뜻이 범인 역시 담당할 수 있고 담당해야 하는, 이성화된 신성한 사명감과 역사적 책임감으로 전환되었지요. 이것이야말로 공자가 책임지고 말하고자 했던 진실이자 거대한 함의랍니다. 최후에는 고염무顧炎武가 강조한 "천하의 흥망에는 필부도 책임이 있다"는 것으로 발전했는데, 이것 역시 세속생활 속에서의 사회와 인생에 대한 개체의 역사적 책임감과 신성한 사명감이지요. 이것이 유학의 가르침의 중심을 구성한답니다. 그것이 부각한 것은 바로 인류-민족-국가 전체에 대한 개체의 의무와 책임이에요. 신과 통하고 승천하며 영혼을 구원하는 신비가 아닌, 바로 이 의무와 책임을 인생의 의의와 삶의 가치의 뿌리로 삼았지요. 이것은 무술의 이성화의 최종 성과이기도 합니다. 저는 고대로부터 지금까지 이것이 시종일관 중국 지식인의 전통 보물이라고 생각해요. 이 보물은 무에서 비롯되었지요. '예를 해석하여 인으로 귀결시킨' 것이 '무에서 예로의 이행'의 연속이자 심화인 이유는, 주공이 무술을 이성화하여 만든 '예악'의 인문 체제를 공자가 내재적 인성의 심리 구축으로 귀결시켰기 때문이에요. 이로써 하늘과 인간의 만남의 과정이 완성되었지요. 이것은 비로 자연의 인간화가 완성된 것이기도 합니다.

주공·공자가 공자·맹자를 대체하다

문: 그래서 선생님께서는 역사를 강조하시는군요.

답: 확실히 그렇습니다. 중국에서는 소위 '초월적 천天'이 만들어낸 것은 '무성무취無聲無臭'의 '천명' '천도' '천의'이지, 명령을 내리고 구체적으로 많은 말을 하는 '천주天主, God'가 아닙니다. 이 '명'과 '도'와 '의意'는 역사 사적事迹을 통해서만이 설명하고 표현하고 나타내고 선전할 수 있지요. "전典과 책冊이 있다"[47]는 말처럼 상나라는 왕실의 문서로 유명합니다. 구제강 등의 연구와 고증에 따르면, 주역의 점복 중에는 사실史實의 실례로

47_ "有典有冊"

써 논거와 근거로 삼을 수 있는 게 있지요. 중국 사서의 풍부함은 세계적으로도 독보적이에요. 종종 신비한 겉옷을 걸치긴 했어도 실제로는 선험적·초험적 말이 아닌 구체적이고 실재적인 역사 경험이, 사람들이 앞으로 나갈 때 의지하는 손잡이·지팡이·안내자가 되었답니다. 이전의 일을 잊지 않음으로써 나중 일의 스승으로 삼는 것이지요.[48] '다스림에 도움이 되어야資治' 비로소 두루 통하는 거울通鑑'이 있을 수 있는 겁니다. '역사 경험'이야말로 예로부터 지금까지 중국인의 생존의 나침반이었으며, '실용이성'과 '낙감문화'가 생겨나고 지속된 기초에요. '무사 전통'은 이것을 일컫는 것이고요. 공자는 자신이 "무사巫史와 같은 길을 간다"고 명확히 공언한 한편, 도덕과 초超도덕이 합일된 마음으로 귀결했습니다. 이 도덕과 초도덕의 합치는 여전히 '같은 길' 즉 그것이 유래한 무사와 밀접한 관계가 있어요.

문: 선생님 말씀은, 역사 경험이 종족의 생존과 관계가 있기 때문에 중국 민족의 정신과 사유방식의 특징은 '선험'이 아닌 '실용'이성, 죄감罪感문화가 아닌 낙감문화, 비관적·소극적으로 미래를 기다리는 게 아니라 낙관적·적극적으로 미래를 쟁취하고 전망하는 거라는 건데요. 점을 치고 역사를 기록하는 일에 종사한 무사巫史 역시 마찬가지고요.

답: "제齊나라에는 태사太史의 죽간, 진晉나라에는 동호董狐의 붓"이 있었지요. 흔들리지 않고 굽힘없이 역사를 기록하는 것은, 종족의 생존에 충성하는 것이자 구체적인 시공간에서 벌어진 과거 경

48_ "前事不忘, 後事之師." 『전국책戰國策』「조책趙策」에 나오는 말이다.—옮긴이

험을 중시하고 총결하고 받아들이는 거랍니다. 고정불변의 선험적·초험적 교의敎義를 지침과 맹신과 귀착점으로 삼는 게 아니고요. 저는 이것이 바로 중국 민족이 오래도록 생존하고 자강불식할 수 있었던 관건이라고 생각합니다. 이 관건을 마음에 새겨서 "하늘과 인간의 관계를 끝까지 캐내고, 과거와 현재의 변화를 꿰뚫음"으로써 마음의 '덕' 역시 풍부하고 구체적인 실재적 내용을 갖게 되었고 맹목적인 광적 도취 혹은 순수한 사변을 피해 갔답니다.

문: 그래서 선생님께서는 중국의 고대인이 유소有巢·수인燧人·복희伏羲·신농神農·황제黃帝의 역사에 대해 말한 것을 높이 평가하시는 거군요. 신이 인간을 창조했다거나 유전자 돌연변이에 관한 말이 아니라요.

답: 저는 원고시대 전설이 현대의 문화인류학과 유사하고 심지어는 부합하기까지 해서 매우 놀랍습니다. 거기서 체현되어 나온 것이 바로 이성정신이에요. 제가 전에 말하길, 중국의 실용이성은 역사 이성이라고 했는데요. 그것은 고정불변의 보편적 필연이 아니라 순서에 따라 변하면서 세차게 전진하는, 나날이 새로워지는 것이지요.

문: 그리고 그 역사 이성은 모종의 신성성을 지니지요. '천도' '천명' '천의'는 무술 속에서 활동하는 신명에서 비롯되었고, 이러한 신명은 시간의 경과 속에서 활동하면서 나타나니까요. 그래서 역사 즉 나라의 흥망, 왕조의 성쇠, 전쟁의 승패, 개인의 운명은 모두 시간의 경과라는 특징을 지닌 천명·천도·천의의 신성함을 나타내는 것이고

요. 이것 역시 무사 전통의 신성함이고요. 이렇게 이해할 수 있는 건지요?

답: 맞습니다. 이 신성성은 인류의 생존·발전의 신성함이기도 합니다. "세속이 신성할 수 있으며, 친애함은 인간세상에 존재"[49]하는 것이지요. 사랑을 밖에서 구할(예를 들면 신한테서 구하는 것) 필요가 없어요. 신성함을 왜 굳이 밖에서 구하나요?

문: 그래서 신성성은 개체의 심령이 하늘과 통하는 것을 결코 중시하지 않는다는 거군요.

답: 문제는 '하늘'이 무엇이냐는 겁니다. 만약 인류라는 종의 생존과 연속이 없다면 '하늘'이 무슨 의미가 있을까요? 따로 영혼의 세계가 있어서 인류의 육체가 없더라도 영혼의 세계가 여전히 존재한다고 확실히 믿지 않는 한 말이지요. 많은 문화와 종교와 민족은 이걸 믿어요. 그런데 중국인은 이것에 대해 상당히 모호하고 유보적인 경향이 있지요. 결코 확실히 인정하지 않습니다. "천지 밖의 것에 대해서 성인은 그 존재를 인정하지만 논하지는 않고"[50] "귀신을 공경하되 멀리"하지요.

문: 그래서 생활을 다잡으라는 거군요. 이 세계의 생활·생존·생명이야말로 진정으로 진실한 것이고요. 그래서 반드시 살아가야 하고, 살아갈 가치가 있는 것이고요. 살아가면서 이 세계에 공헌하

49_ 리쩌허우, 『철학탐심록』, 1994.
50_ "六合之外, 聖人存而不論."

는 게 바로 신성함일 수 있는 것이고요.

답: 그건 무사 전통의 낙관주의이기도 합니다. 낙감문화의 요점이기도 하지요.

문: '무사 전통'은 실용이성과 낙감문화의 역사적 뿌리군요.

답: 그렇게 말할 수 있습니다. '무사 전통'의 중요성 역시 바로 거기에 있지요.

문: 전체적으로 보자면, 선생님께서는 '무사 전통'을 말씀하시면서 주공과 공자의 두 단계로 나누셨습니다. 단번에 목표에 도달하는 '축의 시대의 철학적 돌파'가 아니고요.

답: 첫 걸음은 '무에서 예로의 이행'이지요. 주공은 전통의 무술 활동을 전환적 창조를 통해 인간세상의 일련의 종교·정치·윤리 체제가 되도록 했습니다. 이로써 예제 하의 사회생활이 신성성을 지니게 되었지요. 두 번째 걸음은 '예를 해석하여 인으로 귀결시킨' 것입니다. 공자는 이 일련의 예제를 전환적 창조를 통해 내재적 인성의 근원이 되도록 했습니다. "한결같이 수신을 근본으로 삼는"[51] 수제치평의 "내성과 외왕의 도"[52]를 연 것이죠. 이 '내성외왕'은 바로 원고시대 무군이 신과 통하는 자신의 마법magic으로 부족을 이끌었던 특징이 전면적으로 이성화한 것이기도 하답니다. 주공과 공자는 중국 전통이 인문과 인성의 두 측면에서 상당히 이른 시기에

51_ "壹是皆以修身爲本."
52_ "內聖外王之道."

실용이성의 길을 획득하도록 했지요. 량수밍은 중국문명의 '조숙'과 중국 성인의 '보다 총명함'을 말했는데[53], 그 진실한 함의가 바로 여기에 있습니다.

문: 선생님의 '유학 4기설'[54]은 유학 3기설의 공자와 맹자를 주공과 공자로 대체하는 것인지요?

답: 주공과 공자가 있었기에 내성외왕이 존재할 수 있었지요. 송대 이전에는 모두 주공·공자로 병칭했는데 송대 이후에 비로소 공자·맹자로 병칭하게 된 건 이학理學의 흥성과 상당히 관계가 있답니다. 한나라와 당나라야말로 중화의 성세盛世였고, 송나라 이후로는 국세가 날로 약해졌지요. 이학가들은 도덕 심성에 관한 말을 늘어놓으면서, 이사李斯·상홍양桑弘羊·이필李泌·유안劉晏·양염楊炎 그리고 왕안석王安石·장거정張居正에 이르기까지 외왕으로서의 공적을 지닌 여러 유명 인물을 늘 무시하고 깔보았어요. "평소에는 간여하지 않고 내버려두고서 심성을 논하다가 위기가 닥쳐서야 죽음으로써 군주에게 보답하려 한다"[55]는 아주 유명한 말이 있는데, 바로 이학가를 비평한 말이지요. 유즙산이 보여준 말과 행위, 즉 "군주의 마음이 평안하면 천하가 평안"해져 적을 물리칠 수 있다는 공

53_ 량수밍梁漱溟의 『중서 문화 및 철학中西文化及哲學』에 나온다.

54_ 리쩌허우는 머우쭝산과 두웨이밍杜維明 등이 주장한 '유학 3기설'에 반대하며 '유학 4기설'을 주장했다. 유학 3기설에서는, 공·맹 유학을 1기로 보고 송명이학을 2기로 보고, 머우쭝산을 대표로 하는 현대 신유가를 3기로 본다. 리쩌허우는 이것이 심성의 측면만 부각시킨 단편적인 견해라고 비판한다. 그가 말한 유학 4기설에서는 공자·맹자·순자의 원전유학이 1기, 한대의 유학이 2기, 송명이학이 3기, 그리고 '인류학 역사본체론'을 주제로 하는 유학이 4기에 해당한다.—옮긴이

55_ "平時袖手談心性, 臨危一死報君王."

허한 말 그리고 식음을 전폐하고서 결국 순국한 도덕행위는, 오묘하고 훌륭한 도덕 형이상학이 중국을 구제하지도 못했고 부흥시키지도 못했음을 매우 전형적으로 보여줍니다.

칸트가 말한 것처럼 "훌륭한 국가체제는 도덕에 기대를 걸어서는 안 되고, 이와 반대로 한 민족의 훌륭한 도덕의 형성은 무엇보다 먼저 훌륭한 국가체제에 기대를 걸어야"(『영구평화론』) 하지요. 주공(무에서 예로의 이행, 정치의 탈주술화)과 공자(정감-이성 구조를 구축, 예를 해석하여 인으로 귀결시킴)가 공자와 맹자를 대체한 의의 역시 여기에 있답니다.

문: 하지만 선생님께서 무사 전통을 말씀하신 건 중국과 서양의 동일성이 아닌 중국과 서양의 차이점을 밝히기 위해서인 듯한데요.

답: 일부러 중국과 서양의 차이를 찾으려는 건 아닙니다. 중국 사상문화의 원천을 실사구시적으로 탐구함으로써 수천 년을 지속해온 중국 특징을 찾아보고자 한 것이죠. 예를 들면 중국에서는 왜 일신교의 인격신이 생겨나지 않았고 보편적으로 받아들여지지도 않았는지, 왜 서양과 같은 이성 지상주의와 개인주의가 없는지, 왜 경험론을 위주로 하는 중화민족이 오늘날 이토록 큰 '시공 실체'로 발전할 수 있었는지 살펴보고자 했답니다. 이토록 유구하고 끊임없는 역사와 이토록 많은 인구와 이토록 큰 지역과 이토록 견고하고 안정되게 오래 지속된 문자와 문화 등을 지닌 시공 실체 말이에요. 이런 탐색을 통해 그것의 미래는 어떻게 될 것인지 알아보고자 한 것이죠.

문: 선생님의 첫 번째 글(「무사 전통을 말하다」)의 시작 부분으로 돌아가서 말하자면, 선생님께서는 역사적 방법이 아닌 철학적 방법을 택하셨지요.

답: 저는 첫 번째 글에서 무의 특징을 개괄했답니다. 동태, 격정(정감), 인간의 능동성, 하나의 세계 및 다른 여러 논의를 다루었는데요. 특히 '무의 이성화' 같은 것은 역사적 방법으로는 얻어낼 수가 없을 겁니다. 하지만 두 방법은 각기 뛰어난 점이 있으니 상호 참조할 수 있겠지요.

이 책에서는 「무에서 예로」와 「예를 해석하여 인으로 귀결시키다」를 보충해서 넣은 것 외에도 부록 세 편을 실었다. 하나는 무사 전통 이전에 대한 것이고, 하나는 예를 해석하여 인으로 귀결시킨 이후에 대한 것이고, 하나는 지금과 미래에 대한 이야기다.[56] 책 전체가 나의 철학적 좁은 소견이고 변변찮은 의견을 제시한 것이니, 가르침을 받을 수 있다면 매우 다행이겠다.

56_ 무사 전통 이전에 대한 것은 「중화문화의 근원 기호」, 예를 해석하여 인으로 귀결시킨 이후에 대한 것은 「유학의 심층구조설」, 지금과 미래에 대한 이야기는 「왜 공자에 칸트를 더해야 한다고 말하는가」를 가리킨다.—옮긴이

중화문화의 근원 기호[1]

1_ 「중화문화의 근원 기호中華文化的源頭符號」, 2005. 『밍바오월간明報月刊』, 2005년
7·8·9호에 실었던 글이다.

이토록 큰 나라(960만 제곱킬로미터), 이토록 많은 인구(13억이 넘고 그중 한족이 92퍼센트를 차지한다), 이토록 오랜 역사(1만 년에 가깝다)가 우여곡절과 고난을 두루 겪으며 성쇠하고 변화하는 중에 중화문명(주로 한漢문화를 가리킨다)은 단절된 적이 없다. 세계문명사의 기적인 이게 어떻게 가능한 것일까?

  다양한 대답이 있다. 여기서는 원고시대부터 오늘날에 이르기까지 시종일관 이어져온 몇 가지 문화기호에 대해 살펴보기로 한다.

  팔괘八卦·거북·봉황 등 화하문명의 많은 기호는 상당히 유구한 역사를 지닌다. 여기서 이야기하려는 건 '물고기'와 '용'이라는 두 가지 기호, 그리고 한자라는 기호 체계다. 이것들은 다른 것에 비해 가장 광범하고 오래된 듯하며, 거의 모든 중국인이 알고 있는데다가 핵심적 의의를 지니고 있기 때문이다. 하지만 이 글은 사학이나 고고학 논저가 아니라 다만 철학의 시각을 통한 대략적인 관찰일 뿐이다.

물고기: 생명의 기호

이것은 신석기시대(채도의 물고기문양 및 물고기를 입에 머금은 사람얼굴문양은 지금으로부터 적어도 6500년 전이다)부터 시작해 한대(지금으로부터 2000년 전)와 당대(지금으로부터 1000년 전)를 거쳐 오늘날(민간의 각종 전지剪紙)까지의 물고기문양이다.(도판 1과 도판 2) 이 '물고기'라는 근원 기호는 중화의 대지 위에서 면면히 이어지며 중단된 적이 없다. '물고기'는 무엇을 의미하고 나타내고 대표하는 것일까?

'물고기'에는 두 가지 기본 함의가 있다. 이 두 가지는 서로 연결되고 서로 통한다.

첫 번째 함의는 생식과 생존이다. 물고기는 매우 많은 알을 낳기에 번식과 생육을 상징한다. 이와 긴밀히 관계된 것으로, 물고기는 남녀의 애정과 성교를 대표하고 상징하기도 한다. 『시경』부터 시작해 "물고기가 연잎 동쪽에서 노닐어요. 물고기가 연잎 서쪽에서 노닐어요. 물고기가 연잎 남쪽에서 노닐어요. 물고기가 연잎 북쪽에서 노닐어요"[2](한대) 같은 후세의 시와 민가에 이르기까지, '장의자손長宜子孫(자손이 마땅히 장수하리라)' '군의자손君宜子孫(자손이 마땅히 군자다우리라)'이라 새겨진 한대 상류층 청동거울부터 '어린아이가 물고기를 안고 있는' 오늘날 민간의 전지剪紙에 이르기까지, '물고기'는 성애·생존·생식·번성을 대표한다. 그것은 신성한 생명

2_ "魚戲蓮葉東, 魚戲蓮葉西, 魚戲蓮葉南, 魚戲蓮葉北."

의 송가다. 사람들의 생욕과 생존의지가 객관 사회성을 거친 문화 기호로 나타나게 된 데서 '물고기' 기호가 비롯되었다. 많은 민족이 성性 및 생존의 함의와 관련된 '물고기' 기호를 갖고 있다. 중화문화는 원고시대부터 오늘에 이르기까지 이것을 끊임없이 보존해왔다.

양사오仰韶 반포半坡의 신석기시대는 대략 "사냥하고 물고기를 잡던"[3] 모계씨족사회로, 물고기를 잡는 것은 그 당시 생활과 생산의 핵심 자원이자 기본 활동의 하나였다. 중국의 전설에서 하늘을 보수했다는 여와女媧, 『역경』에서 "두터운 덕으로 만물을 싣는다"[4]고 찬미한 지모地母의 곤덕坤德, 이는 '물고기' 기호와 마찬가지로 여성을 중심으로 하는 원시사회의 생존·생명·생활을 지향한다.

성애·생존·번식의 상징과 긴밀히 연관된 물고기의 파생 의미는 '어魚'와 소리가 같은 데서 유래한 '여餘'[5](여유가 있다, 여유 식량, 남아돌다, 부유하다)다. 『시경』「물고기가 걸리다魚麗」에서는 "물고기가 통발에 걸렸네. (…) 먹을 게 많기도 하다"[6]고 했다. 또 『시경』「양이 없다 하네無羊」에서는 "목인牧人이 꿈을 꾸니, 메뚜기가 물고기로 변하더라. (…) 메뚜기가 물고기로 변한 건, 풍년의 조짐이라"[7]고 했다. 오늘날 민간에서 새해를 맞을 때 대문에 붙이는 물고기문양은 늘 곡식의 풍성과 연결되어 있다. 그것이 지향하는 것은 인간의 물

3_ "以佃以漁."
4_ "厚德載物."
5_ 어魚와 여餘의 중국어 발음은 위yú로 동일하다.—옮긴이
6_ "魚麗于罶 (…) 物其多矣."
7_ "牧人乃夢, 衆維魚矣. (…) 衆維魚矣, 實維豊年."

질적 생존과 생활의 부유함과 즐거움이다. 원고시대 문헌 및 오늘날 민속에서 남녀의 성애는 본래 물질 생산과도 연결되어 있다. 나무儺舞에서 성교하는 자세가 나타내는 것은 단지 성애와 번식이 아니라 물질인 식량의 생산이기도 하다. 이러한 성교 춤의 자세에 수반되는 것은, "씨앗 한 알이 땅에 떨어지면 모든 씨앗이 곳집으로 돌아간다"[8]는 노래다. 이것이 상징하는 것은 단지 인구의 번성일 뿐만 아니라 오곡의 풍성이기도 하다. 이러한 '여유 있음'을 함의한 '물고기'는 인류가 이미 동물계에서 벗어났음을 나타낸다. 인간은 단지 생존을 유지하여 이어나갈 뿐만 아니라 생활이 풍요하고 풍족해지기 시작했다. 다른 동물처럼 생존을 위해 밤낮으로 힘들게 먹을 것을 찾을 필요가 없는 것이다. 여유 식량(물고기)은 인류에게 보다 많은 즐거움과 자유를 주었다. 그래서 물고기의 첫 번째 함의는 성애·생식·생존이자 생활의 자유와 행복이다. 이것은 '동물'에서 '인간'으로의 이행을 상징한다.

물고기의 두 번째 함의는 교제communication와 언어. '물고기 뱃속에 글씨를 숨겨 놓다魚腹藏書'[9]와 '물고기와 기러기를 통해 서신을 왕래하다魚雁相通'는 고대 중국에 전해진 성어이자 이야기다. 이로써 '물고기'가 나타내는 것은 인간의 주체적 생존일 뿐만 아니라 인간의 상호 주관성의 교제다. 이 교제는 지식 경험의 정보 소통을

8_ "一籽落地, 萬籽歸倉."

9_ '물고기 뱃속에 글씨를 숨겨 놓다魚腹藏書'는 진나라 말 진승陳勝과 관련된 이야기다. 진승은 봉기를 일으키기 위한 사전 준비로, 자신이 왕이 된다는 의미의 "진승왕陳勝王"이라는 세 글자를 비단에 붉은 글씨로 써서 물고기 뱃속에 집어넣는다. 이후 물고기를 먹다가 이를 본 병사들은 하늘의 뜻이라 여기고 진승을 따르게 된다.— 옮긴이

포함하며 깊고 진한 감정의 전달 역시 포함한다. "아이 불러 잉어를 삶았는데, 뱃속에 비단 편지가 있네. 꿇어앉아 편지를 읽는데, 편지에서 무어라 했나? 앞에선 밥 잘 먹으라 하고, 뒤에선 늘 그리워한다고 하네."[10](한나라, 「음마장성굴행飮馬長城窟行」) 인간의 경험적·역사적 생존은 언어를 인간의 언어가 되도록 했으며 인간에게 속하는 어의語義를 갖게 했다. 그것은 인간의 생활과 생산 속의 대량의 지식·경험·정감을 보존했다.

물질적 생존과 언어의 교류라는 이중 함의 속에서 '물고기'는 최초의 신성한 기호가 되었다. 내가 어렸을 때(1940년대 초) 명절날 시골에 손님으로 갔는데, 연회석 중앙에 젓가락을 대면 안 되는 커다란 물고기가 눈에 띄게 놓여 있었다. 아예 나무로 만든 물고기가 놓여 있기도 했다. 물고기는 신성한 기쁨과 생명의 화복禍福을 상징하기에 그것을 건드리지 못하게 한 것이다. 그것은 양사오 도기에 그려진 물고기를 입에 머금은 사람얼굴문양을 비롯해 마왕두이 백화帛畫에 그려진 우주 전체를 받치고 있는 크고 살진 물고기, 한나라 때 그려진 인류의 시조를 나타내는 복희·여와의 물고기 비늘 형태의 몸, 후세의 팔괘도에서 음양을 상징하는 두 마리 물고기로 이루어진 '태극太極'의 중심 등과 마찬가지의 의미를 지닌다. 여기서 '물고기'는 단지 생존과 교제라는 일반적 함의에 그치지 않는다. 이러한 함의는 무술 신앙 및 신명과의 소통과 긴밀하게 결합되었다. 그것은 생의 축복 가운데 충만한 신비와 신성을 나타낸다. 이 신성성은 바로 현실성 가운데 존재하며, 신성한 축복과 기쁨은

10_ "呼兒烹鯉魚, 中有尺素書. 長跪讀素書, 書中竟何如. 上言加餐食, 下言長相憶."

바로 현실의 물질적 생명의 생존 및 교제 가운데 존재한다. 즉 '물고기'는 인간의 생존과 생활 자체에 신성함을 부여함으로써 중국 문화와 철학의 중요한 요소가 되었다.

대전통과 엘리트문화 가운데 유가와 도가는 현실의 생존을 매우 중시했다. "백성이 많아지게 하고 백성을 부유하게 한 뒤에 백성을 가르치라"[11]는 공자부터 "일성一姓의 흥망은 백성의 존망보다 못하다"[12]는 왕부지에 이르기까지, 자나 깨나 염두에 둔 것은 바로 이 억만 군중의 '생존'이었다. 도가(장자)는 개체에서 출발해 '양생養生하고 몸을 보전하는 것'을 강조했다. 도교는 불로장생 및 신선이 되어 승천하는 것을 추구한다. 천국이라 할지라도 인간세상의 즐거움을 향유할 수 있어야만 한다. 『예기』에서는 "대혼大婚은 예禮의 도"[13]라고 했다. 『주역』「계사」에서는 "남녀가 있은 연후에 부부가 있고, 부부가 있은 연후에 부자가 있고, 부자가 있은 연후에 군신이 있고, (…) 부부의 도는 오래가지 않을 수 없다"[14]고 했다. 아담과 하와가 천국의 낙원에서 추방되어 죄를 받았던 것과 반대로, 유가 경전은 육체의 결합과 물질적 생존을 긍정하며 이를 출발점으

11_ 『논어』「자로子路」에 나오는 다음 내용을 언급한 것이다. "염유가 물었다. '백성이 많아진 다음에는 무엇을 더 해야 합니까?' 공자가 대답했다. '백성을 부유하게 해야 한다.' 염유가 물었다. '부유해진 다음에는 무엇을 더 해야 합니까?' 공자가 대답했다. '백성을 가르쳐야 한다.冉有曰: '既庶矣, 又何加焉?' 曰: '富之.' 曰: '既富矣, 又何加焉?' 曰: '教之.'"—옮긴이

12_ 왕부지王夫之의 『독통감론讀通鑑論』 권17에 나오는 다음 내용을 언급한 것이다. "일성의 흥망은 사적인 것이지만 백성의 생사는 공적인 것이다.一姓之興亡, 私也, 而生民之生死, 公也."—옮긴이

13_ "大婚爲禮之道." 대혼大婚은 황제나 제후의 혼인을 가리킨다.—옮긴이

14_ "有男女然後有夫婦, 有夫婦然後有父子, 有父子然後有君臣, (…) 夫婦之道不可以不久也."

로 삼아 인간세상의 질서(부부·부자·군신 등)의 유래를 서술한다. 이 모든 것은 근원적 문화기호인 '물고기'에서 비롯된 것이다.

'물고기'가 상징하는 생존의 의지와 생활 자체는 신성한 가치가 담긴 관념과 감정을 지니며, 이것이 누적-침전되어 중화 자손의 문화심리가 되었다. 이것은 일상생활에서뿐 아니라 외적의 침략으로 종족이 멸망의 위기에 처했을 때 보다 강렬하게 환기되었다. 고대의 '이와 하의 뚜렷한 경계夷夏大防'에 담긴 미언대의微言大義는 사대부에게 중시되었다. 근대의 '우승열패優勝劣敗'와 적자생존'의 진화론은, 화목함으로 분쟁을 그치는 것을 미덕으로 삼는 중국 지식인에게 인정받았다. 이는 자립·자신·자강을 외침으로써 생명을 옹호하고 생존을 유지하기 위해서였다. 그중에는 "구망救亡이 계몽을 압도했다"는 근대 국사國史의 주제가 포함되어 있다.

프로이트의 생사 본능, 니체의 '권력에의 의지will to power', 하이데거의 '존재Being'는 본질적으로는 생물 본능에서 비롯된 강한 생명욕과 생존의지를 나타낸다. 니체와 하이데거는 플라톤과 아리스토텔레스 이래로 지식과 도덕을 추구하던 철학에 반대했다. 사실 이것은 현대의 기초 위에서, 인류 기원의 생명과 생존을 요구하고 되찾고자 한 것이다. 하지만 그들은 그것을 고도로 이론화·추상화·철학화했다.

중국 문화의 근원 기호로서 '물고기'가 나타내는 '철학' 역시 인간의 생존과 생명이다. 따라서 정신·이성·의식이 아닌, 천리·양지良知가 아닌, 현대 신유가의 '도덕 정신'과 '덕성 자아'가 아닌, 참으로 '인간이 살아 있다'는 것 즉 인간의 물질적 생명·생존·생활이야말로 제1위의 현실과 근본이고 제1원칙이자 가장 중요한 기호다. 이것이야말로 진정한 '생명

철학'이다. 이는 근원적인 인간의 생존 본체론(존재론Ontology), 즉 인류학 역사본체론이다. 인간의 생존·생활·생명은 일종의 역사적 전개로, 역사는 단지 과거의 사건이 아니다. 그것은 공간 경험으로 충만한 시간이며, 인간의 지금의 생존이자 여러 가능한 미래다. 과거로서의 역사는 바로 지금의 현실 속에 존재한다. 역사는 과거를 미래의 가능성이 되도록 하며, 현재의 선택과 결단이 되도록 한다. 오늘날에 이르기까지 중화 대지에서 '물고기' 기호는 여전히 생생하게 도약하고 있는데, 이것이 의미하고 가리키는 것은 바로 이러한 이치다. 우리는 허무를 던져 버리고 고생스러운 현실의 삶 속으로 돌아가서 생명의 의의와 생존의 진실을 찾아야만 한다.

용: 권위와 질서의 상징

앞에서 말했듯이 성애와 생존의 기호인 '물고기'는 다른 문명에서도 나타나는데, 중요한 건 중화문화가 그것을 지금까지도 보존하고 있다는 것이다. 이것은 내가 지금 말하려는 두 번째 부호(용)와 관련이 있지 않을까? '용'은 다른 문화에서는 드물거나 마귀의 화신이다. 하지만 중국에서 그것은 완전히 긍정적인 기호로 나타난다.

사실 나는 용을 조금도 좋아하지 않는다. 어렸을 때부터 나는 용등龍燈 공연과 용주龍舟 경기를 그다지 즐겨 보지 않았고, 자라서는 온갖 유명한 구룡벽九龍壁의 예술 형상에 대해서도 전혀 흥미가 없었다. 나는 그것의 괴이하고 흉악한 생김새, 이를 드러내고 발톱을 치켜세운 모습, 뱀처럼 구불구불한 몸을 혐오한다. 서양의 중세기에 용은 늘 독룡毒龍으로, 악마와 사악한 힘의 상징이었던 것도 당연하다. 이 허구물의 형상 특징은 흉악함과 위협이기 때문이다. 중국의 원시의 용은 비교적 소박했는데, 후세가 되어서 유달리 흉악해졌다.

'용'은 '물고기'와 관계가 있을까? 아마도 관계가 있을 것이다. 적어도 물고기와 마찬가지로 용 역시 물과 관계가 있다. 『관자管子』에서 "용은 물에서 생겨난다"[15]고 했는데, 현대 고고학자들이 말하길, 용문양은 '물새가 물고기를 쪼는 문양水鳥啄魚紋'에서 변천되어 나온 것이라고 한다. "이 물고기는 바로 초기의 용문양"[16]으로, 민간에는 물고기가 용문龍門을 뛰어넘는 이야기[17]가 전해진다. 물고기 기호는 신비성이 있긴 하지만 신령함을 부각시키지 못했고 두드러진 신이 되지 못했다. 반면에 용은 처음부터 신의 대명사였다. 예로부터 지금까지 하신河神을 용왕이라 칭하고 우신雨神 역시 용왕이다. 물론 용의 구체적인 기원과 형성에 대해서는 서로 다른 많은 견해가 있다. 악어 원형설(장타이옌章太炎), 토템 융합설(원이둬聞一多), 다원적 용 문양 종합설(현대 중국의 고고학), 하·상 시기 형성설(현대 중국의 고고학) 등이 그것이다. 요컨대 물과 비는 농업사회에서

15_ "龍生於水."

16_ 류즈슝劉志雄·양징룽楊靜榮, 『용과 중국 문화龍與中國文化』, 20쪽, 베이징: 런민출판사, 1992.

17_ 민간 전설은 다음에서 비롯되었을 수도 있다. "『속한서續漢書』 '교지군交趾郡' 뒤에 나오는 유소劉昭의 주는 다음과 같다. '용문이라는 제방이 있는데 수심이 백 심尋에 달한다. 대어가 이 문을 오르면 용이 된다.有隄防龍門, 水深百尋, 大魚登此門, 化成龍."(『구제강 독서필기』 제4권, 2187쪽, 타이베이: 롄징출판사업공사, 1990.)

생존과 연속을 유지하며 '인간이 살아가는' 데 기본조건으로, 인간이 반드시 의지해야 하면서도 인간이 진정으로 이해하고 장악할 수 없기 때문에 그것이 신이 된 것도 매우 자연스럽다.

용은 중화 대지의 동서남북을 누비면서 원시사회부터 지금에까지 이르고 있다. 동북 지역(홍산紅山문화 이전, 기원전 6000년)과 중원 지역(후베이湖北 황메이黃梅 다지大溪문화, 기원전 4000년)의 질그릇 병에 그려진 마자야오문화의 '용'(기원전 3000년)은, 앞의 양사오 반포의 '물고기'와 더불어 채도의 역사적 세트를 이루지만 확실히 '물고기'보다 늦다. 강남 지역에도 용이 있었다. 그야말로 너무 많아서 다 볼 수가 없을 정도다. 이상의 출토 실물은 옛 책 『산해경山海經』에서 묘사한 수많은 용사龍蛇에 완전히 비견될 수 있다. "남방의 축융祝融은 짐승 얼굴에 사람 몸이며 용 두 마리를 타고 있다"[18] "북방의 우강禺疆은 검은 몸에 손발이 있으며 용 두 마리를 타고 있다"[19] 등이다.[20] '용'은 비록 형태가 각기 다르긴 하지만 그 기본 특징은 같다. 즉 그것은 물고기와 달리, 환상 속의 거대한 동물이다. 용에게는 뿔이 있는데, 남성 생식기와 더불어서 부계 가부장제의 조상 숭배와 관계가 있다.

"연못에 물고기 3600마리가 가득한데, 교룡이 와서 우두머리가 되어 물고기들을 이끌고 날아갈 수 있다."[21](『설문해자』 '교蛟') "용을

18_ "南方祝融, 獸面人身, 乘兩龍."
19_ "北方禺疆, 黑身手足, 乘兩龍."
20_ 리쩌허우, 『미의 역정』 제1장에 나오는 도표를 참고하라.
21_ "池魚滿三千六百, 蛟來爲之長, 能率魚飛."

가축으로 길들이면 물고기들이 놀라 달아나지 않는다."[22](『예기』
「예운禮運」) 용은 지위가 높고 물고기는 지위가 낮기에, 용은 물고기
의 인솔자·보호자·통치자가 되었다. 물고기와 용의 연결은 사회가
새로운 시기로 진입했음을 나타낸다. 그것은 위력·폭력·병탄·전
쟁을 보여주는 정복과 피정복의 시기로, 사회가 끊임없이 확대되
고 국가가 막 형성되고 점차 문명으로 들어서던 거대한 변동의 시
기였다.

유소有巢(살 곳을 마련)-수인燧人(불의 사용을 발명)-여와가 구석기
시대의 '삼황三皇'으로서 인간이 동물계에서 탈피했음을 상징한다고
한다면, 복희(사냥과 고기잡이)-신농神農(염제炎帝, 정주 농경)-황제黃帝
-요-순은 신석기시대 '오제五帝'의 씨족·부락 및 고성古城·고국古國[23]
시기다. 신농(염제)과 황제는 각각 '물고기'와 '용' 두 시대의 기호와
대체로 부합한다.[24] 고대 문헌에서 문명의 주요 발명은 모두 황제에
게 그 공로를 돌린다. 『세본世本』「작편作篇」 및 기타 고적에서는 모
두 천문·역법·산수·도서·궁실·면복冕服·궁시弓矢·거가車駕·주선舟
船·율려律呂(음악) 등 중대한 발명과 발견을 황제 및 황제 시기의 공
적이라고 말한다. 이러한 문명의 거대한 발전과 발맞추어 황제 시
기는 격렬한 전쟁이 잦았던 시기다. 황제과 염제, 황제와 치우蚩尤
의 대전은 명성 높은 두 차례 전쟁이었다. 당시 각 씨족·부락·부

22_ "龍以爲畜, 故魚鮪不淰."
23_ 고성古城과 고국古國은 쑤빙치蘇秉琦의 견해를 택했다.
24_ '삼황오제三皇五帝'에 대해서는 예로부터 지금까지 많은 견해와 해석이 있는데, 여기서는
　　사람들이 익히 알고 있는 명칭(예를 들면 '오제'의 경우 『주역』「계사」의 순서를 택했다) 및
　　역사 진전의 각도에서 대략적으로 구분했을 뿐이니, 융통성 없이 따져서는 안 된다. 예
　　를 들면 홍산문화의 '용'은 양사오문화의 '물고기'보다 이르다.

락연맹은 크고 작은 전쟁 속에서 멸망하고 생존하고 병탄하고 융합하고 재결합했다. 다음의 많은 문헌이 이를 말해준다.

신농이 죽자, 강자가 약자를 누르고 다수가 소수를 압박했다. 그래서 황제가 (…) 안으로는 형벌을 시행하고 밖으로는 전쟁을 행했다.[25](『상군서商君書』「획책劃策」)

황제는 덕을 온전히 실현할 수 없어서 치우蚩尤와 탁록涿鹿의 들판에서 싸웠는데 피가 백리를 흘렀다.[26](『갈자』「노척盜跖」)

복희와 신농은 백성을 가르치되 처벌하지 않았고, 황제와 요와 순은 처벌하되 분노하지 않았다.[27](『전국책』「조책趙策」)

황제, 당唐(요), 우虞(순)는 제업帝業이 융성했다. (…) 이러한 때에도 군대를 없애지 않았다. 지금 덕이 세 제왕에 미치지 못하고 천하가 순종하지 않는데도 군대를 없애고자 하는 것은 어려운 일이 아니겠는가?[28](『관자』「법법法法」)

황제 시대는 바로 '용'의 시대다. "오제 시대는 5000년을 경계로

25_ "神農旣殁, 以強勝弱, 以衆暴寡. 故黃帝 (…) 內行刀鋸, 外用甲兵."
26_ "黃帝不能致德, 與蚩尤戰於涿鹿之野, 流血百里."
27_ "宓戲神農, 敎而不誅, 黃帝堯舜, 誅而不怒."
28_ "黃帝唐虞, 帝之隆也. (…) 當此之時也, 兵不廢. 今德不及三帝, 天下不順, 而求廢兵, 不亦難乎?"

전·후 두 단계로 나눌 수 있다. 황제 시대를 대표로 하는 전반부는 주요 활동 중심지가 옌산燕山 남북이었으며, 홍산문화의 시공 틀이 이에 상응할 수 있다."[29] 홍산문화의 특징을 대표하는 것은 각종 옥룡玉龍 및 용문양 그릇이다. "갑골문 가운데 '용龍' 자의 다양한 형태 및 은허殷墟 부호婦好의 묘에서 출토된 옥룡은 대략 지금으로 부터 5000~3000년 전으로 거슬러 올라갈 수 있는데, 용 형태의 변화 과정에 해당하는 것이다."[30] "용이 들판에서 싸우니, 그 피가 검고 누렇다"[31]는 『역경』의 유명한 구절은 바로 당시의 '용' 즉 황제 시대의 특징을 나타낸다. 용(황제 시대)부터는 대내외적으로 모두 '병兵'(형刑 역시 병이다)으로써 사람들의 생활과 생존을 지탱해야 했 다. 이것은 중화문명의 대융합과 발전의 시기이기도 했다.

황제와 그 자손인 후대의 통치는 하·상·주 삼대 '왕조'에 이르 러서 모두 '용'과 중대한 관계를 맺게 되었다. 이에 대해서는 고대 문헌과 현대 학자들이 많이 언급했다.

황제는 (…) 용을 타고 구름에 의지하며, 천지의 기강을 따랐다.[32](『대 대례기』「오제덕五帝德」)

전욱은 황제의 손자이며 (…) 용을 타고 사해에 이르렀다.[33](『대대례기』

29_ 쑤빙치, 『중국문명기원신탐』, 133쪽.
30_ 쑤빙치, 『중국문명기원신탐』, 94쪽.
31_ "龍戰于野, 其血玄黃."
32_ "黃帝 (…) 乘龍, 辰雲, 以順天地之紀."
33_ "顓頊, 黃帝之孫 (…) 乘龍而至四海."

「오제덕」)

하나라는 성이 사姒이다. 사姒는 원래 사巳로, 똬리를 튼 뱀을 본뜬 글자이며 토템 상징이기도 하다. 곤鯤과 우禹의 이름 역시 용이나 뱀과 관계가 있다.(양샹쿠이楊向奎)

은나라는 성이 자子이다. '자子'는 (…) 바로 사巳이며 (…) 용사龍蛇를 본뜬 글자다. 「상송商頌」에 "용기龍旂를 꽂은 열 대의 수레"[34]라는 말이 나오는데, 아마도 용은 상 민족의 토템이 아닐까?(구제강)

희姬씨는 천원天黿에서 나왔다고 하는데, 이는 황제에서 나왔다는 말과 같다.(궈모뤄)

『산해경』의 수많은 용과 뱀부터 '천원' '현원玄黿'에 이르기까지 모두 용과 관계가 있다. 오랜 전통이기에 공자 역시 용에 대해 많이 말했다.

용은 크다. 용의 형상은 변화에 능하고, 제왕의 상징으로 차용되어 신성한 덕을 비유한다. 높이 일월성신 사이에서 움직이되 두리번거리지 않으니 양陽이 될 수 있다. 아래로는 깊은 연못 속 깊숙이 침잠하되 물거품을 내지 않으니 음陰이 될 수 있다. 위에 있으면 바람과 비가 그를

34_ "龍旂十乘."

받들고, 아래에 침잠해 있으면 하늘이 □□□.35 깊은 곳에 있으면 물고기와 교룡이 앞에서 그의 길을 터주고 수중 생물이 모두 그를 따른다. 큰 언덕에 있으면 뇌신雷神이 그를 공양하고, 바람과 비가 그를 피해 방향을 바꾸며, 날짐승과 길짐승이 그를 범하지 못한다. 그래서 용이 크다고 하는 것이다. 용은 운룡雲龍으로 변할 수도 있고 뱀으로 변할 수도 있고 물고기로 변할 수도 있다. 새와 곤충의 형태까지 원하는 대로 변화하되 본래의 형체를 잃지 않으니 신비한 능력의 극치다.36(「이삼자문二三子問」)

이것은 『역경』에서 말한, 하늘로 오르고 땅으로 내려오며 신기하고 두려워할 만한 '용'이기도 하다. "비룡이 하늘에 있다"37 "나타난 용이 밭에 있다"38 "혹 도약하며 연못에 있다"39 등에서처럼 용은 물과 육지와 하늘 전부를 점유한다. 용은 어디서나 존재하며 변화막측하여 헤아리기 어렵고, "신룡은 머리를 볼 수 있어도 꼬리를 볼 수는 없다."40 이처럼 감추어져 있는 신비와 공포 속에서, 그것

35_ □는 고증할 수 없는 글자를 나타낸다. 문맥상 □□□는 '그를 보호해준다' 정도로 해석할 수 있을 것이다.—옮긴이
36_ "龍大矣. 龍刑(形)遷, 假賓於帝, 儿神聖之德也. 高尙行(乎)星辰日月而不眺, 能陽也. 下綸窮深淵之淵而不沫, 能陰也. 上則風雨奉之, 下綸則有天□□□. □乎深, 則魚蛟先後之, 水流之物莫不隋(隨)從. 陵處則雷神養之, 風雨辟(避)鄕(嚮), 鳥守(獸)弗幹. 曰: 龍大矣. 龍旣能雲變, 有(又)能蛇變, 有(又)能魚變. 飛鳥虫虫蟲, 唯所欲化, 而不失本刑(形), 神能之至也."『마왕두이 백서馬王堆帛書』에 나오는, 용의 덕에 대해 공자가 말한 내용이다.—옮긴이
37_ "飛龍在天."
38_ "見龍在田."
39_ "或躍在淵."
40_ "神龍見首不見尾."

의 거대한 전면적 통치 능력과 신성한 위력을 드러냈다.

이런 신비하고 거대한 위력은 원시 무술 활동과 관계가 있다. 『산해경』에서는 용을 타고 승천한 일을 여러 곳에서 언급하고 있다. 『산해경』에서 비를 내리는 용은, 무巫가 신과 접촉해 승천할 때의 기본적 탈것이다. 용을 타고 어떻게 하늘로 오를 수 있을까? 무술에서 용은 무사巫師의 법력에 의해 부림을 당한다."[41] '무·군君의 합일'로 인해, 용의 권위와 공포는 실제로 무군의 권위와 공포를 상징하고 대표한다.

이 위협적이고 피비린내 나고 공포스러운 권위의 기호가 왜 부각되었을까? 그것은 이 신기하고 무시무시한 기호가 그 당시 통치 권력의 위협의 상징일 뿐만 아니라 당시 사회질서의 힘과 제도가 강요한 기호이기 때문이다. '문명'이라는 것은, 질서가 나타내는 권위이자 권위가 유지하는 질서다. 상고시대에 수많은 씨족·부락·고성·고국이 끊임없이 병탄·멸망·재조직·융합하던 시기에, 사회는 나날이 확대되고 지역은 나날이 개척되고 인구는 나날이 많아지고 구조는 나날이 복잡해졌으며, 통치 질서를 유지하기 위해서는 체계화·체제화된 폭력과 권위가 갈수록 필요했다. 이러한 폭력과 권위의 통치 질서 및 체계는, "황제·요·순이 옷을 늘어뜨린 채 있어도 천하가 다스려졌다"[42]는 말이기도 하다. 즉 황제-용의 폭력과 권위의 통치에 힘입어 의식주행과 사회생활이 질서 잡힌 규범과 규범화된 질서를 획득하게 되었다. 이러한 이성화된 생활 질서가, 그 당시에는 도리어 반이성적인 신비와

41_ 진춘펑金春峰, 『주역 경전의 정리 및 귀넨 초간의 사상에 대한 새로운 해석』, 133쪽.
42_ "黃帝堯舜垂衣裳而天下治."

공포의 허구적 형상(용)을 통해 현현되고 대표되어야 했다.

황제 시대에 상당하는 신석기시대 홍산문화에서 출토된 사람의 형상에는 이미 대·소의 순서에 따른 배열이 존재하는데, 실제로 이는 이성화된 질서 즉 등급제의 맹아가 나타나기 시작한 것이다. 하나라의 '연산역連山易'에서 진괘震卦(뇌괘雷卦)를 첫 번째 괘로 삼은 것과 "제帝는 우레에서 나온다"[43](『주역』 「설괘說卦」)는 말은 이 질서와 권위가 적나라하게 폭력에 의지하며 폭력을 요구했음을 상징한다. 또 『주역』 「계사」에서는 "하늘은 높고 땅은 낮으니, 건과 곤의 자리가 정해졌다. 낮은 것과 높은 것이 배열되니, 귀천이 자리를 잡았다"[44]고 했다. 이상은 통치 질서가 이데올로기 측면에서 전면적으로 공고해지고 완성되었음을 말해준다. "용이 끄는 수레를 타고 제帝의 복장을 입었다"[45](「구가九歌」[46])는 것에서부터 '용'은 제왕의 전매특허가 되었고, 진시황은 '조룡祖龍'으로 칭해졌다.[47] 이때부터 용은 시종일관 후세 제왕이 전유한 최고 권위의 기호였으며, 용기龍旗가 국기였던 만주족 청왕조에 이르기까지 '용'에 대한 찬송이 이어졌다.

문명사회는 복잡화되면서 확실히 질서를 요구하고, 질서를 유지하는 데는 확실히 권위가 필요하다. 그래야 백성들은 비로소 멋대

43_ "帝出乎震."
44_ "天尊地卑, 乾坤定矣. 卑高以陳, 貴賤位矣."
45_ "龍駕兮帝服."
46_ 리쩌허우는 출처를 「이소離騷」라고 했으나 「구가九歌·운중군雲中君」에 나오는 구절이다. 오류이므로 바로잡아 번역했다.―옮긴이
47_ 『사기』 「진시황본기」에 의하면, 진시황 36년 가을에 어떤 사람이 진시황의 사자에게 말하길 "올해 조룡이 죽을 것이오今年祖龍死"라고 했다. 진시황은 이듬해에 죽었다.―옮긴이

로 살인이 자행되는 극단적 혼란의 무정부 상태를 피할 수 있다. 사람들은 살육·전쟁·폭력의 기초 위에 세워진 권위와 통치에 기대어 보호를 획득함으로써 생명·생존·생활의 안전과 연속을 이룬다. 질서와 권위는 영원히 공생·병존하는데(엥겔스), 이는 지식과 권력이 영원히 공생·병존하는(푸코) 것처럼 현재와 미래에도 과거와 마찬가지로 그러할 것이다. 문제는 어떤 권위와 어떤 질서인가에 달려 있다. 최고 권위를 지닌 이가 한 개인(황제)이나 소수(귀족)인가, 대의제代議制(인민)인가? "가장 높은 곳까지 오른 용亢龍은 후회하게 되는"[48] 권위인가, "용이 많아 우두머리가 없는"[49] 권위인가, "물에 잠겨 있는 용潛龍이니 쓰지 말아야 하는"[50] 권위인가? 법에 의한 지배rule by law인가, 법의 지배rule of law인가? 이상은 물론 역사에 따라 구체적으로 형성·발전·결정된다.

'용'의 권위에 의한 통치하에서 사회의 질서화·조직화·등급화가 기본적으로 사람들의 안전을 보호해줄 수 있긴 했지만, 이와 동시에 관례적이고 전형적인 착취·억압·수탈·침해를 초래했다. 또한 각종 두려움·우려·슬픔을 초래함으로써 생명·생활·생존이 그것 본래의 자유·활기·유쾌함·기쁨을 잃게 되었다. 이로써 권위-질서, 규범, 통치에 대한 각종 반항을 초래하게 되었다. 중국의 상고시대에는 과보夸父가 해를 쫓아가고[51], 정위精衛가 바다를 메운[51] 이야기

48_ "亢龍有悔"
49_ "群龍無首"
50_ "潛龍勿用"
51_ 『산해경』에 의하면, 정위精衛는 본래 염제炎帝의 딸인데 동해에서 노닐다가 물에 빠져 죽은 뒤 새가 되어 서쪽 산의 나무와 돌을 물어다가 동해를 메운다. ─ 옮긴이

가 존재한다. 특히 "형천刑天이 방패와 도끼를 들고 춤추는데 맹렬한 의지는 한결같이 존재한다"[53](도연명陶淵明의 시)는, 황제에게 용맹히 반항하다 헛수고가 되었지만 용맹하고 비장했다는 슬픈 이야기[54]가 있다. 이는 『노자』와 『장자』까지 이어진다. 『노자』에서는 "비록 배와 수레가 있어도 타는 일이 없고 비록 갑옷과 무기가 있어도 내보일 일이 없으며"[55] "닭 우는 소리와 개 짖는 소리가 서로 들려도 사람들이 늙어 죽을 때까지 서로 왕래하는 일이 없는"[56] '도' '덕'의 시대로 돌아갈 것을 요구했다. 장자는 "갈고리를 훔친 자는 주살당하고 나라를 훔친 자는 제후가 된다"는 것을 매우 예리하고 신랄하게 폭로했다. 그는 "요령을 쓸 일機事이 있는 자는 반드시 요령을 쓰려는 마음機心을 지닌다"[57]고 여기면서 문명을 철저히 폐기할 것을 요구했다. "산에는 길이 없고 못에는 배와 다리가 없고"[58] "사람들은 자신의 어머니가 누군지는 알지만 아버지가 누군지는 모르며"[59] "고라니·사슴과 더불어 살던"[60] 모계사회의 원시단계, 즉 앞에서 말한 '물고기'의 신농시대로 돌아갈 것을 요구하면

52_ 『산해경山海經』에 의하면, 과보夸父는 해를 쫓아가다가 목이 말라 황하黃河와 위수渭水의 물을 마셨지만 그것으로도 부족해 대택大澤의 물을 마시러 가던 도중에 목이 말라 죽었다. 그리고 그가 버린 지팡이가 등림鄧林으로 변했다. ─ 옮긴이

53_ "刑天舞干戚, 猛志固常在."

54_ 『산해경』에 의하면, 형천刑天은 제帝와 신의 지위를 다투다가 머리가 잘린다. 그러자 젖을 눈으로 삼고 배꼽을 입으로 삼고서 방패와 도끼를 들고 춤을 추었다. ─ 옮긴이

55_ "雖有舟輿, 無所乘之, 雖有甲兵, 無所陳之."

56_ "鷄犬之聲相聞, 民之老死不相往來."

57_ "有機事者必有機心."

58_ "山無蹊隧, 澤無舟梁."

59_ "民知其母, 不知其父."

60_ "與麋鹿共處."

서 반항의 철학과 윤리 정신을 매우 훌륭하게 표현했다.

하지만 물론 역사에서 이것은 불가능하다. 역사는 늘 악을 지렛대 삼아, 더러움과 피 비린내 속에서 우여곡절을 겪으며 앞으로 나아간다. 앞의 신화와 장자 철학의 가치는, 역사 문명의 진전에 수반되는 고난의 현실에 맞서 대항함으로써 이해관계를 따지지 않고 "불가능하다는 것을 알면서도 하는" 반항의지와 희생정신을 선포한 데 있다. 이러한 정신은 현실의 어두움과 권위–질서에 맞서는 용맹한 투쟁으로, 사람들의 도덕의식과 정의감과 공정성의 관념을 형성하고 배양하는 데 위대하고 빛나고 독립적인 의의를 지니기에 사람들에 의해 대대로 계승되고 끊임없이 발양되었다. 이것이 바로 내가 책에서 거듭 언급한 '윤리주의'다. 하지만 폭력과 어둠이 침투된 권위–질서가 여전히 문명을 추동하고 있다. 거기에는 생산과 생활의 개선이 포함되어 있으며, 이것은 내가 말한 '역사주의'[61]이기도 하다.

이렇게 해서 '용'은 날면서 춤추고, 역사는 역사주의와 윤리주의의 이율배반적 비극 속에서 계속 앞으로 나아간다.

한자: 결코 구두 언어의 기록이 아니다

내가 선택한 세 번째 기호는 한자다. 그것은 기호 하나가 아닌

61_ 윤리는 역사와 동행하고 합일하는 측면이 있을뿐더러 종종 그것이 주요 측면이기도 하다. 『비판철학의 비판批判哲學的批判』(리쩌허우)을 보라.

기호 체계다. 즉 많은 한자로 이루어진, 한漢문화의 서면 언어다. 신석기시대의 양사오·창자이姜寨·다원커우大汶口 등지에 모두 도기에 새긴 기호가 존재한다.(도판 4)

반포 유적지와 창자이 유적지 및 양사오에서 출토된 도기 기호에 대해, 어떤 학자는 그것이 문자 성질을 지닌 기호라고 보지만 많은 학자들은 회의를 나타낸다. 그들은 도기에 새겨진 기호가 단지 일을 기록한記事 기호일 뿐이며 결승結繩으로 일을 기록한 것과 유사하다고 생각한다. 문자와 일을 기록한 기호의 성질은 다르다. 문자는 언어를 기록하는 데 사용하는 것이고, 일을 기록하는 기호는 언어와 관계가 없으며 단지 모종의 일을 기록하기 위한 것으로 개인의 기억을 돕기 위해 사용된 낱개의 기호다. 그래서 『역전』 「계사」에서는 결승으로 일을 기록하는 것과 '서계書契'를 일찌감치 명확히 구분했던 것이다.[62]

이런 견해는 이미 보편적으로 인정받고 광범하게 유행하는 '정론'인 듯하다. 나는 언어학자나 문자학자가 아니기에 이 문제를 토론할 능력과 자격이 없다. 따라서 다음의 견해는 단지 개인적 의견opinion일 뿐이며, 공인된 지식이나 과학으로 받아들여서는 안 된다. 내 견해는 이상의 '정론'과 상반되는데, 나는 '결승으로 일을 기록하는 것과 유사'한 새김 기호가 바로 한자 즉 서면 언어의 기원이라고 생각한다. 또한 한자는 결코 언어를 기록하는 데 사용한 것이 아니다.

62_ 홍콩 시티대학, 『중국 문화도독中國文化導讀』 제2판 상책, 131쪽, 2001.

청나라 때 황제의 명으로 편찬된 『강희자전康熙字典』의 서문에서는 『주역』을 인용해 이렇게 말했다. "상고시대에는 매듭을 묶어結繩 다스렸는데[63] 후세에 성인이 이를 서계로 바꾸어 백관을 다스리고 만민을 살폈다."[64] 세계의 많은 서면 언어와 매우 다르게 한자(서면 언어)의 중대한 특징은, 그것이 결코 구두 음성언어의 기록·복사가 아니며 결승 및 일을 기록한 기호의 전통에서 비롯되었고 그 전통을 계승한 데 있다. "언어와 문자는 두 가지 서로 다른 계통으로, 후자의 유일한 존재 이유는 전자를 표현하는 데 있다"는 소쉬르의 말이 여기서는 전혀 적용되지 않는다. 오히려 그와 반대로, 기원의 측면에서 말하자면 한자의 '존재 이유'는 언어를 표현하는 게 아니라 큰일에는 큰 매듭을 짓고 작은 일에는 작은 매듭을 짓는 등 각종 다양한 매듭을 통해 각종 사건을 나타내던 전통을 계승한 것이다. 소리를 기록하는 형식(표음문자)이 아닌, 가로와 세로 그리고 구불구불한 각종 새김 및 온갖 그림 기호(상형) 등 시각 형상을 통해 사실事實을 기억하고 생활을 규범화하고 경험을 보존하고 교류를 진행했다. 그것은 "개인의 기억을 돕기 위해 사용된 낱개의 기호"가 아니라 집단(씨족과 부락의 상층 무사巫師들)이 사용한 일련의 체계적인 기호 도구다.

앞에서 인용한 『주역』이 명백히 말하고 있는데, '결승'은 '일을 기록'하기 위한 것이며 그것을 서계로 바꿨다는 것은 기호를 새기는 '서계'로 결승을 대체했음을 가리키는 것이지 '일을 기록하는 것'은 결코 바꾸지 않았다. 그래서 나는 전에 말하길, 허신許慎의 '육서六書' 가운데 '지사指事'가 제1원칙이지만 '지사'는 허신이 예를

63_ 나는 소위 '하도낙서河圖洛書'가 '매듭을 묶어 다스린 것'의 신성 기호일 것이라고 생각한다.

64_ "上古結繩而治, 後世聖人易之以書契, 百官以治, 萬民以察."

들어 설명한 "상上, 하下가 그것이다"[65]가 아니라 상고시대 씨족과 부락에서 발생한 중대한 역사 사건 및 집단생활의 중대한 경험·발견·발명에 대한 기록과 기억을 가리키는 것이라고 했다. 이러한 사건·경험·발견·발명은 씨족·부락의 생존 질서 및 생활 규범과 관계되어 있다. 『설문해자』 서문에서는 신농이 결승으로 '다스렸다'고 했다. 이 '매듭 기록'은 사회 전체의 '통치'와 관계가 크다는 것을 알 수 있다. 그것은 사회가 규범을 수립하고 율령을 반포한 것과 관계가 있다. 바로 이 때문에 결승과 문자는 모두 매우 숭고하고 신성하기까지 한 지위를 차지하며, 그 안에는 천지·귀신과 소통하는 무술 기능을 담고 있다.

고고학자의 말에 따르면, "갑골문이 처음 만들어진 건 (…) 상나라보다 1000여 년 이전으로, 지금으로부터 약 5000년 전이며 이 문자의 발명자가 원래는 신권을 장악한 무巫와 같은 종류의 인물임을 증명해준다."[66] 예를 들면 '병丙'의 자형은 역鬲(굽은 다리가 셋 달린 솥) 형태의 도기를 만든 발명과 관계가 있는데[67], '역'의 발명은 중대한 가치와 의의를 지니기에 글자를 통해 기억·보존·계승해야 했다. '역'에 바탕해 이를 편방으로 삼은 일련의 글자가 생겨났다. 이것은 그 당시에 짙은 무술적 외피를 걸치고 있었다. 중대한 사건·발견·발명은 한자 기록을 통해 신의 뜻이나 명령을 보존했다. 오늘날 소전통의 도사가 한자 양식의 부록符籙으로 신을 강림케 하고 귀신을 쫓아내는 것은 여전히 이러한 무술의 흔적이다. 그래서 상고시대 전설에서 창힐蒼頡이 글자를 만들자 "하늘에서 곡식

65_ "上, 下是也."
66_ 귀다순郭大順, 『오제를 찾아서尋找五帝』, 113쪽, 홍콩: 상무인서관, 2000.
67_ 귀다순, 『오제를 찾아서』, 113쪽.

이 비처럼 쏟아지고 귀신이 밤새 울었던"[68] 것이다. 문자 새김 즉 '서계'의 확립은, 외부의 자연세계를 제어하고 주재하는 인류의 역량이 유달리 강화되고 인간의 생존 환경이 극히 나아졌음을 상징한다.

한자의 '지사'는 앞에서 말했듯이 집단의 기억 및 경험의 전승을 기록하는 것일뿐더러 역사의 담지체가 되었다. 또한 신령을 대표해 사람들의 생활과 행위에 경고를 주고 그들의 생활과 행위를 통솔했다. 앞에서 인용한 『주역』과 『설문』 역시, "서계를 만들어 다스리고 만물의 기강을 잡았다"는 옛사람들의 말이 바로 이런 의미임을 나타낸다.

채도의 새김과 복골骨卜의 새김에서부터 갑골문·금문金文·석각·금석金石에 이르기까지, 대량의 역사 경험을 저장한 한자는 바로 물고기·용의 시대의 기강과 질서가 '성문화'되었음을 나타낸다. 그것은 표준적인 기호 체계를 통해 이 생명·생활과 권위-질서의 체현자가 되었다. 대대로 인류, 주로 통치-지도자 집단과 계층이 이경직된 듯하지만 실제로는 영생하는 역사 경험의 권위의 응결물을 소유하고 사용했다. 그들은 기호 도구를 통해 사람들의 생존과 연속을 끊임없이 지도하고 규범화하고 공고화하고 통치했다. 『주역』「계사」에서는 "천하의 움직임을 고무하는 것은 글辭에 있다"[69]고 했다. 『주역』「서괘序卦」와 『주역』「잡괘雜卦」에서는 "쾌夬는 결단하는決 것"[70]이라 했고, 『주역』「계사」에서는 "백관을 다스리고 만민을

68_ "天雨粟, 鬼夜哭."
69_ "鼓天下之動者, 存乎辭."
70_ "夬, 決也."

살피는 것은 쾌괘夬卦에서 취했다"[71]고 했다. 즉 서계로 명령을 내리고 만사를 결단했다는 것이다. 한자 서계는 이런 신비한 시각 형상의 형식으로써 '백관'을 다스리고 '만민'을 감찰하는 중대한 실용적 도구가 되어 "천하의 움직임을 고무했다." 따라서 한자가 중시하는 것은 사람들의 행위와 활동에 작용하는 규범적 특질이지, 구두 언어를 복사하고 기록하는 인식 기능이 아니다.

근세(1949년 이전)에 이르러서도 민간에서는 "글을 쓴 종이를 소중히 아끼라敬惜字紙"는 포스터를 도처에서 볼 수 있었는데, 이는 사람들 심리에서 한자가 신성한 율령의 기능을 하며 단지 누구나 말할 수 있는 구두 언어의 기록과 복사가 결코 아님을 나타낸다. 아마도 이것은 "태초에 글자가 있었다"와 "태초에 말이 있었다"의 차이에서 비롯되었을 것이다. 소리는 현장성이 있지만 순식간에 사라지는 반면, 문자는 현장성이 없지만 길이 남는다. 길이 남고 앞으로 나아가는 이것은 바로 역사 경험으로서의 '도道'이며, 태초에 글자가 있었다는 것은 바로 "태초에 도가 있었다"는 것이다.[72]

새김 기호인 한자는 누적되어 글이 되었고 문법을 형성했으며, 갈수록 풍부하고 복잡한 어의와 내용을 지니게 되었다. 후에는 구두언어와 맞물리게 되었는데, 이 시기에는 형성자形聲字가 급격히 증가했다. 한자는 구두언어를 받아들이고 구두언어와 융합되면서 서면언어(한자 문언문文言文)가 되었다. 하지만 여전히 구어와는 상당한 거리를 유지하고 있었으며, 구두언어의 표현과 기록은 아니었

71_ "百官以治, 萬民以察, 蓋取諸夬."
72_ 리쩌허우, 『논어금독』 참고.

다. 따라서 다른 서면언어(문자)와 매우 달리, 한자에서는 언어가 문자를 주재(지배·통솔·규범화)하는 게 아니라 문자가 언어를 주재(지배·통솔·규범화)했다. 구두언어는 많은 변화가 있더라도 한자와 서면언어는 기본적으로 동요하지 않는다.

형성자가 대량으로 출현한 것이 문자와 언어의 만남과 연결을 나타내긴 하지만, 문자가 다시 서술하는 것은 여전히 언어의 뜻일 뿐이지 언어의 소리는 아니다. 결국 "언어와 문자는 점차 구별되면서 병행했는데, 처음에는 문자가 언어에 기댄 것이 아니라 언어가 도리어 문자에 구속되었다."(량수밍梁漱溟)73

한자 문언은, 지역이 광활하고 지리가 복잡하고 어음語音의 차이가 극심하고 문법구조가 결코 같지 않은 구두언어와의 상호 영향 속에서, 시종일관 절대적인 지배·통솔·주재의 자리를 차지하면서 비할 바 없이 큰 규범화의 역할을 했다. 나는 2000년 전 『이아爾雅』의 일부분이 바로 각지의 언어를 통일하고 언어를 규범화한 것이라고 본다. "내 입에서 나오는 대로 쓴다我手寫我口"는 오늘날의 백화문白話文 시대에도 단어의 구성과 사용, 어법의 관습, 감탄의 표현 등에 있어서 한자 문언이 여전히 매우 큰 지배력을 지니는데, 시종일관 문자가 언어를 좌우했지 결코 그 반대는 아니다.

중국어는 소리가 아닌 뜻을 중시한다. 중국어는 그 어떤 소리라도 뜻이 없으면 홀시하고 생략하며 삭제한다. 중국어가 단음절 언어가 될 수 있었던 이유는, 한자가 언어를 기록한 게 아니라 처음부터 언어를 지배·통솔·규범화한 데 있다. 오늘날 외국 단어를 중

73_ 량수밍, 『중국 문화요의中國文化要義』, 312쪽, 상하이: 학림學林출판사, 1987.

국어로 번역하는 데 있어서도 많은 경우 음역을 버리고 '의역'을 사용한다. 예를 들면 컴퓨터電腦, 민주, 자본주의, 무산계급, 사스非典(비전형폐렴) 등이다. 이는 다른 언어에서는 드물거나 없는 일이다.

　한자 어휘에는 연성軟性, Softness, 백성白性, Whiteness 같은 추상적 어휘가 적다. 그리고 '희다白' '희게 하다白之' '그것을 명백히 하다使之白' '솔직히 말하다說白了' 등 구체적인 활동과 경험에서 벗어나지 않는 단어들이 존재한다. 중국어에는 시제·성별·관사冠詞·품사 등의 구별이 없으며 구체적인 상황에 따라서 보다 명확히 확정할 수도 있고 그렇지 않을 수도 있다. 예를 들면 일반적인 과거·현재·미래형은 없지만 필요에 따라서 모일某日 모시某時(어제, 내일, 몇 시)를 사용해 구체적으로 명확히 할 수 있다. 이러한 글자·단어·어구·문법은, 그것이 반드시 전체 텍스트 및 언어환경과 연결되어야만 특히 인간의 활동 자체와 연결되어야만 묘사·이해·사용될 수 있음을 말해준다. 그것이 나타내는 것은 공간 경험으로 충만한 '실용' 시간이지, 규범화된 추상 시간이 아니다. 중국어가 인식기능에 있어서 모호하고 불확실한 것 역시 그것이 실용적 효능에 의지하고 있음을 나타내는 것이다. 한자는 기표와 기의가 늘 한데 섞여 있다. 문자가 바로 본래의 것本物이기에 문자는 '신' 자체일 수 있다. 따라서 그것은 권위-질서가 필요로 하는 명령·규범을 물태화物態化[74]하는 담지체로서 가장 적합하기에, 권위-질서의 구현물이자 수호자가 되었다.

74_　물태화物態化란 인간의 관념과 환상을 외재화하여 물질 대상에 응집시키는 것을 말한다.―옮긴이

서양의 언어에는 'being'이라는 게 있어서 '존재한다有'와 '~이다是'의 문제가 있다. 대체 무엇을 가리키는 것이 존재하고, 무엇을 가리키는 것이 '~이다'라는 말인가? 또한 가장 근본적인 '~이다' 혹은 '존재한다'는 결국 무엇인가? 물질? 정신? 하느님? 이데아? 율령? 규칙? 단자單子? 개체? 이렇게 해서 서양에서는 인식과 이해와 신앙을 무한히 추구하게 되었다. 한자 언어에는 이런 문제가 없기에, 모든 것이 없는 것도 가능하고 모든 것이 다 있는 것도 가능하다. 현상 뒤의 본질이 없고 변동하는 것 바깥의 실재가 없다. 현상이 바로 본질이니, 즉용즉체卽用卽體다. 변동이 바로 실재니, 비록 있다하더라도 없는 것이다. 따라서 한자 언어문화에서는 본체론 ontology, 존재론이 생겨나기가 매우 어렵다. 또한 존재자와 다른 '존재'와 관련된 '기초적 존재론' 역시 있을 수 없다.

한자 문언의 허사虛辭의 상당수는 결코 구어적 특징이 아닌 음악 형식을 이룬다. 예를 들면 평측平仄의 음조音調를 비롯해 자의字意의 대구를 이룬 반복, 소리의 높낮이와 멈춤과 변화, 압운押韻을 맞추는 것 등은 한자 문언문의 감정을 나타내는 기능에 있어서 매우 두드러지고 중요하다. 그것은 정감·이해·기억의 세 가지를 하나에 녹여내었고, 중화의 문화심리 구조를 빚어내는 데 매우 큰 영향을 주었다. 아마도 중화의 자녀는 심리의 누적-침전인 한자(서예)와 문학에 심취해, 잃어버린 역사의 고향을 찾고 아득히 먼 고국에 대한 향수를 달랠 수 있지 않을까.

***

'물고기'와 '용'은 모두 원시 무술 활동과 관계가 있다. 앞에서 말한 양사오시대의 '물고기를 머금고 있는 사람의 도안' 및 '황제가 용을 탄다'는 것이 바로 그렇다. "물고기와 용은 모두 수성水性으로, 하늘에서 다니며 비를 내릴 수 있다. 모두 기우의 대상이며 사람을 인도해 영혼이 높은 곳에 오르도록 해주는 신물神物이다. (…) 모두 대우大禹가 홍수를 다스릴 때 중요한 조력자였다."[75]

물고기·용·한자, 이들 중화문화의 신성 기호는 유구한 역사를 거치며 오늘날에 이르렀다. 이를 설명하는 데 있어서 어찌 감히 신중하지 않으랴. 사리에 어두운 야인野人이 하찮은 견해를 밝힌 것이니, 보고 웃어넘기길 바랄 따름이다.

75_ 타오쓰옌陶思炎, 『중국 어문화中國魚文化』, 184쪽, 베이징: 중국화교華僑 출판사, 1990. 초楚 백화帛畫의 그림도 참고했다.

양사오 채도

양사오 채도 문양

한나라 청동기물에 새겨진 '장의자손長宜子孫'

도판 1

당나라 접시

오늘날 민간의 전지

초나라 백화

도판 2

홍산 옥룡(신석기시대)

타오쓰陶寺 채도(신석기시대)

한나라 용

도판 3

마자이이馬家寨 채도 부호(류완柳灣)

다원커우 도기 부호(양허陽河)

얼리터우 도기 부호(옌스偃師)

도판 4

유학의 심층구조설[1]

1_ 「유학의 심층구조설初拟儒學深層構造說」, 1996. 『유가사상의 현대적 해석儒家思想的現代詮釋』(타이베이, 1997)에 실렸던 글이다.

'유학'에 대해 토론하기 전에 우선 반드시 해야 하지만 지금껏 잘하지 못한 '정명正名' 작업, 즉 '유儒' '유학'(혹은 유가, 유교)이라는 단어와 개념이 어떤 의미로 사용되는지 최대한 밝히는 작업을 하려고 한다. 이런 시도를 통해 근대 중국에서 유학이 어떤 상황에 놓여 있었고 어떻게 변천했는지 알 수 있을 것이며 연구할 만한 문제를 도출할 수도 있을 것이다.

물론 여기서는 분석철학 방식의 세밀한 토론을 할 수는 없고, 이 단어의 일반적인 사용 상황을 대략적으로 살펴보는 수밖에 없다. 이와 관련해 다음의 몇 가지로 나눌 수 있을 듯하다.

(1) '유'(유가·유학·유교의 의미로서의 유, 이하 마찬가지)는 '묵' '도' '법' '음양' 등의 사상·학파와 병립하거나 병칭하여 말하는 것이다. 이것은 가장 이른 시기(선진先秦)의 용법이자 가장 광범한 용법이다.[2] 지금까지도 여전히 그렇다. 철학사·사상사의 저작뿐 아니라

2_ '유儒'의 본래 의미는 이 글에서 다루려는 범위에 있지 않다. 여기에 대해서는 천라이의

일상생활에서도 이런 의미로 존재한다. 하지만 이런 식의 사용 속에서는 '유'의 기준이 명확하지 않기 때문에 "무엇이 '유학'인지", "어떤 사람들을 '유가'라고 하는지" 등의 문제에 대한 정의와 답을 내릴 수가 없다.

(2) '현대 신유가' 등의 학술 테두리 안에서 '유학' '유가'에 대해 규범적 정의가 내려지지는 않았지만, 그들은(완전히 일치하는 건 아니지만) '유학의 명맥' 혹은 '유학의 정수'가 주로 공자·맹자·정이程頤·주희·육구연陸九淵·왕양명 사상의 전승이자 이론적 실마리라고 여긴다. 그들은 '도문학道問學(묻고 배우는 길을 간다)'과 '존더성尊德性(덕성을 존중한다)', 즉 신성론을 중심으로 하는 '내성內聖'의 철학이야말로 '유'의 근본적 특징이라고 본다. 이러한 기준에 따르면, 비교적 이것에 철저한 이들은 동중서를 유가의 정통 밖으로 배척하기도 하며(예를 들면 라오쓰광勞思光), 어떤 이는 엽적葉適을 공자의 '적'이라고 명확히 지적하기도 한다. 때문에 머우쭝싼의 경우 엽적이 유가의 '도통'에 속하지 않는다고 보는 것은 두말할 나위가 없다. 이처럼 극단적이지 않은 다른 이들은 순자와 동중서 그리고 엽적 등도 논의할 가치가 있는 유가임을 모호하게나마 인정한다.

(3) 하지만 실제로 '유' '유가' '유학'이 이천여 년 동안 사용되는 데 있어서 그 범위는 앞서 말한 두 함의보다 훨씬 광범하다. 한나라 이후 지식인은 일반적으로 유생儒生 혹은 유사儒士로 칭해졌다. 그들이 주로 읽는 책이 '오경五經'이었고 송나라 이후로는 '사서四書'였기 때문이다. 그들의 행위규범·가치관념·인생태도는 기본적으

「『설유』를 말하다說『說儒』」(『원도原道』 제2집, 베이징, 1995)를 참고하기 바란다.

로 혹은 적어도 표면적으로는, '주공과 공자의 도' 혹은 '공자와 맹자의 도'를 따르고 승인하고 인정했다. 그들 가운데 많은 이들이 다른 사상·학설의 영향을 받아들이거나 그런 성분이 뒤섞임으로 인해서 때로는 도가로 칭해지고(예를 들면 도잠陶潛과 이백李白), 때로는 법가로 칭해지고(예를 들면 왕안석과 장거정張居正), 때로는 불가로 칭해졌다(예를 들면 왕유王維). 하지만 이것은 유학이 선진시기 이후 부단히 발전하는 가운데 각종 학설을 포함하고 흡수한 데서 비롯된 것으로, 이로 인해 많은 이들이 종종 유가이면서 도가이고 유가이면서 불가이고 유가이면서 법가이고 심지어는 유가이면서도 묵가였다. 많은 이들이 고관으로 지내면서도 집에서는 '거사'라 칭했다. 하지만 정말로 승려나 도사나 술수가術數家가 된 이들을 제외한 나머지 사람들이 기본적으로 숭상하고 따른 것은 여전히 유학으로, 그들은 기본적으로 여전히 유가였다.

증국번曾國藩은 다음과 같이 명확히 자인한 바 있다. "입신의 도를 세밀히 생각해 우禹와 묵자의 근검에다 노자와 장자의 허정虛靜을 겸하여, 수기·치인의 방법을 모두 얻길 바랐다."[3] 이것은 증국번이 전형적인 '유가'인 것에 조금도 방해가 되지 않았다. 따라서 정이·주희·육구연·왕양명이 말한 것은 물론 유학이고 왕안석의 『삼경통의三經通義』(전해지지 않는다), 엽적의 『습학기언習學記言』, 왕선산王船山과 대진戴震 등의 논저 중에 '유학'이 아닌게 어디 있는가? 게다가 정이·주희·육구연·왕양명처럼 표준적인 '유학' 역시 불가와

3_ "細思立身之道, 以禹·墨之勤儉, 兼老·莊之靜虛, 庶於修己治人之術, 兩得之矣." 『증국번전집曾國藩全集·일기 1日記一』, 574쪽, 웨루서사岳麓書社, 1986.

도가로부터 많은 사상 성분을 흡수하지 않았는가? 이로써 볼 때 '유학' '유가' '유'라는 관념·개념·단어는 실제로 이처럼 대략적이고 모호하게 장기간 사용되었음을 알 수 있다.

(4) 대략 19세기 말부터 문제가 생겼다. 앞에서 말했듯이 고대 사대부는 도·법·묵·음양의 각 사상을 대량으로 흡수하긴 했지만, 일반적으로는 여전히 주로 유학 전적을 읽었고, 기본적으로 유학을 근본으로 삼아 다른 것을 흡수했다. 그들은 늘 자각적으로 '유가'를 인정하고 자신이 '공자와 맹자의 문도孔孟之徒'임을 승인했다. 하지만 근대 서구 사조의 맹렬한 충격 아래, 수천 년의 정치체제와 이데올로기가 끊임없이 좌절되었고 전통 유학의 부정적 작용이 끊임없이 폭로되었다. 특히 과거제도의 폐지와 신식 학당의 성립으로 인해, 극소수를 제외한 대다수의 근현대 지식인은 오로지 유가경전만을 공부하지는 않았고 유가경전을 공부하지 않을 수도 있었다. 이와 동시에 더 이상 유학을 근본으로 삼지 않을 수 있었고 더 이상 '공자와 맹자의 도'를 신앙하고 숭배하고 마음에 새기지 않을 수도 있었다. '공자와 맹자의 도'('내성內聖'이 요구하는 처세와 '외왕外王'이 마음에 품고 있는 구세제민을 포함한다)를 받아들이거나 계승한다 하더라도, 많은 이들이 결코 유가를 인정하지 않았으며 차라리 보다 모호한 '전통문화' 혹은 '문화전통' 등의 관념이나 단어에 찬동했다.

이렇게 해서 '유'(유학·유가·유교)의 개념과 단어의 적용성이 보다 큰 폭으로 축소되었다. 캉유웨이·담사동·량치차오梁啓超·옌푸嚴復 등의 세대는, 우리가 전통의 '유학' '유가'를 사용해 묘사하거나 개괄하기가 매우 어렵다. 천두슈陳獨秀·루쉰魯迅·후스胡適·마오쩌

등[4]·궈모뤄 등의 다음 몇 세대 사람들은 더 말할 것도 없다. 특히 '5·4'부터 지금까지 '유'(유가·유학·유교)에 대해서, 매우 감정적인 논쟁과 비판이 잇달았고, 각종 긍정적·부정적 가치 판단은 불분명하게 뒤엉킨 혼란을 이 개념에 가중시켰다. 이렇게 해서 무엇이 '유' '유학' '유가'인지 문제가 되었다.

(5) 문제의 복잡성은 다음에 있다. '유'(유가·유학·유교)의 주요 특징 가운데 하나는, 그것의 가치와 의의가 사람들이 그것을 자각적으로 인정하고 승인하느냐와 반드시 관련이 있는 건 아니라는 점이다. 실제로 보다 중요한 것은 그것이 이미 한漢민족의 문화-심리 구조의 주요 성분으로 편입되어 오랜 세월 많은 지식인과 사회 전체의 사상 정감 및 행위 활동에 줄곧 규범적 작용을 했으며, 의식으로부터 무의식으로 들어가 모종의 사상 양식 및 정감의 방향이 되었다는 점이다. 적극적이고 진취적인 생활태도("하늘의 운행은 강건하니 군자는 스스로 강건해지기 위해 쉼이 없어야 한다"), 국가와 백성의 고통에 관심을 갖는 구세의 심정("천하의 흥망에는 필부도 책임이 있다"), 입신立身과 처세를 중시하는 도덕적 수신("곤궁하면 홀로 자신을 잘 지키고 영달하면 천하를 아울러 구제한다"[5]) 등은 지금까지도 중국 지식인의 사상 정감과 행위 활동에 영향을 미치며 존재한다.

이와 비교하면 불가의 출세(불가 역시 세상과 백성을 구하고자 하지만 영혼의 구제가 중심이다), 도가의 초탈(도가 역시 홀로 자신을 잘 지키고자 하지만 인간사를 부정한다), 법가의 음험함, 음양가의 술수, 묵

4_ 나는 마오쩌둥이 "마르크스주의를 유가화했다"는 진관타오金觀濤 등의 주장에 동의할 수 없다.
5_ "窮則獨善其身, 達則兼濟天下"

가의 분골쇄신은 그 영향과 역할이 유가에 훨씬 못 미쳤다. 따라서 이런 측면에서 '유'를 이해한다면 보다 광범한 관념 혹은 개념을 얻을 수 있다. 즉 그것은 사람들(주로 사대부 지식인)의 의식과 심리에 누적-침전된, 자각적이고 비자각적인 모종의 특징과 성격이다. 출가하여 승려가 되거나 세상일에 철저히 무관심한 데카당스 혹은 극단적인 개인주의자가 아닌 이상, 그들의 몸(이데올로기, 생활 행위, 사상 정감, 이론 학술에 있어서)에서 '유'의 의미와 특징을 발견할 수 있다. 나는 『중국현대사상사론』에서 "공가점孔家店을 타도하자"던 영웅들 역시 '유'의 영향으로 간주했는데, 이는 이처럼 광범한 측면의 의미에서 한 말이다. 이 의미는 내가 말한 유학의 심층구조 문제와 관련되어 있다.

2.
1980년에 발표한 「공자 재평가」에서 다음을 강조한 바 있다.

반드시 자각적으로 의식한 것은 아니지만, 혈연의 기초 위에 '인정미(사회성)'인 부모와 자식의 사랑을 확산의 핵심으로 삼아, 외적으로는 인도주의로 확장시키고 내적으로는 이상적 인격으로 확장시켰다. 확실히 이것은 실천적 성격을 지닌, 외부에 의존하지 않는 심리 유형을 구성했다. 공자는 학생을 가르치고 경전을 '취사'하는 것을 통해 이러한 심리 유형이 사회적 영향을 낳도록 했으며, 많은 사람들의 생활·관계·습관·풍속 및 행위방식과 사유방식 속에 나날이 스며들도록 했고, 전파·훈도·교육을 통해 시공간 속에서 널리 퍼지도록 했다. 인생과 삶을 대하는 적극적이고 진취적인 정신, 이성에 복종하는 깨어 있는 태도, 실용을 중시하고 사변을 경시하는 것, 인간사를 중시하고 귀신을 경시하는 것, 집단과의 조화에 능숙한 것, 인간사의 일상 속에서 정욕의 만족과 균형을 유지하는 것, 반反이성적인 광적 열광과 맹목적 복종을 피하는 것 등은 결국 한漢민족의 집단무의식의 원형原型 현상이 되어 민족적 문화-심리 구조를 구성했다. 공학孔學이 중국 문화(한민족을 주체로 한다. 아래서도 마찬가지다)의 대명사처럼 된 것은 결코 우연이 아니다.[6]

이상은 앞에서 말한 다섯 번째 함의의 '유'이다. 또한 이전에 다음과 같이 말한 바와 같다.

나의 흥미는 (⋯) 주로 이천여 년 동안 중국인의 사상·의식·풍속·습관·행위에 이미 융화된 공자를 탐색하는 것이다. 그가 중국인에게 어떤 흔적을 남겼는지, 중국민족의 문화심리 구조에 어떤 장점과 약점을 가져왔는지를 보려는 것이다. 이 공자는 생생하게 살아 있다. 바로 당신과 나와 그, 그리고 중국인의 관념 속에. (⋯) 따라서 많은 농민이 공자의 책을 전혀 읽지 않고 심지어 공자라는 사람을 모를지라도 그들의 행위규범·관념양식·사유방법·정감태도 등의 의식과 무의식 밑바닥에 가라앉아 누적-침전된 것은 여전히 주로 공자와 유가의 것이지, 도가나 법가 혹은 불교가 아니다. 물론 이런 것들(도가·법가·불교)도 있겠지만 대부분은 이미 유가 속에 포함되고 융해되었다. (⋯) 그것은 문화심리의 현실적 존재로, 무의식의 심층으로 이미 스며들었기 때문에 버리고

6_ 『중국고대사상사론』, 32쪽, 베이징: 런민출판사, 1985.

싶다 해서 버려지고 보존하고 싶다 해서 보존할 수 있는 의미 없는 게 아니다. 따라서 그것이 얼마나 좋은지 찬미하면서 그것을 오롯이 지키길 요구하든, 그것이 얼마나 나쁜지 질책하면서 그것을 철저히 포기할 것을 주장하든, 이 모든 게 별 의미가 없다. 중요한 것은 깨어 있는 자아의식(무의식의 의식화를 포함)과 역사적인 구체적 분석을 통해 우선은 이해하고 난 뒤에 그것의 변화 혹은 혁신을 촉진하는 것이다.7

이상은 내가 지금 말하고자 하는 유학의 심층구조설이기도 하다. 소위 유학의 '표층'구조가 가리키는 것은 공문권¹¹ 학설 및 진·한 이래 유가의 정교政教체계, 선장典章제도, 윤리강상, 생활질서, 이데올로기 등이다. 그것이 사회문화 현상으로 표현된 것은 기본적으로, 이성적 형태의 가치 구조 혹은 지식-권력 계통이다. 소위 '심층'구조는 "백성이 날마다 사용하면서도 알지 못하는"8 생활 태도, 사상의 추세, 정감의 방향이다. 그것들은 순전히 이성적일 수는 없으며 정서와 욕망을 포함하고 있으면서도 이성과 뒤얽힌 복합물로, 기본적으로 정감-이성을 중심으로 하는 감성 형태의 개체 심리구조다. 소위 '정감-이성 구조'의 복합물은, 욕망·정감이 이성(이지)과 모종의 구조적 복잡 관계 속에 놓여 있는 것이다. 그것은 그리스철학이 주장한 것처럼 단지 이성과 이지로써 정욕을 제어·주재·인도하는 게 아니다. 보다 중요한 것은 '이성' 가운데 '정감'이 있고 '정감' 가운데 '이성'이 있는 것, 즉 이성·이지와 정감의 융합·침투·관통·통일이다. 나는 이것

7_ 「유가와 '현대 신유학'에 대하여關於儒家與'現代新儒學'」, 『나 자신의 길을 간다走我自己的路』, 237~238쪽, 타이베이: 풍운시대風雲時代출판사, 1990.
8_ "百姓日用而不知."

이야말로 유학이 건립한 중국의 문화심리 구조의 중요한 특징 가운데 하나라고 생각한다. 그것은 단지 이론 학설이 아니라 모종의 실천적 현실 존재가 되었다.

소위 이 '심층구조'는 결코 나의 새로운 발견이 아니다. 사실 그것은 아주 흔한 이야기다. 즉 사람들이 늘 말하는 '국민성' '민족정신' '문화전통' 등이다. 단지 '문화-심리 구조'라는 단어를 내걸지 않았고, 표층과 심층의 복잡한 관계 및 구조를 중시하지 않았을 뿐이다. 물론 '심층' '표층'의 구분은 결코 쉬운 게 아니다. 첫째, '심층'은 '표층'이 오래 시간을 지나는 과정에서 누적-침전되어 나오는 것으로, 거기에는 자각적인 문화 교육(예를 들면 고대의 '교화' 정책)과 비자각적인 풍속 관습이 포함된다. 양자의 형태는 복잡하고 다양하며 자각과 비자각 역시 뒤엉켜 있기 때문에 칼로 두 동강을 내듯이 명확히 나눌 수 있는 게 아니다. 둘째, '심층'에는 무의식과 정감이 포함되어 있기 때문에 개념 언어를 통해 정확하게 표현하기가 매우 어렵다. 심층과 표층의 구분은 다만 대략적으로 밝힐 수밖에 없다.

그렇다면 무엇이 이 '심층구조'의 기본 특징일까? 전에 내가 말했던 '낙감문화'와 '실용이성'이 여전히 중요한 두 가지다. 그것들은 표층에 나타나는 문화 특징이자 심층을 구성하는 심리 특징이기도 하다. 이 두 가지를 귀결하면 바로 내가 최근 자주 말하는 '하나의 세계(인생)'라는 관념이다. 이것은 바로 유학 및 중국 문화(도가·법가·음양가 등을 포함)가 누적-침전되어 이루어진 정감-이성의 심층구조의 주요 특징이다. 즉 의식했든 의식하지 못했든, 자각적이든 비자각적이든, 이 '하나의 세계'관은 시종일관 기초적인 심리구조로서 존재했다. 유학(그리고 중국 문화)은 이로 인해 유대교·기독교·이슬람교·인도교 등 기타 문화심리와 구분된다. 공자가 "삶에 대해서도 모르는데 어찌 죽음을 알겠는가" "사람을 섬기지도 못하는데 어찌 귀신을 섬길 수 있겠는가" "공자께서는 괴력난신怪力亂神에 대해 말씀하시지 않았다"고 한 것에서부터 시작해, 유학을 중심으로 하는(도가 역시 이렇지만 일단 생략한다) 중국 문화는 신(하느님과 귀신)의 존재를 결코 부정하지 않는다. 다만 그것을 논증할 수 없다고 여기며 이성이 침투한 정감 상태 속에다 그것을 놓아 둘 뿐이다. "조상에게 제사지낼 때는 자리에 계신 듯이 하고 신에게 제사지낼 때는 신이 계신 듯이 하라." "내가 제사에 참여하지 않으면 제사지내지 않은 듯하다."9

유학이 순수한 사변적 철학 사유가 아니고 순수한 정감적 신앙 태도 역시 아닌 이유, 그것이 종교적 도덕 기능을 지니면서도 경험적 이성 태도를 존중하는 이유는 모두 정감과 이성이 상호 침투하고 융합한 문화심리의 구조에 있다. 유학은 이러한 '하나의 세계'라는 기본 관념을 끊임없이 발전시킴으로써 이 세상에서의 인생을 목표로 삼지, 내세의 행복을 힘써 추구하진 않으며 영혼만의 구제를 바라진 않는다. 소위 '이 세상에서의 인생'이란, 자기 개인만을 가리키는 게 아니라 집단 즉 가정과 국가와 '천하'(인류)를 가리킨다. 보살과 귀신을 믿는 평민 백성에게 신령의 세계와 하느님과 귀신은 여전히 이 세계 즉 인생의 일부분이다. 그것은 이 세계와 인생을 위해 존재하는 것이다. 사람들은 자기 삶의 평안을 구하고 병을 물리치고 자식을 빌고 복을 기원하기 위해서 향을 피우고 불상 앞

9_ "吾不與祭, 如不祭."

에서 절하며 점을 치는 것이다.

유가의 '하나의 세계'관으로 인해 사람들은 인간세상의 관계와 정감을 중시하고, 생사의 무상함에 슬퍼하며, 짧은 인생에서 생의 의미를 인간세상에 기탁하고 인간세상에 귀의한다. '유한 속에 무한이 깃들고' '세상에 들어감으로써 초탈을 구한다.' '하나의 세계'로 인해 사람들은 자강불식自強不息하고 강인하게 분투하며 "불가능하다는 것을 알면서도 한다." "날이 추워진 뒤에야 소나무와 잣나무가 나중에 시든다는 것을 안다."10 '하나의 세계'로 인해 유학은 정감적인 거대한 긍정적 색채를 자연과 우주에 부여했다. "천지의 커다란 덕을 생生이라고 한다"11 "생生하고 생生하는 것을 역易이라고 한다"12 "하늘의 운행은 강건하다" "두터운 덕으로 만물을 싣는다" 등 적극적 정감이 충만한 '철학'으로 인간의 생존을 지지하기에, 인간은 비로소 "천지와 더불어서 나란히" 있음으로써 함께 '본체'를 구성할 수 있다. 이것이 바로 내가 말한 '낙감문화'다. '하나의 세계'로 인해 그 사유방식은 실제 효용을 보다 중시하고 허황된 생각은 경시하며, 모든 것을 포용하는 것을 중시하고(유용하고 도리에 맞으면 받아들인다) 열광적 정감은 경시한다(특정한 정서·신앙·이념에 집착하지 않는다). 이것이 내가 말한 '실용이성'이다.

'하나의 세계(인생)'는 물론 공자에서 시작된 게 아니라 아득히 먼 옛날에 비롯되었다. 아마도 원고시대 황하 유역의 자연환경이 뛰어나서(바빌로니아·이집트·그리스와 비교해서) 사람들이 '천지'에

10_ "歲寒, 然後知松柏之後凋."
11_ "天地之大德曰生."
12_ "生生之謂易."

대해 공포·두려움·소원감이 아닌 친근·감사·존경의 기본 정서를
갖게 되었던 것과 관계가 있을 것이다. 이에 대해서는 많은 이들(예
를 들면 머우쭝싼)이 언급한 바 있다. 그런데 나는 보다 중요한 원인
은 중국의 원고시대 무술 전통이라고 생각한다. 무술은 인간이 주
동적으로 신령을 강제하는 것이지 피동적으로 신령에게 기도하는
게 아니다. 중국의 무술은 지나치게 일찍 이성화되었고 병가·도가
와 결합되어 나중에는 독특한 무사巫史문화가 형성되었다. 이것은
매우 중요한 고대사·사상사의 과제로, 다른 글에서 다시 논하기로
한다.

'하나의 세계'로 인해 유대교·기독교가 강조하는 '두려움'이 결핍
되어 있고, 무한히 추구하는 파우스트 정신이 결핍되어 있다. 또한
'하나의 세계'로 인해 중국에서는 '윤리·정치·종교 삼자가 합일'된
견고한 정교政敎체제와 문화전통이 생겨났다. '천인합일'은 공사公私
의 합일이 되어 진정한 개성과 개체가 출현하기 어려웠다. 이렇게
해서 한편으로는 '천리'를 간판으로 내건 지식-권력 계통의 절대
통치가 존재했고, 다른 한편으로는 흩어진 모래처럼 자신만의 안
일과 생존을 추구하고 사리사욕을 챙기려는 경향이 존재했다. 요
컨대 '하나의 세계'로 인한 정감-이성 구조는, 정감과 이성이 명확
히 구분되지 않도록 했으며 도구 이성과 가치 이성을 하나로 섞음
으로써 현대적 과학과 민주를 낳지 못했다.

오늘날 해야 할 작업은 이 문제를 명확히 의식하는 데 있는 듯
하다. 그것을 명확히 의식하려면, 유학이 표층에서 이 정감-이성
구조를 어떻게 구축했는지 보다 잘 이해해야 한다. 유학은 여태껏
인성을 근본으로 하면서 윤리·정치·종교를 인성 문제로 통섭하고

귀결시켰다. '예'든 '인'이든 맹자든 순자든, 인성 문제가 시종일관 관건이었다. 인성은 개체의 감성 심리와 직접적으로 관련되어 있으며, 이로 인해 정감-이성 구조의 구축이 가능했다.

"본성은 서로 비슷하나 습관에 의해 차이가 커진다"[87] "너에겐 편안하겠느냐? (…) 네가 편안하다면 그렇게 해라"라고 공자는 말했다. 맹자와 순자는 인간과 짐승의 구별을 강조하며 인성을 중시했다. 따라서 '성선性善'(인간이 지닌 선험적 선단善端)이든 '성악性惡'(자연적 동물성)이든, 교육을 강조함으로써 인성이 복귀하도록(맹자) 하거나 인성을 획득하도록(순자) 한다. 즉 이성을 정감에 스며들게 하여 인간의 동물적 정욕이 '인성' 정감으로 전환되도록 한다. 예를 들면 동물계에서 어미의 사랑은 생물 본능인데, 유학은 이런 생물 본능의 정감을 전제로 하지만 그것의 '인간화'된 성질을 강조한다. 즉 모친뿐 아니라 부친도 자녀를 사랑해야(부자父慈) 한다고 강조한다. 보다 중요한 것은 쌍방향의 사랑이어야 함을 강조한다는 점이다. 즉 자녀도 부모를 사랑해야(자효子孝) 한다. 유학은 이러한 사랑이 단지 외재적 의례 질서 혹은 제도 규범이어서는 안 되고 내재적 정감 태도의 배양이어야 함을 강조한다. "개와 말들도 모두 먹여서 기르거늘, 공경하지 않으면 무엇이 다르겠느냐?[13]"라고 공자는 말했다.

유학은 인성의 정감 심리를 출발점으로 삼고 쌍방향의 부모·자식 간의 사랑 및 형제(가족의 구성원) 간의 사랑을 축심과 기초로 삼아 사회의 모든 것을 구축했다. 윤리에서 말미암아 정치("가까이

13_ "至於犬馬, 皆能有養, 不敬, 何以別乎?"

는 어버이를 섬길 수 있고 멀리는 군주를 섬길 수 있다"[14]와 종교(삼년상, 조상 숭배 등)를 구축했다. 이로써 "효제孝悌라는 것은 인仁을 행하는 근본"[15]이라는 것은, 순수이성의 철학적 사변이 절대 아니고 실천이성의 도덕규범도 아니며 감성심리를 구축하는 정감-이성 구조에 달려 있는 것이다.

각종 종교는 모두 나름의 정감 구조를 구축하는 데 힘을 쓴다. 그것들은 늘 초월적인 신 본체를 신앙의 대상 및 정감의 의탁처로 삼는다. 혹은 이성을 통해 독립적이고 자족적이고 절대적이고 무오류인 신의 존재를 논증(예를 들면 본체론·우주론·목적론 등의 증명)한다. 혹은 이와 반대로 "황당무계하기 때문에 나는 믿는다"고 강조하면서 이성을 배척하고 직접적으로 정감에 호소한다. 이러한 정감과 이성의 관계 및 구조는 유학과 매우 다르다. 유학은 의탁처와 귀의처를 신이나 이성(진리) 위에 구축하지 않고, 정감과 이성이 융합한 인성 자체 안에 구축한다. 따라서 이성과 감성, 영혼과 육체, 피안과 차안의 대립·충돌을 강조하지 않으며 감성 육체에 담긴 심리 자체가 형이상 추구의 대상이 되길 요구한다. 즉 감성 육체 자체가 누적-침전되어 이루어지는 완성 및 원만함을 추구한다. 소위 "시로 일어나고 예로 서며 악樂으로 완성한다"는 것은 이것을 말한다.

14_ "邇之事父, 遠之事君."
15_ "孝悌也者, 其爲仁之本與."

3.

유학이 구축한 정감과 이성의 융합 구조라는 특징은, 당연히 표층구조의 '내성'의 학學 혹은 도덕 형이상학에 충분히 표현되어 있다. 머우쭝싼이 해석한 소위 '내재적 초월성'과 '좀 더 신령한' '양지良知'에는 정감적 색조가 충만하다. 그것은 칸트가 말한, 감성과 격리되고 절대적으로 엄중한 본체 세계와는 다르다.[16]

이러한 정감-이성 구조는 표층구조의 '외왕'의 학에도 표현되어 있다. 동중서의 '인외의내仁外義內'[17] '천인감응' '호인오살好仁惡殺' 등의 정치 철학 역시 마찬가지로 이러한 인성 정감을 기초로 한다. 그것은 사변적 관념 혹은 논리적 추리가 결코 아니다. 실제로 그것은 맹자의 "살인을 좋아하지 않는 이가 천하를 통일할 수 있다"[18] "덕으로 타인을 복종하게 하는 자가 왕이다"[19]라는 것과 일맥상통한다. 한대의 공양학公羊學과 '양유음법陽儒陰法'에서부터 후세에서 말한 '민심의 득실' "이치상로는 용서할 게 없지만 정리상으로는 용서할 만한 점이 있다"[20]는 것에 이르기까지, 이 모두가 정감 특색을 지닌 유학의 '외왕' 전통의 연속이다. 중시할 만한 것은 한대 이후로 일군의 '순리循吏' '유림儒林'이 많은 민중을 상대로 '교화'를 추

16_ 『중국고대사상사론』 「송명이학 논의宋明理學片論」을 참고하라.
17_ 인외의내仁外義內는 인과 의의 외적·내적 발현 형태를 말한 것으로, 인의 외적 발현을 통해 인으로써 타인을 사랑할 것을 강조하고 의의 내적 발현을 통해 자신을 바로잡을 것을 강조한다.─옮긴이
18_ "不嗜殺人者能一之."
19_ "以德服人者王." 『맹자』 「공손추公孫丑」에 나오는 다음 두 문장의 일부를 따서 결합한 것이다. "덕으로 인을 행하는 자가 왕이다以德行仁者王." "덕으로 타인을 복종시키는 자에게는 마음속으로 기뻐하며 진심으로 복종한다以德服人者, 中心悅而誠服也."─옮긴이
20_ "理無可恕, 情有可原."

진함으로써 정감-이성 구조의 건립을 중시하는 유학이 점차 끊임없이 사회의 보편적 의식으로 변화되게 했다는 것으로, 소위 "예로써 마을사람을 교화시키고" "마을사람들이 교화되었다"는 것이다.[21] '유교'에 대해 말하려면 여기까지 거슬러 올라갈 수 있다. 비록 그것이 표준적인 종교는 결코 아니지만, 이미 사회가 보편적으로 받아들인 신앙·교의·규범·표준·풍속·관습이 되었다. 그 이후 역대의 온갖 가규家規·족훈族訓·향약鄉約·마을규범 등도 마찬가지다. 유가의 사상 학설은 이렇게 일상생활과 마을의 인정과 민간 풍속 가운데 융화되었다. '대전통'은 이렇게 '소전통'으로 스며들어갔다. 유학의 교의는, 공동으로 따르는 보편 관념과 가치 표준과 도덕 요구에 의해 이처럼 나날이 비자각적인 사유의 추세와 정감의 방향이 되었다. 표층구조가 누적-침전되어 인간 심리 속의 심층구조가 되었다.

다시 말하자면, 나는 유학이 화하문화의 주류이자 골간이 될 수 있었던 주요 이유는 그것이 이미 민족의 문화심리 상태가 되었다는 데 있다고 생각한다. 바로 이 때문에 '대전통'뿐만 아니라 '소전통'에서도 유학은 통솔적 지위를 차지했다. 또한 이 '소전통'이 줄곧 '대전통'을 지원했기 때문에, 불교가 들어오자 조정과 민간이 모두 그것을 따랐다 하더라도 정교 체계에 있어서는 유학을 동요시킬 수 없었으며(불교에는 본래 정치 학설의 내용이 없다), 의식 관념과 민정民情 풍속과 심리 상태에 있어서도 한漢민족의 기본 면모와 정신을 변화시키지 못했다. 오히려 반대로, '유'를 위주로 하는 한민족의 문화심리의 심층구조가 '대전통' 속의 불학의 중국화(선종에서

21_ 위잉스余英時의 「한대 순리와 문화 전파漢代循吏與文化傳播」 참고. 『중국 사상전통의 현대적 해석中國思想傳統的現代詮釋』, 167~258쪽, 타이베이: 렌징출판사업공사, 1987.

이학까지)와 '소전통'의 '삼교합일'(예를 들면 승려가 불경을 읽고 도사가 주문을 외고 유생이 의례를 행하는 것이 장례 활동에서 상충되지 않는다)을 이끌었다. '유'를 기본으로 하는 화하의 문화심리 구조는, 한편으로는 끊임없이 누적-침전되어 공고해지면서 역사의 성과를 누적-침전시켰고 다른 한편으로는 새로운 문화 요소를 끊임없이 흡수·용해·동화함으로써 자신을 발전시키고 갱신했다. 이와 동시에, '대전통'의 이데올로기와 이념 영역에 반사됨으로써 주희의 공자는 동중서의 공자와 달랐고 캉유웨이의 공자는 주희의 공자와 달랐으며 오늘날과 앞으로의 공자 역시 이전의 모든 공자와 다를 것이다.

이런 의미에서 표층구조가 어떻게 심층구조로 전환되는지, 심층구조는 또 어떻게 표층구조를 제약하고 변화시키며 스스로를 변화시키는지, 이에 관한 각종 복잡한 관계는 계속해서 깊이 있게 연구할 만하다. 일반적으로 말하자면, 많은 표층구조는 시간의 흐름에 따라 이미 사라지거나 동요하지만, 심층구조 층위에 누적-침전된 것들은 늘 완강하게 보존된다. 그중에는 현대생활의 측면에 알맞고 유익한 것도 있고 도리어 방해가 되는 것도 있다. 오늘날 이에 대한 무의식에 의식을 더하여 그것의 맥락을 분명히 하는 것이야말로 유학의 진정한 면목을 인식함으로써 미래를 예측하는 중요한 길이다.

4.

표층과 심층을 막론하고 유학의 구조가 근대에 맞닥뜨린 엄중한 도전은, 앞에서 말했듯이 주로 서구문화의 충격에서 비롯되었다. 서구문화 자체는 일상생활 방식의 변화(과학기술, 현대 공상업, 소가족, 독립적 개체 등)와 구체적으로 연결되어 있기 때문에 원래의 유학 표층구조와 윤리강상과 도덕관념은 이에 적응할 수가 없을뿐더러 사람들 마음속에 원래 있던 심층구조가 심각하게 침식·와해된다. 이 침식과 와해는 인지하지 못한 형태(예를 들면 취미의 변화, 습관의 변동)일 수도 있고, 자각적인 극심한 충돌의 형태(예를 들면 개체와 국가, 권리와 의무에 있어서의 정감-이성의 충돌과 고통)일 수도 있다. 소위 유학의 운명은, 표층구조가 근대 서구의 과학·민주 등의 도전에 대응할 수 있느냐에 의해 결정되었을 뿐만 아니라 심층구조에 있어서 깊이 있는 개인주의·비관주의·반이성주의(예를 들면 프로이트 학설, 하이데거 철학, 기독교 등)라는 확연히 다른 정신과 전통과 정감-이성 구조로써 현대 서구가 화하 본토의 문화심리에 제기한 질문·정벌·부정에 의해 결정되었다. 그들이 부정한 것은 단지 표층구조의 유학 학설이 아니고 단지 윤리도덕의 정교 체제가 아니다. 그들이 부정한 것은 심층구조에 누적-침적된, '유'를 중심으로 하는 '하나의 세계'관의 화하 전통이다. 유행하는 말로 하자면, 이것은 바로 중국 '민족성' '국민성'에 대한 도전이었다.

그렇다면 '하나의 세계'를 기초로 하고 '낙감문화'와 '실용이성'을 특징으로 하는 화하의 문화심리 구조, 감성 존재를 중시하고 인간관계를 중시하고 전체의 질서를 중시하는 것과 같은 온갖 정감의 방향과 사유의 추세가 이후로 점차 사라지고 폐기될 것인가, 아니면 보존되고 확대될 것인가? 이것이 바로 문제의 핵심이다. 물론 온갖 다른 견해와 의견이 나올 것이고 온갖 다른 경향과 조류가 생겨날 것이다.

중국에 대한 서구문화의 도전은 엄격히 말하자면 19세기 말의 갑오甲午·무술戊戌 연간에 시작되었다. 그 이전에는 서양의 군함과 대포가 폭파한 것은 단지 중국의 대문뿐이었다. 표층에서 심층까지, 유학의 지위와 전통은 결코 영향을 받지 않았다. 중일전쟁의 실패(1895년)야말로 진정한 전환점이었다. 유학의 표층적 문제가 나날이 부각되었고 삼강오륜은 회의에 부딪쳤다. 이때 세 가지 사상 경향이 출현했다. 장지동張之洞의 보수주의, 담사동의 급진주의, 캉유웨이의 자유주의다. 그것들은 20세기 여러 사상의 선하를 열었다고 할 수 있다. 「서체중용을 다시 말하다再說西體中用」에서 이에 대해 논한 바 있으므로 여기서 중복하진 않겠다. 간단히 말하자면, 구조의 측면에서 볼 때 보수주의의 특징은 유학의 표층·심층 구조를 고수한 데 있고, 급진주의의 특징은 표층을 공격한(5·4 운동은 '사람을 잡아먹는 예교'를 부정한 전형적 모델이다. '문화대혁명' 역시 일례라고 할 수 있다) 데 있다.

양자는 모두 심층적 문제를 홀시했다. 보수주의는, 표층구조가 현대 서구문명의 우세라는 충격 아래 전면적으로 붕궤할 것이며 심층문화 역시 현대 생활방식의 수입에 따라 점차 변화하리라는 것을 인식하지 못했다. '보수'는 버텨낼 수 없었다. "인심을 바로잡고 풍속을 바르게 한다"는 것은, 오늘날 "레이펑雷鋒22을 따라 배우고 봉헌奉獻을 제창"하거나 도덕 형이상학을 제창하는 것처럼 진정

22_ 레이펑雷鋒(1940~1962)은 모든 것을 바쳐 인민을 위해 봉사한, 중화인민공화국의 영웅으로 일컬어지는 인물이다. — 옮긴이

한 효과를 거둘 수 없게 마련이다. 급진주의는, 비록 표층을 격렬하게 공격하고 유학을 전반적으로 부정하긴 했지만 유학의 심층심리가 자신에게 작용하고 있다는 점에 주의를 기울이지는 못했다. 후스와 루쉰이 유학을 격렬히 반대하긴 했지만 그들의 입신과 처세, 사람을 대하는 태도, 격렬한 반反유학 자체에 유학의 심층심리가 작용하고 있었다. 그들은 이 심층심리의 장점과 약점을 폭로한 것이다. 그 장점이란, '하나의 세계'를 근본으로 삼음으로써, 개체의 자유와 독립을 외쳤지만 실제로는 여전히 집과 나라를 사랑하고 국가와 민족을 위했던 것이다. 그 약점이란, 이성 정신과 과학적 태도를 외쳤지만 도리어 여전히 '격정은 넘치고 이성은 부족'했으며 전통의 정감-이성 구조가 변화하거나 분화하지 못했다는 것이다.

여기서도 대략적으로 알 수 있는데, 유학의 심층구조 중에는 계승·발양시킬 수 있는 것이 있다. 바로 국가와 민족을 위하고 적극적으로 세상에 참여하는 정감-이성 구조다. 하지만 이것은 다만 내가 말한 '종교적 도덕'(사덕) 속에 편입시킴으로써 개체의 행위 활동을 이끌 수 있을 뿐이며, 공동으로 따라야 하는 '사회적 도덕'(공덕)과는 반드시 구별해야 한다. 후자는 현대 이성정신과 계약원칙을 기초로 한다. 즉 이성과 정감, 공공도덕과 개인의 수양을 구분하는 데 주의해야 한다. 정감과 이성이 융합된 전통을 고려하되, 그것이 모든 것을 휩쓸며 범람하게 해서는 결코 안 된다. 이와 동시에 현대생활의 이성체계와 가치규범을 풍속·관습으로 삼아 일상생활 속에서 점차 누적-침전되게 함으로써 원래의 누적-침전을 변화시키고 새로운 시대의 심층구조를 전환적으로 창조하기 위해 노력해야 한다. 이것이 바로 내가 주장하는 '자유주의'다. 즉 현대 관넘을 선전하는 것을 근본으로 하고, 미래의 인성을 건립하는 것을 목표로 하며, 교육을 통해 전통적 정감-이성의 심층구조를 보존하면서도 점차 변화시키는 것이다.

5.

사실, '5·4' 백화문과 신문학 운동은 성공적 범례로 삼을 수 있다. 그것은 현대세계의 문명과 중국의 본토문화가 충돌하여 융합한 한 차례의 개선凱旋이고, 전통 문화심리가 현대화의 도전을 받아들여 세계로 나아간 한 차례의 승리다. '5·4' 이래의 새로운 문체, 특히 정감에 직접적으로 호소하는 신문학이 짊어지고 받아들이고 표현한 것은 현대의 새로운 관념과 새로운 사상과 새로운 생활이다. 하지만 그것들은 동시에 중국식의 것이었다. 그것들은 사람들에게 큰 영향을 주었는데, 실제로는 심층 문화심리에 대한 전환적 창조였다. 그중 하나의 예를 들자면, 새로운 문체와 신문학을 짊어진 도구로서의 현대 중국어(백화 서면문자)가 외래 관념과 단어를 수입했을 때 취한 방식은 음역이 아닌 의역이었다. 이것은 다른 언어 문자에서는 매우 드문 현상으로, 거대한 한민족이 외래문화를 수용하는 데 있어서 그 적극적 기능은 정말 주목할 만하다. 어떤 논자는 이렇게 말했다.

이체異體문화가 본체本體문화에 진입했을 때는 불가피하게 동요와 배척이라는 반응을 일으키게 마련이다. 다른 것을 배척하려는 게 격렬할수록, 진입 과정은 종종 더욱 고통스럽고 본체문화에 크고 깊은 상처를 남긴다. 의역의 방식은 어느 정도 이런 모순을 크게 완화할 수 있었다. 한편으로 그것(의역의 방식)은 인간과 인간, 문화와 문화 간의 교류에 있어서 순응적 태도를 취했는데, 이는 불가피했다. 언어의 존재, 기호의 존재, 문화의 존재는 바로 교제를 위한 것이기 때문이다. 이와 동시에 그것은 이체문화로부터 들어온 것을 본체의 언어–문화의 재료로써 개조했다. 생겨날 수 있는 동요를 본체 문화–언어의 깊은 곳으로 이끌어서 그것을 석방하고 해소했다고 말할 수 있다. 이렇게 해서 본체 언어–문화는 전파된 사실事實을 받아들이면서도 자신을 잃은 적이 없다.23

이것은 바로 중국 전통문화에 존재하는 학술 및 사회의 행위규범(중국어 어휘 창고에 원래 있던 자료)을 끌어올려서 외래의 것의 형식(기표記標)으로 삼은 것이다. 이로써 그것들이 중국 전통문화의 형식(중국어의 기표)으로 출현하고 중국사회와 중국어 사용 집단에 유통되도록 한 것이다. 이렇게 해서 중국 전통문화(중국어)는 대량의 외래의 문화 성분(외래 어휘)을 접수하여 자신의 생명력을 강화했다. 동시에 두 가지 문화(언어) 간의 형식(기표)의 다름으로 인해 생겨날 수 있는 충돌을 감소시켰다.24

'기의記意'는 수입된 서구의 현대문화이고, '기표'는 변화된 전통의 한자와 중국어다. '기표'는 형식·도구·'용用'으로, 심층 심리구조

23_ 위젠장兪建章, 「의역: 중국어의 문화 기능 분석意譯: 漢語的文化功能試析」, 『구주학간九州學刊』 제3권 제3기, 58쪽, 1984. 12.
24_ 위젠장, 「의역: 중국어의 문화 기능 분석」, 68쪽.

와 직접적으로 관계가 있다. '기의'는 내용·목적·'체體'로, 표층 문화구조(생산–생활 방식의 경제체제를 포함)의 수입이다.[25] 의역은 중국민족 전통의 문화심리 구조 혹은 사상 추세를 계승하여, '이해성理解性'이라는 한자의 특징을 충분히 실현했고 정감에 저촉되지 않을 수 있었다. 이것은 '국수國粹의 보존'이 아니고 '한자의 폐기'도 아니며, 바로 정감–이성의 심층구조의 적응과 창조다. 과도하게 서구화한 것도 아니고 루쉰이 말한 '경직된 번역硬譯'도 아니며 린수林紓의 고문古文도 아니고 전통 장회체章回體도 아니다. 오늘날 유행하는 온갖 난삽하고 회삽하여 이해하기 어려운 문체도 아니어야만 비로소 표층·심층 구조의 변화를 촉진할 수 있다. 근대의 성공한 새로운 문체는, 말을 하는 것처럼 명백하고 문언과 백화가 갈마든다. 전통과 현대가 여기서 하나로 합쳐진 것이다.

철학가는 언어가 존재의 집이고 현시대의 본체 존재는 이러한 언어를 통해 거처하고 현현한다고 말한다. 하지만 나는 존재란 결국 언어에만 거처하는 것은 아니며, 존재가 거주하는 심리적 거처가 보다 중요하고 근본적이라고 생각한다. 현대화에 필요한 전환적 창조를 향해 나아가는 중에, 중국 '낙감문화'의 심층 정감–이성 구조는 문학 영역뿐만 아니라 다른 각종 영역에도 보존되어 있다. 따라서 정감과 이성을 엄격히 구분하여 이성의 법률을 기준으로 삼는(즉 현대화된 법치로 전통의 인치人治를 대체하는 것) 전환 속에서, 모든 것을 시비의 판결 혹은 이성의 법정이라는 차가운 것에만 호

25_ 여기서 '체體'를 '표층'으로 간주한 것은 '심층'의 심리와 비교해 상대적으로 말한 것이다. 여기서 사용한 용어의 복잡성에 주의하라.

소하지 않고 어떻게 하면 인간세상의 화목과 인간관계의 배려, 조정·협상을 중시할 것인지는 여전히 자세히 연구할 만하다.

예를 하나 들자면, 오늘날 소위 '주민위원회' 같은 조직이 '전족 수사대小脚偵緝隊'의 기능[26]을 내던진 다음에도 "어진 곳에 거주하는 것이 아름답다"[27]는 전통 관념을 진정한 근거로 삼아 자발적으로 결성되어, 비록 법으로 정한 권력은 없지만 국가·법정·정부 부문 밖에서 주동적·적극적으로 보다 많고 보다 훌륭한 협상·조정 업무 및 사회복지 업무와 노인과 아이 돌봄 작업을 할 수 있지 않을까? 즉 '팔조목八條目'[28]이 규정한 윤리-정치-사회 질서와 같은 표층구조의 유학은 현대의 법률제도에 의해 대체된다는 전제 하에, 이 표층구조로부터 누적-침전된 심층심리의 인간관계와 정감과 가치관념 즉 앞에서 말한 심층의 정감과 이성(부모와 자식 간의 자효慈孝, 친구 간의 신의, 부부 간의 은애恩愛, 집과 나라의 연계 등)이 자각적으로 현대사회에 인정되어 보존·계승됨으로써, 인간관계의 따뜻함이 이미 변화된 표층구조를 포괄하여 현대와 후현대 사회로 진입하도록 할 수 있지 않을까?

천국과 하느님이 없고 도덕윤리도 아니고 '주의主義'나 '이상'은 더더욱

26_ '주민위원회居民委員會'는 주민 자치 조직으로, 사회 치안과 위생을 비롯해 지역사회와 관련된 여러 업무를 한다. 대부분 은퇴한 나이든 여성으로 구성되어 있다. 1960년대 주민위원회를 '전족 수사대小脚偵緝隊'라고도 불렀는데, 당시 주민위원회의 구성원인 은퇴 여성들이 전족을 해서 발이 작은 여성들이었기 때문에 붙여진 명칭이다.―옮긴이
27_ "里仁爲美."
28_ '팔조목八條目'은 『대학』에서 말한 격물·치지·성의·정심·수신·제가·치국·평천하格物·致知·誠意·正心·修身·齊家·治國·平天下를 가리킨다.―옮긴이

아니다. 그렇다면 부모와 자식의 정, 남녀의 사랑, 부부의 은애, 사제의 정, 친구의 의리, 조국애, 향토애, 산수자연에 대한 기꺼운 의탁, 중생을 널리 구제하고자 하는 포부, 인식과 발견의 즐거움, 창조와 발명의 기쁨, 험난함과 싸워 이긴 열락, 하늘과 인간의 만남에 의한 귀의감과 신비 경험만이 인생의 참뜻과 삶의 진리로 삼을 수 있는 것이다. (…) 왜 그것들을 진지하게 느끼고 체험하고 깨닫고 찾고 발굴하고 열어젖히지 않는가? (…) 이것이 바로 생명의 고향의 정이자 유가의 '입명立命'이기도 하다. '명'이란 다른 게 아니다. 그것이 관심을 갖는 것은 바로 사람의 힘으로 주재·제어할 수 없는 인생의 우연이다.[29]

첸무錢穆는 이렇게 말했다.

공자의 주요 교의는 온 마음과 몸으로 온 인생을 주재하고 온 인생으로 천명과 진리를 깨닫는 것이다. 공자는 인간으로서 하늘과 나란히 존재하고 마음을 통해 본성을 나타낼 것을 주장했다. 공자는 오로지 마음의 순전한 이지적 측면에서 진리를 추구하지 않았으며, 이는 일반적으로 순전한 사변과 이지에 편중한 서양의 철학과 다르다. (…) 인생 전체에서 중국의 유가사상은 마음의 정감 부분을 보다 중시했다![30]

이 글에서 논의해보고자 했던 것은 바로 순전한 이지가 아닌 '정감과 이성이 융합'된 '철학'이다. 여기서는 정감이 중요한 위치를

29_ 리쩌허우, 「철학탐심록」, 『나의 철학 논강我的哲學提綱』, 244쪽, 타이베이: 싼민三民서국, 1997.
30_ 첸무, 『공자와 논어孔子與論語』, 198쪽, 타이베이: 렌징출판사업공사, 1985.

차지한다. '철학'은 일반적으로 이런 측면에 별로 주의를 기울이지 않는다. 하지만 나는 여기에 바로 유학의 특징과 요점이 존재한다고 생각한다. 사람들은 유학이 '생명철학'이라고 즐겨 말한다. 사실 생명철학은 너무도 현묘한, 경서를 해설한 책 속에 있지 않다. 그것은 바로 이 생생하게 살아 있는 사람들의 정감-이성 구조 속에 존재한다. 이것이야말로 원천의 소재지다. 생명이자 인성인 그것은 정감을 포함한 역사의 산물이다. 철학이 생명으로 돌아가고 인생으로 돌아가라고 요구하는 것은, 바로 역사로 돌아가고 깊은 정과 참뜻이 담긴 심층구조로 돌아가라고 요구하는 것이다. 이것은 바로 내가 간절히 바라는 제2차 문예부흥이다. 제1차 문예부흥은 신의 통치에서 해방되어 인간 감성의 생존을 확인하는 것이었다. 제2차 문예부흥은 기기機器(물질 기기와 사회 기기)의 통치에서 해방되어 인간 자신의 감성을 다시 한번 찾고 확인하는 것이다. 지금 홍수처럼 쏟아지는 비관주의와 반이성주의와 해체주의에 직면해, 유학은 다른 종류의 참고 체계를 제공함으로써 따뜻한 후현대문명을 창조하는 데 새로운 '내성외왕의 도'(낙관과 깊은 정의 문화심리 구조를 통해 조화롭고 건강한 사회의 안정적 질서를 이룩하는 것)의 공헌을 해낼 수 있을 것인가? 그렇다면 유학의 운명은, 참신한 해석을 통해 생존의 힘과 세계적인 보편적 의의를 다시 한번 획득하지 못할 리 있겠는가?

이럴 수 있기를 바랄 따름이다.

이것이 바로 내가 계속해서 연구하고 찾고픈 것이다.

왜 공자에 칸트를
더해야 한다고 말하는가[1]

1_ 「왜 공자에 칸트를 더해야 한다고 말하는가爲什麽說孔夫子加Kant」, 2014. 8. 칭다오
青島 하이징공위안海景公園 호텔에서의 문답록이다.

'학이제일'과 '알 수 없는 공동의 근원'

문: 『마이클 샌델에 대한 답변 및 기타回應桑德爾及其他』(이하 『답변』)의 결말에서 선생님께서는 공자에 칸트를 더할 것을 제기하셨습니다. 하지만 칸트는 라이프니츠G. W. Leibniz나 볼프C. Wolff와는 많이 다르고 그 이후의 헤겔Hegel과 오히려 비슷한데요. 칸트는 공자와 중국 문화를 좋아하지도 않았고 우호적이지도 않았으며 오히려 상당히 경시했잖아요. 그런데 어떻게 한데 엮을 수 있는지요?

답: 그건 중요하지 않아요. 어떤 철학자든 역사 인물이고, 지식의 부족과 견해의 오류라는 결점과 실수가 있게 마련이니 이상할 게 없어요. 중국 전통은 칸트와 통할 수 있는 부분이 있답니다. 중요한 것은 양자가 오늘날에 지니고 있는 의의예요.

문: 선생님께서 그것을 책의 결말로 삼으신 게 좀 돌발적인 것 같은데요.

답: 전혀 그렇지 않아요. 저의 윤리학의 세 가지 요점인 윤리와 도덕의 구분, 종교적 도덕과 현대 사회적 도덕의 구분, 도덕에서의 의지·관념·정감의 구분이 모두 그것과 관계가 있답니다.

문: 그래도 좀 더 설명해주시지요.

답: 역시 방법론부터 말씀드려야겠군요. 『답변』의 시작 부분에서 말했듯이 저는 역사주의자입니다. 무지의 베일이라든가 천부인권과 같이 자유주의가 설정한 추상적 상황과 추상적 원리에서 출발하지 않아요. 윤리(외재적 풍속·습관·제도·법률)와 도덕(개체 행위와 심리)이 모두 특정한 역사 환경의 산물이며 상대성을 지닌다고 봅니다. 하지만 상대성 속에 누적-침전된 절대성이 있는데, 이 두 측면이 바로 제가 강조하는 역사의 시대성과 누적성이에요.

문: 선생님께서는 선험이성에 반대하고 초경험적인 절대를 인정하시지 않는데요. 절대는 상대적 경험이 오랜 역사를 거치면서 누적-침전되어 이루어진 것, 즉 경험이 변해 선험이 된다고 여기시는 건지요?

답: '선험'에는 내원과 출처가 있게 마련입니다. 만약 신을 믿지 않고 창조주가 없다면 오직 실천경험을 통해서 "낮은 단계의 것을 배워 높은 단계의 깨달음에 이를"[2] 따름이지요. 이게 바로 공자 아닌가요? 그래서 제가 『논어』의 요지는 '배움學'이라고 말하는 겁니다. 바로 이 '배움'이 인류 집단의 실천경험이 개체의 선험이 되도

2_ "下學而上達."

록 한 것이지요. '학이제일學而第一'은 매우 중요합니다.

문: '배움'으로 인류 전체의 실천을 개괄한다면 너무 광범하지 않은가요?

답: 이건 다만 일종의 철학적 시각과 표현일 뿐입니다. 인류의 모든 활동은, 개체로 말하자면 일종의 학습 활동이라고 할 수 있어요. 아이가 옹알옹알 말을 배울 때부터, 개체는 언어가 나타내고 규범 짓는 인간의 생활 관계 즉 사회 실천 속으로 진입하는 것이죠. 언어를 배운다는 것은 바로 규칙과 질서와 기예를 배우는 겁니다. '인간이 되는 것을 배우는'(learn to be human, learn to be a human beings) 거예요. 생산 활동 및 인간관계의 활동을 배움으로써 비로소 사회 집단 속에서 생존할 수 있지요. 생로병사는 모두 '배움' 속에서 거쳐갑니다. 즉 늙어 죽을 때까지 배우는 것이죠. 이게 바로 인생이에요.

"아는 게 어려운 게 아니라 행하는 게 어렵다"[3](『상서』), "행하고 남은 힘이 있으면 글을 배워라"[4](『논어』), "책에서 얻은 지식은 끝내 그 깊이가 얕으니 이것을 제대로 알려면 몸소 실천해야 한다네."[5](육유陸遊) 이것이 바로 중국 전통입니다. 여기에서는 윤리학이 인식론과 결코 확연히 양분되지 않아요. 1980년대에 제가 말한 적이 있는데, 윤리가 먼저고 인식은 나중이며, 인간세상의 규범 준칙(예)을 구성하는 학습과 실천의 윤리학이 첫 번째 자리를 차지합니

3_ "知之非艱, 行之唯艱."
4_ "行有餘力, 則以學文."
5_ "紙上得來終覺淺, 絕知此事要躬行."

다. 인간은 행위와 활동 속에서 질서를 건립하고, '객관 사회성' 즉 칸트가 말한 '보편·필연'(선험)을 건립하지요.

　문: 그게 칸트와 어떤 관계가 있는지요?

　답: 공자는 "배우되 생각하지 않으면 어둡고, 생각하되 배우지 않으면 위태롭다"[6]고 했어요. 칸트는 "지성 없는 감성은 맹목적이고, 감성 없는 지성은 공허하다"고 했고요. 양자가 어쩌면 이렇게 비슷한지요! 칸트 인식론의 요점은, 직관이 직접적으로 개념으로 끌어올려지는 게 아니라 인간이 본래 지니고 있는 일련의 인식 체계(시간과 공간에 대한 직관과 지성의 범주)에 감각 경험이 더해져야만 지식을 구성할 수 있다고 보는 겁니다. 칸트는 감각 경험과 지성 체계에는 '공동 근원'이 있다고 보았지만 이 공동 근원이 무엇이지는 자신도 모른다고 했어요. 하이데거Heidegger는 선험적 상상력이라 보았고 저는 실천 즉 '배움'이라고 생각해요. "감성은 개체의 실천에서 유래하는 감각 경험이고, 지성은 인류의 실천에서 유래하는 심리 형식이지요" "개체의 선험적 인식 형식은 경험을 통해 역사적으로 누적·침전되어 형성된 것"입니다.[7] "감각 경험의 가능성과 지성 규범의 가능성 모두가 실천에서 비롯되지요. 개체의 실천을 통해 감성을 획득하고, 인류의 실천을 통해 지성을 형성하는 거랍니다. 그리고 상상력은 바로 각기 다른 개체의 창조력의 발현이고요."[8] 이것은 바로 중국 전통에 근거해서 인류와 개체의 '배움'을

6_　"學而不思則罔, 思而不學則殆."
7_　리쩌허우 지음, 이유진 옮김, 『중국 철학이 등장할 때가 되었는가?』, 54쪽(원서로는 26쪽), 글항아리, 2013.
8_　리쩌허우 지음, 이유진 옮김, 『중국 철학은 어떻게 등장할 것인가?』, 20쪽(원서로는 4쪽),

통해, 칸트가 제기한 지성과 감성의 불가지의 공동 근원을 해결한 것이지요. 인식론과 윤리학을 역사 본체론 즉 인류 실천의 역사 기초 위에 놓고 설명한 거예요. 칸트의 "인식(선천적 종합 판단)은 어떻게 가능한가"를 "인류는 어떻게 가능한가"의 기초 위에 놓은 것이지요. 이것은 근본적 의의를 지닌 철학 문제랍니다. 그래서 제일 먼저 언급해야만 하고요.

이상은 인식론의 측면에서 말한 거고요. 윤리학의 측면에서 말하자면, 도덕에서 지성의 '이理'는 모든 동물이 선천적으로 지닌 게 아니에요. 그것은 후천적으로 습득하는 것이죠. 정감의 생물·생리적 선천성과는 달라요. '이'는 사회적인 것으로 집단의 활동과 관계가 있고, '정'은 생물적인 것으로 개체의 생존과 관계가 있지요. 따라서 정감-이성 구조는 바로 사회성과 생물성이 만나서 침투하고 융합한 거랍니다. 이 융합도 실천 활동 즉 '배움'을 통해서만 획득하거나 실현할 수 있지요.

"너에겐 편안하겠느냐?"와 정언명령

문: 선생님께서 1980대에 말씀하시길, 윤리가 인식보다 먼저라고 하셨는데요.9 또 『철학강요哲學綱要』에서는 윤리학이 제1부분이

글항아리, 2015.

9_ 「주체성 논강主體性提綱」을 보라. 주체성과 관련하여 1980년대에 나온 「칸트 철학과 주체성 건립 논강康德哲學與建立主體性論綱」(1980), 「주체성에 관한 세 번째 논강關於主體性的第三個提綱」(1987), 「네 번째 논강第四提綱」(1989)을 가리킨다. 주체성과 관련한 첫 번째 논강은

라고 하셨지요. 『답변』에서도 "예로 서는 것立於禮"을 강조하셨고요. 이것은 칸트가 윤리 도덕을 현상 세계의 본체보다 높게 평가한 것과 확실히 비슷한 점이 있습니다. 1980년대에 선생님께서는 공자의 '편안하냐 편안하지 않느냐'를 도덕 심리의 귀의처로 삼으시고 1990년대에는 '정 본체'와 '정감-이성 구조'를 제기하셨는데, 이건 칸트 윤리학의 이성주의나 정언명령과 어떻게 서로 용납될 수 있는 건지요?

답: 그건 『답변』에서 이미 이야기했답니다. 윤리도덕 중의 정감-이성 구조의 특징은 이성의 주재主宰 즉 자유의지인데, 이게 바로 칸트와 관련이 있어요. 중국 전통의 기초 위에 칸트를 흡수하고 나서 다시 칸트를 대체하는 것이지요.

문: 칸트의 정언명령은 순수이성이고, 공자의 "너에겐 편안하겠느냐?"는 경험심리 즉 주로 정감인데 어떻게 서로 용납되는지요?

답: '편안하냐 편안하지 않느냐'는 확실히 경험적 심리상태지만 이 상태가 단지 정감인 건 결코 아니에요. 정감-이성 구조지요. 이 구조는 오로지 인간에게만 속합니다. 그 안에는 이성도 있고 정감도 있고 심지어는 욕망도 있어요. 그리고 서로 다른 종류, 서로 다른 수준과 등급이 존재하지요. 아주 복잡하고 다양하답니다.

문: 인식과 심미 역시 정감-이성 구조가 아닌지요?

「인류기원 논강人類起源提綱」(1964)이다.—옮긴이

답: 맞습니다. 그런데 세 가지 구조[10] 중에서 정감과 이성이 어떻게 만나고 침투하고 조직되는지는 매우 다르지요. 도덕심리의 정감-이성 구조에 대해서는 이미 여러 번 말했는데, 바로 이성의 주재가 그것의 특징이에요. "나를 극복하고 예로 돌아가는 것克己復禮이 인仁"[11]이라는 것에서 '극기복례'는 바로 이성의 정언명령입니다. 따라서 도덕의 심리 특징이라는 측면에서 공자와 칸트는 그 요점이 완전히 일치하지요.

문: 그렇다면 다른 점은요?

답: 공자는 "인仁이란 사람을 사랑하는 것"이라는 유명한 대답을 했지요. 이 대답이 부각시킨 것은 확실히 정감이에요. '극기복례'와 같은 대답은 이성에 치중하긴 했지만 '인'에 대한 공자의 여러 대답을 총괄하면 그 최종적인 귀결은 정감도 있고 이성도 있는 인성의 정감-이성 구조를 구축하는 데 있답니다. 칸트가 이성만을 최고라고 강조한 것과는 다르지요. 칸트의 이성이 인류를 초월하고 인류보다 높은 것이라면, 공자의 '정감-이성 구조'는 오로지 인류에 속한 것이죠. 이것이 바로 근본적인 차이입니다.

문: 칸트의 세 가지 명령은 본래 외재적 인문에 속하지만 선생님께서는 그중의 두 가지(보편적 입법立法과 자유의지)를 인간의 내재 심리로 확정했습니다. 여기서 "너에겐 편안하겠느냐?"는 심리와 대비되는 문제가 생겼는데요.

10_ 인식·심미·도덕의 정감-이성 구조를 가리킨다.―옮긴이
11_ "克己復禮爲仁"

답: 예전에 말한 적이 있는데, 칸트의 보편적 입법과 자유의지는 외재적 윤리규범으로 삼을 수가 없어요. 예를 들면 자살하지 말라거나 거짓말하지 말라는 것은, 어디서나 적용되는 보편적 진리 및 고금을 통틀어서 변하지 않는 윤리원칙과 행위준칙이 될 수는 없어요. 하지만 그것들은 도덕행위에 있어서 인간의 심리 특징이 될 수는 있지요. 자신의 이러한 행위가 보편적 입법이라는 것을, 즉 사람들 모두가 반드시 이렇게 해야 한다는 것을 아는 겁니다. 이것은 자유의지이기도 하지요. 인간이 자각적이고 자발(자율)적으로 내린 결단이에요.

문: 자유의지는 공자가 말한 것들과 비슷하다고 할 수 있겠는데요. "인仁을 행하는 것이 자기에게서 말미암는 것이지 어찌 남에게서 말미암는 것이겠느냐"[12] "내가 인을 행하고자 하면 인이 바로 이른다"[13] "살기 위해서 인을 해치는 경우는 없고 자신을 죽여서 인을 이루는 경우는 있다."[14]

답: 맞습니다. 그게 바로 인간의 자유의지에요. 어떻게 행동할지 스스로 결정하는 것이죠. 개체의 이해利害·쾌락·정욕·생활 심지어는 생명조차 고려하지 않고, 인간이 자신의 육체와 생명을 이성적으로 주재할 수 있어야 비로소 '인'이지요. 그래서 동물에게도 있는 자발적 동정심이 아닌, 인간의 이러한 이성적 의지야말로 도덕심리의 주요 특징이 될 수 있답니다.

12_ "爲仁由己, 而由人乎哉."
13_ "我欲仁, 斯仁至矣."
14_ "無求生以害仁, 有殺身以成仁."

문: 공자는 "네가 편안하다면 그렇게 해라"라고 말했는데, 이건 정감을 주장한 것이지 이성으로 도덕행위를 결정한 게 아니지 않습니까?

답: '편안하냐 편안하지 않느냐'의 정감은 바로 이성적 인식(나를 길러준 부모의 은혜) 위에 수립되는 겁니다. 동물은 자라는 즉시 부모를 떠나지요. 부모를 봉양하는 일은 없어요. 마음이 편안하냐 편안하지 않느냐의 문제도 있을 리 없지요. 그러니까 공자가 말한 '편안하냐 편안하지 않느냐'는 결코 동물적 본능의 정감 상태가 아니라, "어진 사람은 인仁을 편안하게 여긴다"[15]는 의미에서의 편안함이고 '극기복례'의 인입니다. '편안하지 않은' 마음과 '인을 편안하게 여기는' 인은 모두 이성적인 정감-이성 구조를 포함하지요. 이성의 주재에 어긋나기 때문에, 예를 지키지 않았기 때문에 비로소 '편안하지 않음'을 느끼는 거죠. '편안하다'고 느낀 재아宰我가 받게 된 평가는 '인하지 않다不仁'는 거예요. '인하지 않다'는 것은 단지 재아가 부모에 대한 정감이 없다는 걸 말하는 게 아니라, 재아에게 이성적 의무인 인성의 정감-이성 구조가 결핍되어 있음을 말하는 거죠.

공자가 강조한 '편안하지 않은' 마음과 '인을 편안하게 여기는' 인을 단순히 정감이라고 말할 수는 없답니다. 단순한 동정이라고는 더더욱 말할 수 없고요. 그것은 '내가 인을 행하고자 하는' 인으로, 이성 의지(예를 지키기로 결정하는 것)의 주재 하에 이루어진 행위를 통해서만 비로소 획득할 수 있는 겁니다. 반드시 해야 할 이

15_ "仁者安仁."

성적 의무를 제대로 자각하지 못하고 이행하지 않았을 경우, 편안하지 않음을 느끼고 부끄러움과 자책을 느끼게 되지요. 그런데 재아는 본래 편안하지 않아야 하는 상황에서 '편안'했어요. 이것은 바로 마비되어 감각이 없는 것麻木不仁이죠. 어진 자라면 본래 편안하지 않아야 하는 상황에서 마땅히 자각하고 바로잡는데, 이것이야말로 어진 자의 '편안함'이랍니다.

문: 선생님께서는 공자의 '인'과 생물의 본능적 정감을 엄격히 구분하고자 하시는데요. 하지만 사회생물학파는 동물에게도 도덕이 있다고 보지 않습니까?

답: 오늘날 유명한 학설인 관심의 윤리학Care ethics에서도 정감이라는, 생물의 자연적 본능을 강조하지요. 확실히 동물에게도 개체가 군체를 위해 자신을 희생하는 현상이 있긴 합니다. 사람들은 이와 유사한 현상을 가지고 추단하길, 동물에게도 도덕이 있을 것이라고 하지요. 하지만 여기서 관건은 인간은 자유롭게 선택할 가능성이 있다는 것, 즉 인간은 비도덕적이기를 선택할 수 있다는 겁니다. 동물에게는 이런 선택이 없어요. 동물은 그저 본능에 따라 행동할 뿐이죠. 동물에게는 도덕이니 비도덕이니 할 게 없어요. 동물이 도덕 혹은 비도덕적 행위를 선택할 수 있는 자유를 갖고 있을까요? 저는 회의적이에요. 인류의 행위에는 비도덕인 게 많기 때문에 도덕을 선택하는 것의 숭고함과 고귀함이 비로소 두드러지는 것이고, 도덕을 인간이 인간되는 바의 '본체'로 삼을 수 있는 것이죠. 인간이 자신의 이익을 희생하는 데는 여러 사상적·정감적 모순과 갈등과 혼란이 존재하고, 정감-이성 구조의 각 요소 간에 엄중한 충돌이 존재하지요. 동물에게 이런 게 있을까요? 저는 회의적이에요.

의지·관념·정감과 '최고 경지'

문: 선생님께서는 인간이 자유로운 선택의 가능성을 갖고 있다는 점에 관건이 있다고 보시는지요?

답: 그래야 비로소 '자유의지'라고 할 수 있어요. 여기에는 동물적 본능 혹은 생물적 본능에 의한 결정이 아닌 이성의 참여와 주재가 필요하지요.

문: 직관주의가 있지 않나요? 도덕 판단과 반응이 순간적으로 이루어지기에, 시간적 고려 같은 건 근본적으로 필요하지 않지요.

답: 그건 수십 년 전의 미학 토론에서 이미 여러 번 논한 적이 있답니다. 심미의 직관성이 도덕보다 더 분명하고 더 두드러지지만, 그것이 생리적 반응과 동물적 본능인 건 아니에요. 이성 심지어는 공리성功利性이 여전히 그 안에 스며들어 있지요. 도덕행위에서의 직접성이 심미보다 두드러지는 것은 장기간의 교육 즉 '배움(넓은 의미에서의 배움)'의 성과에요. 그러니까 직관성에는 여전히 선악 관념과 의지의 역량이 내재되어 있는 것이지요. 비록 그것이 모종의 잠재의식 혹은 무의식 상태로 압축되어 있긴 하지만요.

문: 선생님께서는 직관이란 단지 나타난 상태라고 하셨는데, 그것에 유래가 있는지요?

답: 직관의 유래에는 세 가지 가능성이 있습니다. 천부적으로

부여받은 것이거나, 동물적 본능이거나, '배움'을 통한 것이지요. 어린아이에게는 '도덕'을 따지기가 어렵지요. 인간의 부끄러움·자긍심·경멸, 정의를 보고 용감히 뛰어드는 것 등의 '직관' 행위와 심리는 모두 후천적으로 배양되어 나온 것이죠. 비록 자신은 의식하지 못한다 하더라도요.

문: 선생님께서는 의지의 자유가 도덕심리의 주축이지만, 옳고 그름의 선악 관념은 결코 의지가 아니고 인식이라는 걸 강조하셨지요?

답: 맞습니다. 저의 윤리학이 말하는 이성은 인식(선악 관념)과 의지 양자를 포함합니다. 의지는 이성의 형식이고, 인식 즉 선악 관념은 이성의 내용이지요. 의지는 이성 능력으로, 반드시 장기간 단련을 거쳐 육체가 정신에 복종하도록 해야 합니다. 그것은 선악 관념의 인식과 전혀 다르지요.

문: 그렇다면 선악 관념이 도덕행위와 도덕심리에 있어서 중요하지 않은 건가요?

답: 오히려 반대랍니다. 의지는 단지 육체의 행위가 정신의 지령에 복종하도록 하는 행동 역량으로, 인간의 인성능력일 뿐이에요. 하지만 그것이 어떤 종류의 정신 지령에 복종하며 이 정신 지령이 무엇인지는 선악 관념에 속하지요. 즉 의지는 인간의 자각적이고 의식적인 이성이 감성을 지배하고 주재하는 능력으로, 이것은 심리의 이성 형식의 역량이에요. 하지만 이 이성의 구체적 내용이 무엇이냐면, 바로 선악과 시비 관념이지요. 예를 들면 어떤 일을 하기 위해서 온갖 노력을 다하며 흔들

리지 않고 강인할 수 있지만 정작 자신이 하고자 하는 일이 무엇인지, 옳은지 그른지, 선인지 악인지, 소방대원이 될 것인지 테러분자가 될 것인지, 여성의 인권을 위해 분투하는 여권주의자가 될 것인지 죽음을 불사하고 수절하는 여자가 될 것인지, 이것은 관념·시비·인식(선악)이에요. '극기복례'를 가지고 말하자면, '극기'는 의지 역량이고 '복례'의 '예'는 선악 관념이에요. '예'(선악 관념)에는 변화가 있지만 '극기'는 변화하지 않아요. 칸트는 이성의 의지 역량과 이성의 선악 관념을 한데 섞어서 말했어요. 거짓말하지 않고 자살하지 않는 선악 관념을 보편적 입법의 자유의지로 간주함으로 인해 갖가지 어려움이 조성되었고 명확히 말할 수 없게 되었답니다.

문: 총괄하자면, 선생님께서 말씀하신 도덕심리를 셋으로 나눌 수 있는데요. 첫째는 이성의 형식 역량 즉 의지고요. 둘째는 이성의 사회적 내용 즉 선악 관념으로, 이것은 칸트지요. 셋째는 조력助力으로서의 정감인데, 이건 공자고요. 맞습니까?

답: 맞기도 하고 아니기도 합니다. 칸트에 따르자면, 정감은 도덕행위에 있어서 결코 충분조건이 아니에요. 필요조건도 아닙니다. 하지만 현실생활에서는, 아우구스티누스가 말한 것처럼 "내가 반드시 해야 하지만 도리어 할 수 없는" 것이죠. 그런데 칸트가 설정한 인간은 기계와 같아요. 내가 해야 한다면 할 수 있죠. 정감의 개입이 전혀 없이 할 수 있어요. 하지만 인간은 결국 동물이에요. 삶을 탐하고 죽음을 두려워하며 배불리 먹고 따뜻하게 입고자 하는 자연스런 본능이 있지요. 해야 한다는 걸 명백히 알아도 소심하고 겁이 나서 하지 못합니다. 겁이 많고 곤란을 두려워하며 의지가 박

약하고 행동 역량이 부족한 것은 흔히 볼 수 있는 현상이에요. 아우구스티누스가 하느님의 도움을 간구한 것은 오로지 하느님의 명령만이 자신을 강건하게 만들 수 있다고 생각했기 때문이죠. 아브라함이 아들을 죽이려 했던 때부터 이러했을 겁니다.

중국 전통에는 하느님이 없어요. 중국 전통의 인간은 동물적 생존을 바탕으로 한, "타고난 그대로가 성性"이고 "식食과 색色이 성"인 인간이지요. 따라서 정감을 배양함으로써 의지를 돕고 그것이 선악 관념을 실현하도록 하는 수밖에 없답니다. '반드시 해야 하는 것'이 바로 '하고자 원하는 것'임을 인식하게 해야 하는데, 애증의 정감이 행위를 지지하기 때문이지요. 이러한 정감의 조력은 매우 중요합니다. 공자가 "오직 어진 자만이 사람을 좋아할 수 있고 사람을 미워할 수 있다"[16]고 했는데, 『논어금독』에서 저는 이렇게 말했어요. "그 누가 좋아하지 못하고 미워하지 못하겠는가? 여기서 여전히 말하고 있는 것은 호오好惡라 할지라도 정감 그대로에 맡겨두어서는 안 되고 거기에는 반드시 이지적 판단이 내재되어야 한다는 것이다. (…) 그중에는 이성도 있고 정감도 있다. 즉 모종의 정감-이성 구조의 전개다." 중국 전통은 시비지심과 호오지심, 이성과 정감의 동시 배양을 추구함으로써 비로소 인성을 빚을 수 있지요. 서양철학의 흄이나 칸트처럼 하나만을 고집하고 확연히 양분되는 것과 다릅니다.

문: 그런데 선생님은 여전히 주된 것과 부차적인 것의 구분을

16_ "唯仁者, 能好人, 能惡人."

하셨어요. 도덕심리와 도덕행위에서 이성은 동력이고 정감은 조력이라고 하셨는데요. 흄과는 상반되는군요.

답: 맞습니다. 흄과 칸트 사이에서 저는 명백히 칸트를 선택했어요. 이 역시 제가 공자에 칸트를 더해야 한다고 말하는 이유 중에 하나랍니다. 공자는 도덕심리와 도덕행위에서, 비록 이성의 요소를 함유하긴 했지만 이성의 결정적 의의를 부각시키진 않았어요. 하지만 칸트는 그것을 부각시켰어요. 물론 보다 중요한 것은 외재적 인문과 사회 윤리 방면의 의의랍니다. 즉 종교적 도덕과 현대 사회적 도덕을 구분하는 것이지요. "인간은 목적이다"를 확인하는 것은 현대 사회적 도덕의 핵심이에요. 그것은 실제로 현대생활에서 비롯되었지, 전통사회와 공자로부터 가능한 건 아니지요. 하지만 공자는 개체 인격의 독립성을 중시했기에 그것과 연결할 자원으로 삼을 수 있답니다. 『논어금독』에서 말했듯이 "비록 유학이 시종일관 '인간은 목적'이라는 칸트의 철학 이론을 발전시키지는 못했지만 처음부터 이런 사상의 요소를 함유하고 있었다. 그것은 오늘날 사회적 도덕을 건립하는 데 중요한 자원이 될 수 있다"(4·26)라는 겁니다. 만약 전혀 관계가 없다면 한데 더할 수가 없는 것이죠.

문: 도덕행위와 도덕심리에 있어서 공자가 칸트와 유사하거나 동일한 이성 관념과 의지를 지닌다고 말씀하시는 이유는 무엇인지요?

답: 참으로 안타깝게도, 인仁에 대한 안연의 질문에 공자가 대답한 것을 이런 각도에서 충분히 중시하고 연구하지 않았는데요. 인에 대한 공자의 중요한 발언 중에서, 그가 가장 마음에 들어 했

던 제자에게 해준 대답이 가장 중요해요. "나를 극복하고 예로 돌아가는 것克己復禮이 인이다." '극기복례'는 바로 이성의 의지와 관념이 주재해야만 비로소 '인'을 이룰 수 있다고 말한 겁니다. 이것은 번지에게 "인이란 사람을 사랑하는 것이다"라고 대답한 것과는 아주 다르지요. 후자는 일반적인 동정심이고, 전자야말로 '예로 서는立於禮' 인성의 정감-이성 구조랍니다. 실제로 하나는 "무엇이 인인가"에 대한 대답이고 또 하나는 "인이란 무엇인가"에 대한 대답이라는 것에 주의해야 해요. 양자를 혼동하거나 동일시하면 안 되지요. 하나는 정의를 추구한 것이고, 하나는 광범한 묘사예요. 한 사람은 깊은 경지에 이르렀고, 다른 한 사람은 이제 막 입문한 겁니다. 당연히 대답도 다르지요. 깊은 경지에 이른 이에게 "무엇이 인인가"에 대해 대답할 때는 도덕행위에서 '이성'의 핵심적 지위와 작용을 중시한 것이죠. 이 점에서 공자는 칸트와 완전히 유사하답니다.

문: 선생님께서는 칸트의 이성주의를 얼개로 삼고, 공자의 '정감-이성' 구조를 길라잡이로 삼으신 거군요.

답: 공자를 길라잡이로 삼는 건 물론 문제가 없어요. 공자가 말한 '예'(선악 관념)는 확실히 오늘날에 적합하지 않아요. 하지만 공자가 제기한 정감-이성 구조는 칸트의 이성 지상주의보다 뛰어납니다. 이 점은 결코 변화가 없어요. 그래서 총체적으로 말하자면 여전히 공자를 위주로 하여 칸트를 흡수한 겁니다. 칸트의 이성은 인간을 초월하는 것으로, 정감과 무관할 수 있어요. 공자의 정감-이성 구조는 오로지 인간에게 속한 것이기에 정감을 벗어날 수가 없지요.

문: 선생님께서는 칸트의 이성을 동력으로 삼고 공자의 정감을 조력으로 삼는다고 하셨는데, 지금은 또 공자를 위주로 칸트를 흡수한다고 말씀하셨습니다. 대체 어떻게 이해해야 하는지요?

답: 저는 "공자의 정감을 조력으로 삼는다"고 말한 적이 없어요. 저는 흄의 정감과 칸트의 이성 사이에서 명확히 칸트를 선택하여 이성을 동력으로 삼고 정감을 조력으로 삼는다고 말했습니다. 공자는 흄과 달라요. 공자는 정감만 강조한 게 아니거든요. 공자의 정감-이성 구조는 인과 예를 병행하는 것이죠. 심리 정감을 최종적 근원으로 삼으면서도 이성의 수립을 중시합니다. 그래서 제가 공자를 위주로 한다고 말한 것은, 공자가 제기한 정감-이성 구조를 위주로 한다는 의미지요.

이 종합적인 정감-이성 구조는 인식·심미·도덕의 삼대 요소를 포괄하지요. 구체적으로 도덕 부분에 대해 말하자면요. 앞에서 말했듯이 공자는 이성을 결코 홀시하지 않았고 도리어 강조했습니다. 때문에 제가 거듭 강조하는 '극기복례'라는 중요한 측면이 있을 수 있었던 거죠. 공자는 또 "삼군三軍으로부터 장수를 빼앗을 수는 있어도 필부로부터 뜻을 빼앗을 수는 없다"[17] "날이 추워진 뒤에야 소나무와 잣나무가 나중에 시든다는 것을 안다" 등 이성 의지를 강조하는 말을 했답니다. 하지만 공자는 여전히 이성 의지를 충분히 부각시키지는 않았어요. 특히 후세에는 공자의 '인'을 '사랑'으로 해석하는 것에 중점을 두고서 (인에 대한) 묘사를 (인에 대한) 정의定

17_ "三軍可奪帥也, 匹夫不可奪志也."

義로 간주했어요. 때문에 '인'에서 이성 의지와 이성 관념의 비중과 위치가 더 모호해졌지요. 그런데 칸트한테서는 그것이 그 어느 때보다 부각되었답니다. 흄은 정감이 도덕의 동력이며 이성은 단지 정감의 노예라고 말했지요. 하지만 공자는 그렇지 않아요. 제가 거듭 강조했듯이, 공자가 강조한 정감-이성 구조를 정감과 동일시하면 안 됩니다. 그것이 비록 생물적 정감을 기초로 하지만(인간은 결국, 우선은 동물이기 때문이다), 중점을 둔 것은 오히려 그 안에서의 이성의 수립이에요. 그것은 정감과 이성이 공동으로 구성한 종합적 인성 구조로, 이 구조는 정감보다 훨씬 크고 물론 이성보다도 크죠. 그래서 공자를 위주로 한다고 말한 겁니다.

도덕행위와 도덕심리의 이성과 정감에 대해서 말하자면, 이성은 동력이고 정감은 조력이에요. 칸트를 위주로 하고 흄을 보조로 삼는다고 할 수 있는데, 이성 지상주의가 도덕행위의 특징이기 때문이지요. 하지만 칸트를 위주로 하고 공자를 보조로 삼는다고는 할 수 없어요. 인간의 정감-이성 구조가 단지 이성만은 아니기 때문이죠.

문: 다시 '편안하냐 편안하지 않느냐' '어진 사람은 인을 편안하게 여긴다'라는 문제로 돌아가겠습니다. 이것들은 도덕심리의 최종적 귀결점이, 이성이 아닌 정감이라는 것을 나타내는데요.

답: 맞습니다. 그런데 '귀결점'인 '인'은 앞에서 말했듯이 정감-이성 구조에요. 정감만도 아니고 이성만도 아닌 양자가 교차·조합된 것이지요. 이것이 개체에 적용되면, 선천적 생리와 후천적 교육(넓은 의미의 교육으로, 환경 전체를 포괄한다)의 많은 차이로 인해 행

위와 심리가 매우 다양하고도 복잡해집니다. 좋은 사람이 나쁜 일을 할 수도 있고, 나쁜 사람이 좋은 일을 할 수도 있어요. 단일하지 않고 아주 다양하지요. 인성의 복잡하고 기괴함, 미추美醜와 선악이 어지럽게 뒤섞여 나타납니다. 인에 대한 공자의 대답이 중점을 달리하며 그토록 다양했던 것 역시 이를 명확히 말해주는 것이죠.

인의 최고 상태는 바로 "어진 사람은 인을 편안하게 여긴다"는 심미, 즉 천지경지天地境界18랍니다. 앞에서 이미 말했듯이 '편안함'은 단순히 일반적인 정감이 아니에요. '편안함'은 인생의 의의와 삶의 가치에 대한 최종적 추구일 수 있습니다. 사람들이 "도리에 맞아서 마음이 편안하다心安理得"라고 일반적으로 말하는데, '도리에 맞아야' 비로소 '마음의 편안함'이 있을 수 있기 때문이죠. 이 '편안함'은 일반적인 정감-이성 상태일 수도 있지만 그보다는 인간의 최고 경지이자 최고 표준일 겁니다.

문천상文天祥은 「정기가」에서 "천지에 정기正氣가 있어, 온갖 형체를 부여했네. 아래서는 강과 산이 되고, 위에서는 해와 별이 되었지. 사람에게는 호연지기가 있어, 천지를 가득 메운다네"라고 했지

___

18_ '천지경지天地境界'는 펑유란馮友蘭의 술어를 빌린 것이다. 펑유란은 인생의 4가지 경지로서, 자연경지·공리功利경지·도덕경지·천지경지를 이야기했다. 이 4가지 경지는 깨달음의 깊이에 따라 결정되며 인격 완성의 정도를 나타낸다. 가장 높은 경지가 천지경지로, 천지를 위해 살고 천지를 위해 죽을 수 있는 이의 경지다. 리쩌허우는 미육美育으로 종교를 대신함으로써 신이 없는 '천지경지', 신이 없는 '열신悅神'의 경지를 추구하고자 한다. 그가 말한 '열신'이란 "본체 존재를 향한 모종의 융합으로, 도덕을 초월한 것이자 무한한 일치의 정신적 느낌"이다. 여기서 도덕의 초월이란 도덕의 부정이 아니라 강제적 규율에 얽매이지 않으면서도 규율에 부합하는 자유의 느낌이다. 리쩌허우는 심미의 세 층위 즉 귀와 눈의 즐거움悅耳悅目, 마음의 즐거움悅心悅意, 정신의 즐거움悅志悅神 가운데 '정신의 즐거움'은 인류가 지닌 가장 높은 등급의 심미능력으로, 일종의 '숭고감'이라고 했다.—옮긴이

요. 이것은 바로 "살기 위해서 인을 해치는 경우는 없고 자신을 죽여서 인을 이루는 경우는 있다"의 '인을 행함爲仁'이에요. "강개하여 인을 이루는 건 쉽지만 침착하게 의를 위해 죽는 것은 어렵다"[19]고 하는데, 문천상은 사형수로 3년을 있으면서 자신의 뜻을 바꾸지 않았어요. 이것은 이성 의지와 정언명령의 현현이지요. 그것은 "오직 의로움을 다해야만 인에 이른다"[20]는 겁니다. 그것은 이성의 명령이지만 이성 의지를 넘어서 정감을 포함한 경지가 되었지요. 즉 반드시 그래야 하는 것도 없고 반드시 그러지 말아야 하는 것도 없이 되어 가는 대로 맡겨 두고 천지만물과 더불어 평안하고 즐겁게 하나로 합쳐지는 인생의 최고 경지가 되었고, 이성 의지의 역량이 여기서 정감의 최종적 귀결점을 얻게 되었답니다. 이 정감-이성 구조의 최고 단계 혹은 '귀결점'은 바로 궁극적 관심과 안신입명安身立命이 존재하는 지점이지요. 이것이 바로 "어진 사람은 인을 편안하게 여긴다" "인에서 편안하다"는 '편안함'입니다. 그것은 "칼에 머리가 잘리면 아주 통쾌하리니, 소년의 머리를 저버리지 않으리"[21]라는 식으로 강개하여 마음 내키는 대로 도덕을 짊어지는 것과 다르지요.

19_ "慷慨成仁易, 從容就義難."
20_ "惟其義盡, 所以仁至."
21_ "引刀成一快, 不負少年頭." 왕징웨이汪精衛(1883~1944)의 「강개편慷慨篇」이라는 시에 나오는 구절이다. 「강개편」은 1910년에 왕징웨이가 동맹회 동지와 함께 청나라의 섭정왕 재풍載灃을 암살하려다 실패하고 붙잡혀 무기징역을 선고받고 옥중에서 지은 시다. 이 시에서 왕징웨이는 혁명을 위한 자신의 결심을 나타냈다. 후에 이 시가 널리 전해지면서 왕징웨이는 영웅시되고 이름을 떨치게 된다. 그런데 아이러니하게도 왕징웨이는 중국의 대표적인 매국노로 평가받는다. 국민당 일원이었던 그가 중일 전쟁 발발 이후에 친일파로 변절하여 친일 괴뢰 정권을 세웠기 때문이다. —옮긴이

칸트는 이성의 도덕 형이상학이고, 공자는 정감의 심미 형이상학이에요. "가는 것이 이와 같구나"[22]를 비롯해서 "살기 위해서 인을 해치는 경우는 없고 자신을 죽여서 인을 이루는 경우는 있다" "어진 이는 반드시 용기가 있지만 용기 있는 이가 반드시 어진 것은 아니다"[23] "지혜로운 사람은 물을 좋아하고 어진 사람은 산을 좋아한다"[24] "지혜로운 사람은 즐겁고 어진 사람은 장수한다"[25] "어진 사람은 인을 편안하게 여기고 지혜로운 사람은 인을 이롭게 여긴다"[26] 등이 그러하지요. 그것은 실제로 윤리도덕을 이미 넘어서서 천지경지의 심미 즉 종교감이 되었답니다.

문: 하지만 문천상의 「정기가」를 도덕 형이상학에 대한 설명으로 삼을 수는 없는데요. 그것은 머우쫑싼이 말한 "도덕 질서가 바로 우주 질서다道德秩序卽是宇宙秩序" "의를 취하여 인을 이룬다取義成仁"는 것이 아닌지요? 또 이게 바로 '천지 정기'가 아닌가요?

답: 좋은 질문입니다. 하지만 첫째, 머우쫑싼의 '우주 질서'와 '도덕 질서'에는 모두 구체적인 내용이 빠져 있습니다. 윤리도덕은 이미 많이 변했는데 우주 질서는 예전과 같아요. 그렇다면 '~가 바로 ~이다卽是'라는 게 어떻게 성립될까요? 그것은 단지 철학가의 추상적 사변일 뿐이에요. 둘째, 도덕 질서는 바로 이성 명령이고

22_ "逝者如斯夫."
23_ "仁者必有勇, 勇者不必有仁."
24_ "知者樂水, 仁者樂山."
25_ "知者樂, 仁者壽."
26_ "仁者安仁, 知者利仁."

강·산·해·별은 감성 사물인데 어떻게 공통된 하나의 '질서'로 그 것들을 지배할 수 있나요? 이 '질서'는 어디서 유래했나요? 저는 '천지 정기'가 "하늘의 운행은 강건하다"는 것과 마찬가지로 일종의 초도덕적인 정감의 이입 즉 '유정 우주관'의 심미 이념이지, 객관적 인 자연 질서는 아니라고 봅니다. 셋째, '우주 질서'를 '도덕 질서'로 귀결하는 것은 의지주의로 쉽게 빠져들어, '천도'를 자임하면서 제 멋대로 나쁜 짓을 하게 됩니다. 1980년대에 제가 여러 번 언급했는 데요. 머우쭝싼과 마오쩌둥은 길은 달랐지만 같은 곳에 이르렀어 요. 도덕이 천명임을 인정하는 것으로 귀결했지요. 마오쩌둥의 경 우는 끊임없는 투쟁이었고, 머우쭝싼의 경우는 즉존유즉활동卽存 有卽活動(존재이자 활동)의 신비 경험으로 귀결했답니다.

인간은 목적이라는 것과 관계주의

문: 왜 공자가 정감과 이성의 결합 및 융합을 그토록 중시했는 지요?

답: 공자와 유학은 아주 유구한 중국 신석기시대의 혈연 씨족체 제와 관련이 있기 때문입니다.

문: 『답변』에서는 관계주의를 서양의 개인주의와 구별하셨고, 온정의 맥락을 지닌 혈연 씨족체제에 대해 말씀하셨어요.

답: 이전에 말한 적이 있는데요. 공자는 인형을 순장용으로 사 용하는 것에 반대했어요. "처음으로 용俑을 만든 자는 후손이 없을

것"[27]이라고 했답니다. 맹자는 "짐승을 몰아다가 사람을 잡아먹게 하는 것"[28]에 반대하면서 "짐승끼리 서로 잡아먹는 것도 사람들은 혐오한다"[29]고 했지요. 중국은 고대라 할지라도, 로마와 같이 콜로세움에서 짐승을 풀어 놓고 사람을 잡아먹게 하는 오락은 출현하기가 매우 어려웠어요.

서양의 아테네는 독립적이고 평등한 자유 민주정체였고, 근대에는 홉스Hobbes, 로크Locke, 루소Rousseau부터 칸트에 이르기까지 개인을 본위로 하고 계약을 원칙으로 하면서, 이성이 모든 것을 평가하는 준칙이 되었고 정감을 위한 이론의 제시는 매우 적었지요. 자본주의가 신속히 흥기하고 전 지구를 석권함에 따라 현대 경제의 기본적 지지 덕분에 이러한 원칙들이 보편적으로 운용되는 공공이성이 되어 어디나 편재하게 되고 보편가치가 되었답니다. 저는 그것들을 쉽게 부정하는 것에 찬성하지 않아요. 저는 칸트 등의 계몽이성을 내내 지지해왔어요.

문: 하지만 선생님께서는 그래도 공자를 더하고자 하시는데요. 이게 오늘의 주제 아닌가요?

답: 그건 계몽이성이 심각하게 나쁜 결과와 문제를 초래했기 때문이에요. 반反계몽과 반이성은 오늘날 서구의 거대한 조류지요. 반대하는 주요 대상의 하나가 바로 칸트고요. 이것은 제가 찬성하지 않는 것이기도 합니다. 저는 칸트의 이성 계몽을 긍정하고 반이

27_ "始作俑者, 其無後乎."
28_ "率獸而食人."
29_ "獸相食, 且人惡之."

성·반계몽에 반대해요. 하지만 계몽 이성이 선양하는 절대 가치에는 결코 동의하지 않습니다. 칸트의 '선험'에도 동의하지 않는데, 선험의 함의는 바로 보편필연이고 바꿀 수 없는 영원불변이에요. 1979년에 『비판철학의 비판批判哲學的批判』에서 '객관 사회성'으로 칸트의 '보편필연성'을 대체할 것을 제기하면서 모든 인문과 인성은 역사의 산물임을 강조했답니다.

문: 선생님께서는 한편으론 실용이성으로 선험이성을 대체함으로써 정감-이성 구조로 이성 지상주의(근대)와 언어 지상주의(현대)를 대체하고자 하시면서, 또 다른 한편으로는 칸트의 '인간은 목적'이라는 것을 현대 사회적 도덕의 원리로서 더하고자 하십니다. 이렇게 해서 공자에 칸트를 더하는 것이 보다 복잡한 면모로 나타나게 되었는데요.

답: 시간이 흐르면 상황도 변하고, 윤리학의 선악과 시비 역시 크게 변하지요. '극기복례'의 '예' 역시 크게 변했습니다. 삼년상은 더 이상 이루어지지 않고 여성이 수절하는 것도 더 이상 없어요. 개체의 인권이 두드러지고 인간은 목적이자 가장 중요하지요. 하지만 인간은 목적이면서도 여전히 역사의 산물이지, 결코 선험 명제가 아니에요. 그것은 옛날에는 결코 가능한 게 아니었고, 오늘날과 앞으로 인류 전체가 분투해야 할 최종 목표지요. 개인의 생활·생명·생존·인격을 존중해야 해요. 개인은 노예나 도구나 종복이어서는 안 됩니다. 칸트가 인간은 목적이라고 제기한 것은, 현대사회를 위한 예견적 윤리 원칙을 세운 거예요. 사회가 발전하면서 그것은 나날이 세계 각지에서 더디지만 저지하기 어려운 기세로 실현될 겁

니다.

물론 이전에 말했듯이 저는 그것에다 마르크스의 경제 기초를 더했어요. 현대 공업경제생산이 구성한 사회야말로, 인간은 목적이라는 것을 위반하는 각종 전통의 속박으로부터 인간을 해방시킬 수 있는 참된 기초이며 개체의 존재 및 각종 권익이 사회의 지속적 전진에 있어 근본적 요구가 되도록 할 수 있다고 봅니다. 즉 '밥 먹는 철학'이야말로 "인간은 목적이다"를 정확히 설명할 수 있는 거죠.

문: 그런 경제적 기초를 더한 것에 대해 많은 학자들이 동의하지 않을 텐데요.

답: 상관없습니다. 그들은 마르크스를 두려워하죠. 그래서 저는 특별히 『답변』에서 그게 사실은 "칸트의 역사유물론"이라는 것을, 즉 계급투쟁과 선험 환상의 유토피아를 제거한 역사유물론이라는 것을 강조하며 언급했답니다. 『답변』의 시작 부분에서 저는 제가 역사주의자라고 밝혔어요. 그리고 "인간은 목적이다" 역시 그 기초와 내원이 있다고 했지요. 현실 기초가 있어야만 진정한 역량과 전망을 갖게 되고, 철학자의 서재에서의 사변에 그치지 않으며, 감정을 선동하는 시인의 언어에 그치지 않을 수 있답니다. 한편 역사유물론 역시 기초만을 강조하게 되면, 오늘날 사람들이 설사 따뜻하게 입고 배불리 먹는다 하더라도 "인간은 목적이다"는 오히려 요원해지지요. 인간을 도구나 노예로 삼는 이화異化 현상이 여전히 곳곳에서 발견되고 보편적으로 존재합니다. "인간은 목적이다"는 여전히 분투해야 할 이상적인 목표예요.

문: 그게 바로 선생님께서 강조하신 것이죠. 이상성을 지닌 칸트는, 현실을 중시한 헤겔과는 다른데요. 이러한 이상성은 마치 모종의 선험적 정언명령인 듯합니다. 반드시 실현해야 하고 반드시 실현될 것이라는 겁니다. 그래서 '정언명령'이고요.

답: 하지만 이 '정언명령'은 결코 심리가 아닌 사회 윤리의 필연적 추세랍니다. 기나 긴 역사 과정을 필요로 하지요. 경제가 발전하면서 자연스럽게 생겨나는 게 아니고, 사람들이 자각적으로 오랫동안 힘들게 분투해야 하고 사람들의 내재적 자유의지가 여전히 필요해요.

문: 인간은 목적이라는 것은 사실 칸트가 말한 "용기가 있다면 너의 이성을 사용하라"는 계몽 구호가 아닌지요?

답: "인간은 목적이다"는 확실히, 각종 노예화와 이화 상태에서 애써 벗어나도록 사람들을 일깨웠지요. 자유와 평등과 해방을 추구하는 윤리 선언이 되었어요. 이것은 정감과는 무관한 선험이성의 원칙이지만 오히려 사회와 시대의 계몽 격정으로 충만하게 되었지요. 사람들이 칸트의 윤리학을 두고 프랑스혁명의 독일판이라고 말하는 건 이런 측면에서 이해해야 합니다.

문: 그렇다면 선생님께서는 왜 관계주의를 제기함으로써 그것(칸트의 계몽─옮긴이)을 약화시키고자 하시는지요?

답: 약화시키는 게 아니라 강화하는 겁니다. 이게 바로 서체중용이에요.

문: 앞에서 말씀하시길, 공자를 위주로 하여 칸트를 흡수한다고 했는데 그건 서체중용이 아닌 중체서용이지요.

답: 제가 말하는 '체'는 일상생활입니다. 공자는 칸트보다 뛰어나지만, 생활은 공자보다 뛰어나지요. 공자의 정감-이성 구조가 칸트의 순수이성보다 우수하지만, 생활의 진보와 변천은 공자의 정감-이성 구조보다 우수하지요. 정감-이성 구조의 구체적인 내용은 생활이 진보하면서 역사적으로 변천했기 때문에, 공자가 견지한 '삼년상'과 각종 예제는 일찌감치 이미 완전히 사라지지 않았습니까? 정감-이성 구조의 인성과 인문 두 측면에서 고대와는 달라졌어요. 하지만 정감-이성 구조의 원칙은 변하지 않았지요. "인간은 목적이다"라는 건 현대생활의 '체'를 구축하기 위해서입니다. 오늘날에 공자의 정감-이성 구조를 강조하는 것은, 그 구축에 '정'을 추가함으로써 그것이 오직 '공공이성'만을 기준으로 삼는 '체'보다 뛰어나도록 하기 위해서입니다. 이것이 바로 서체중용이지요.

문: '체'는 생활이고 사회-도구 본체라고 강조하셨는데, 또 "심리가 본체가 된다"고 하시면서 '정감-이성 구조'를 강조하셨어요. 대체 어떤 것이 '체'인지요?

답: 『철학강요』의 '쌍본체론'에서 명확히 말한 적이 있어요. "쌍본체(두 가지의 최종 실재)에는 여전히 선후가 있다. 즉 밥 먹는 게 먼저고 정신은 나중이며, 자연이 먼저고 인류는 나중이다. 이를 '쌍'이라고 말하는 건 후자의 상대적 독립성을 부각하기 위해서다"(234-235쪽). 심리는 물론 인간 육체의 생존에 의존하지만 그것은 상대적으로 독립성을 지니고 있습니다. 상대적 독립성을 지닌 내재

심리의 정감-이성 구조는, 외재적 사회의 인문-도구 구조를 결정하는 게 아니라 도울 수 있지요. 이것을 '내성개외왕內聖開外王'에 대한 새로운 해석으로 삼을 수 있답니다. 이전에 제가 늘 제기했던 질문은, 유가가 줄곧 "내성으로 외왕을 연다"고 했지만 왜 그렇게 하지 못했는가예요. 대답한 사람은 없었죠. 제 대답은 "더 이상 무군巫君이 존재하지 않기" 때문이랍니다. 저는 '새로운 내성외왕의 도를 제기한 적이 있지만 본격적으로 논의하지는 않았는데, 그것은 먼 미래의 청사진(뇌과학이 발달하고 교육학이 사회의 중심 학과가 될 필요가 있다)이기 때문이에요. 현재로서 할 수 있는 것은 바로 '이끎'으로써 '구축'을 열어가는 양덕론兩德論30의 '새로운 해석'뿐이지요.

문: '서체'설에 대해 말하자면, 앞에서 말씀하신 계몽의 격정은 공공이성에서 보이지 않게 되고 차가운 이성원칙으로 변한 것인지요?

답: 현대의 개인주의는 개인의 물질생활의 이해利害에 근거하고 있답니다. 엄격한 이성으로써 개인의 생존권과 재산권 및 이것을 기초로 하는 현대사회의 각종 윤리와 법령을 논증·판단·사고·제정하길 요구하지요. 이것이 바로 제가 말하는 현대 사회적 도덕이에요. 그것은 '공공이성'Public Reason이기도 하지요. 공공이성의 원

30_ 양덕兩德은 종교적 도덕과 사회적 도덕을 말한다. 리쩌허우는 종교적 도덕이 사회적 도덕을 이끌어서 적절히 자리잡도록 해야 한다고 주장한다. '양덕론兩德論'에 관한 자세한 내용은 『중국 철학은 어떻게 등장할 것인가?』의 「양덕론'은 정치철학의 기초다」「'양덕론'을 출발점으로 삼아 보편가치와 중국 모델을 이야기하다」를 참고하기 바란다.—옮긴이

리·원칙은 기본적으로 정감(개체의 실천에는 여전히 정감이 있긴 하다)과는 무관하고, 초경험·보편필연의 선험 체계인 듯해요. 예를 들면 천부인권이라든가 사람은 태어나면서부터 평등하다든가 하는 선험 원칙·원리인데요. 그것들은 선험적 합리성Transcendental rationality이고 칸트가 가장 확실하게 이를 나타냈지요.

문: 칸트를 계승한 롤스John Rawls는 『정치적 자유주의』에서 합리성rationality과 합당함reasonableness을 구별했는데요.[31]

답: 제가 사용한 합당함reasonableness은 아마도 롤스와는 상반될 겁니다. 제 생각에는 보편적으로 적용되는 공공이성과 현대 사회적 도덕은 합리성rationality이고, 합당함reasonableness은 정감과 관계가 있기 때문에 융통성이 보다 큰 합리성 내지 실용이성이에요.

문: 선생님께서는 현대 사회적 도덕 혹은 공공이성은, 정감과 무관하며 변하기 어려운 선험이성의 원칙과 비슷하다고 하셨습니다. 그리고 융통성이 비교적 크고 구체적 상황에 따라 변할 수 있는 합리성 혹은 실용이성은, 정감과 보다 많이 관련된다고 하셨습니다. 그래서 선생님께서는 정감-신앙이 풍부한 종교적 도덕으로

31_ 존 롤스John Rawls(1921~2002)는 『정치적 자유주의Political Liberalism』(1993)에서 종교적·철학적·도덕적 신념이 상이한 다원주의 사회에서 '중첩적 합의'의 가능성을 제시하며 정의의 원칙을 도출해냈다. 중첩적 합의는 합리적이면서도 동시에 합당한 시민이라면 받아들일 수 있을 것이라는 점을 가정한다. 여기서 합리성rationality은 자기 이익의 추구를 나타낸다. 합당함reasonableness은 거기서 더 나아가, 자기 이익에 반대되더라도 그 원칙이 상호적이기 때문에 존중해야 할 어떤 원칙의 필요성을 인정한다. 다른 사람들도 똑같이 이 원칙을 따를 경우, 자신의 이익에 손해를 입더라도 원칙을 존중하는 것이 합당하다는 말이다.— 옮긴이

사회적 도덕을 이끌고 알맞게 구축함으로써 (정감과 관계가 있는— 옮긴이) 합리성으로 공공이성을 보충하고 바로잡으려고 하시는데 요. 총체적으로 말하자면 정감-이성 구조로 이성주의를 대체하는 게 아닌지요?

답: 앞에서는 주로 인성의 내재적 심리 측면을 고려해서 정감-이성 구조를 말한 것이고, 지금은 인문의 외재적 체제 측면에서 말한 겁니다. 전자는 도덕이고 후자는 윤리지요. 전자는 교육이고 후자는 풍속·관습·제도·법률이에요.

문: 지금은 외재적 인문의 정감-이성 구조에 대한 말씀인가요?

답: 현대사회의 개인 물질생활 속에서, 자유·평등·인권·민주 등의 정치 원칙을 포함한 권익·이해利害·관념·의식이 인간관계의 정감적 연계를 대체하거나 이와 동등해질 수는 없답니다. 그것이 개인의 정감 체험과 가치 추구를 대체하거나 이와 동등해질 수도 없고요. 하지만 그 어떤 개체라도 사회에서 생활하지요. 즉 타인과의 여러 다른 관계 속에서 생활합니다. 이것은 중국 전통에서 '예'라고 규정되었던 것이지요. 여기서 타인은 지옥도 아니고 하느님도 아니고 적도 아니고 봉헌의 대상도 아닙니다. 여기서 타인은 각종 실재적 관계와 정감이에요. 따라서 중국 전통의 예(유儒)와 법의 호용互用에서의 정감-이성 구조의 관계는 오늘날에도 여전히 거울로 삼을 수 있을 겁니다.

문: 구체적으로 말씀해주십시오.

답: 『좌전』에 이런 말이 있습니다.

"군주는 명령하고 신하는 공손하며, 아버지는 자애롭고 아들은 효성스러우며, 형은 아껴주고 동생은 공경하며, 남편은 상냥하고 아내는 온유하며, 시어머니는 자애롭고 며느리는 순종하는 것이 예입니다. 군주가 명령하되 예에 어긋나지 않고 신하가 공손하되 두 마음을 품지 않으며, 아버지가 자애롭되 가르치고 아들이 효성스럽되 간언하며, 형이 아껴주되 우애 있고 동생이 공경하되 순종하며, 남편이 상냥하되 의롭고 아내가 온유하되 바르며, 시어머니가 자애롭되 간언을 듣고 며느리가 순종하되 완곡히 말씀드리는 것이 예에서 좋은 일입니다."32(소공 26년)

순자는 '예'에 대해서 "귀천에 등급을 두고, 장유長幼에 차등을 두며, 빈부와 경중에 모두 알맞음을 두는 것"33이라고 했어요. '예'란 단지 정치상이나 가정에서의 등급관계와 윤리질서와 행위규범을 명확히 하는 것일 뿐만 아니라(중국은 혈연 씨족체제로 인해 예로부터 가정과 국가가 서로 연계되어 있었다), 이런 갖가지 관계가 초래하고 요구하는 서로 다른 감정이기도 합니다. 즉 앞에서 말한 "아버지는 자애롭고 아들은 효성스러우며, 형은 아껴주고 동생은 공경하며, 남편은 상냥하고 아내는 온유하며, 시어머니는 자애롭고 며느리는 순종하는 것", 그것은 질서이자 정감이에요. 양자 모두

32_ "君令臣共, 父慈子孝, 兄愛弟敬, 夫和妻柔, 姑慈婦聽, 禮也. 君令而不違, 臣共而不貳, 父慈而教, 子孝而箴, 兄愛而友, 弟敬而順, 夫和而義, 妻柔而正, 姑慈而從, 婦聽而婉, 禮之善物也."
33_ "貴賤有等, 長幼有差, 貧富輕重皆有稱者也."

명확한 지도와 배양이 필요하지요. 바로 "예로 선다"는 겁니다.

문: 그러한 등급질서와 '예'의 관계는 오늘날 개인주의의 자유·평등·인권·민주의 현대생활 준칙과 조류에서 죄다 사라졌거나 사라지고 말 것 아닌지요?

답: 사라지겠지요. 하지만 전부 사라지지는 않을 겁니다. 부자·형제·부부·장유·상하·빈부·친소·원근 등 결코 완전히 자유롭고 평등하지 않은 온갖 관계와 정감이 여전히 그리고 앞으로도 영원히 존재할 겁니다. 사람들은 경제·정치·문화에 있어서는 완전히 자유롭고 평등하고 독립적일 수 있지만, 현실생활에서의 관계 및 이러한 관계에서 비롯된 정감이 일률적으로 균등할 수 있을까요? 서로 다른 관계 및 관계에서의 서로 다른 지위로 인해 아주 풍부하고 세밀한 감정, 비록 근접할 수는 있겠지만 결코 동일시되지 않는 각종 정감이 형성되고 요구됩니다. 즉 사랑이라 하더라도 여러 다른 사랑이 있는 것이죠. 롤스는 『정의론』에서 특별히 따로 장을 마련해서 '정의감the sense of Justice'을 다루었고, 이를 '사랑love'으로 귀결했어요. 하지만 '사랑'은 천차만별인데, 어떻게 하나의 '사랑'만 있겠어요?

문: 예악이 붕괴된 시대에 공자는 "예를 해석하여 인으로 귀결" 시켰는데요. 외재적 질서·규범은 쓸모가 없어졌기에 내심의 정감-이성 구조를 외재적 질서·규범(예)의 근원으로 삼고자 했는데, 인仁은 바로 이런 정감-이성 구조를 개괄한 총칭이 아닌지요?

답: "비로소 더불어 시를 말할 수 있겠군요."[34] 공자가 외재적 인문 예제를 내재적 정감-이성 구조로 귀결시킨 것은 실제로 인성의 건립을 제기한 겁니다. 즉 '심리'가 '본체'가 되도록 한 것인데, 이것은 중국 내외의 철학사에 있어서 큰일임에도 안타깝게도 지금까지 충분히 논의되지 않았어요. 아버지는 자애롭고 아들은 효성스러우며, 형은 아껴주고 동생은 공경하는 건 단지 외재적인 행위 질서가 아니라 내재적 심리 구조예요. 이 심리 구조는 그저 이성이거나 그저 정감인 게 아니라 양자가 침투·융합·통일된 것입니다. 각종 윤리 규범의 인문 질서를 도덕 정감-이성 구조의 심리 형성과 연결시킴으로써 동물과 구별되도록 한 것이지요. "하늘이 명한 것을 성性이라 하고 성을 이끄는 것을 도道라 하며 도를 닦는 것을 가르침敎이라 한다"[35]는 것은 그리스의 로고스-언어-이성과 비교할 때 아주 특색 있지 않나요?

문: 그래서 공자에 칸트를 더하는 게 선생님의 외재적 윤리 양덕론의 중요 내용이 되었군요.

답: 양자의 결합은 정감-이성 구조로 이성주의를 대체하는 겁니다. 내재적 인성 도덕일 뿐만 아니라 외재적 인문 윤리이기도 하지요. '효'는 단지 내재적 인성의 정감-이성 구조일 뿐만 아니라 부모를 공양해야만 하는 법률 규정이자 윤리 질서이기도 합니다. "조

34_ 『논어』「팔일八佾」에서 자하子夏가 공자에게 "예는 나중이군요禮後乎?"라고 하자 공자가 말하길 "나를 일으키는 자는 상(자하)이로다. 비로소 더불어 시를 말할 수 있겠구나起予者, 商也. 始可與言詩已矣"라고 했다. 여기서 리쩌허우는 인터뷰어의 질문이 매우 적절하다는 의미에서 이 표현을 원용한 것이다. — 옮긴이

35_ "天命之謂性, 率性之謂道, 修道之謂敎."

화로움을 귀하게 여긴다"[36] "어진 곳에 거주하는 것이 아름답다" 등은 내재적 정감의 추구일 뿐만 아니라 분쟁을 조절하고 다툼을 중재하여 화해시키며 배려하고 서로 돕는 기구로서의 주민위원회를 건설하고 중시하는 겁니다. 법정 심판과 결정에서 주민위원회가 제공한 자료·증거·의견을 중시하는 것도 여기에 포함되지요. 외재적 법률 및 윤리 체제의 건립과 관련된 이런 것들은 모두 서구와 다를 수 있답니다.

문: 공자 유학이 여기서는 마치 이성적 도덕의 얼굴에서 정감적 심미의 얼굴로 변모한 듯합니다. 이것은 선생님께서 심미 형이상학으로 머우쭝싼의 도덕 형이상학을 대체하시려는 것과 어떤 관련이 있는지요?

답: 관련이 있지요. 머우쭝싼의 도덕 형이상학은 송명이학을 현대 철학의 언어로 표현한 것이지만 송명이학의 현실적 작용을 상실한 채 서재의 공론空論이 되고 말았어요. 송명이학이 심·성性·천리를 본체 혹은 기원으로 말하고자 했던 이유, "타고난 그대로를 성이라 한다" "식食과 색色이 성이다"라는 자연의 성에다 '의리義理의 성' '천지의 성' 등을 억지로 더한 이유, '도심'으로 인심을 관할하고 의리로 기질을 관할하고 심성으로 정욕을 관할하고자 했던 이유는, 전통사회가 일련의 이데올로기로써 예교 질서를 수호할 필요가 있었기 때문이지요.

송명이학에 이르러서는 철학 이론적으로 철저한 완성 단계에 도

36_ "和爲貴."

달했습니다. 선험의 성·이理·도심이 사람들의 정욕을 관할·억합하는 '천' 혹은 '천리'가 되었고, '하늘과 인간의 교전交戰'은 윤리 도덕에서의 심리 충돌에 대한 전형적인 개괄이 되었지요. 그리고 "천리를 보존하고 인욕을 없애는"[37] 것이 이학의 가장 선명한 표준과 기치가 되었어요. 이렇게 해서 인간의 자연스런 욕망은 가장 아래층에 눌려 있게 되었고요. 대진戴震·송서宋恕·담사동·캉유웨이 등이 언급했던 것처럼 말이지요.

문: '5·4'시기에 이르러서 "효는 만 가지 악의 으뜸이요, 음란함淫은 백 가지 선의 으뜸이다"[38]라는 식의 극단적 반反전통·반예교의 자연 인성론을 부르짖었는데요. 터무니없긴 하지만 중요한 계몽이었지요. 개체의 정욕을 2000년 전통 예교의 속박으로부터 해방시켜 새롭게 자신의 이성으로 사고하고 행동할 것을 요구했습니다. 이런 점에 있어서 선생님은 '5·4'를 부정하는 요즘의 많은 학자들과는 매우 다른데요.

답: 그렇습니다. 저는 '5·4'가 개인주의의 새로운 시대를 열었다고 봅니다. 앞에서 말한 자유·평등·독립을 기본원칙으로 하는 현대 사회생활의 새로운 시대 말이지요. 그것은 인간의 자연스런 본성과 정욕의 요구를 수호하고 선양했어요. 이것은 매우 중요합니

37_ "存天理, 滅人慾"

38_ "孝爲萬惡之首, 淫爲百善之先" 청나라 주희도周希陶의 『증광현문增廣賢文』에서 "만 가지 악에서 음란함이 으뜸이요, 백 가지 선에서 효가 으뜸이다萬惡淫爲首, 百善孝爲先"라고 했다. 그런데 천두슈陳獨秀는 『중화신보中華新報』에서 이를 뒤집어 "만 가지 악에서 효가 으뜸이요, 백 가지 선에서 음란함이 으뜸이다萬惡孝爲首, 百善淫爲先"라고 했다.─옮긴이

다. 관계주의는 단지 개인주의의 결점을 보충할 뿐이지 그것을 대체하는 게 아니에요. 그래서 제가 희석이 아닌 강화라고 말하는 겁니다. 현대적 생활이 오늘날까지 발전해오면서 식·색이 활개를 치고 인욕이 범람하는 와중에 진심은 드물어지고 돌아갈 집은 없어졌어요. 개체는 이미 포스트모던의 파편이 되었지요. 그래서 저는 성선정악性善情惡(성은 선하나 정은 악하다)의 금욕론에 반대하고 정욕 지상주의의 종욕론縱慾論에도 반대하면서, 인욕에서 비롯되었으되 이성이 스며든 정감-이성 구조와 정감 가치를 제기하고 또한 관계주의를 다시 제기했습니다. 분명 의의가 있다고 생각해요. 강조하자면 이것은 심지어 인류의 앞길과 운명과도 관련되어 있답니다.

문: 포스모던은 거대서사에 반대하고, 소위 인류의 앞날 따위는 비웃습니다.

답: 포스트모던은 일체의 거대서사를 허무화했어요. 인간은 바로 지금 당장의 정욕의 '실재'가 되었고 이 '실재'는 바로 "실컷 즐기고 죽자"[39]는 것이죠. 확실히 운명이나 앞날 따위는 신경 쓰지 않아요. 하지만 전에도 말했지만, 실컷 즐긴 다음엔 어떻게 하지요? 계몽에 반대하고 인성과 고별한 다음에는 또 어떻게 하나요?

문: 포스트모던은 이후에 어떻게 할 것인지는 묻지 않습니다. 머우쫑싼 역시 포스트모던에 찬성하지 않고요. 머우쫑싼도 칸트

39_ 왕쉬王朔의 소설 제목 『실컷 즐기고 죽자過把癮就死』에서 따온 말이다.—옮긴이

를 말했는데, 그는 유학 3기설의 도덕 형이상학으로 이 문제에 답하고자 했는데요.

답: 머우쭝싼은 정욕 문제와 현실생활을 회피한 채 추상적 인성과 사변의 초월을 강조하면서 송명이학을 철리적 측면에서 한 걸음 더 종교화했습니다. 머우쭝싼은 칸트가 오직 신에게만 있다고 보았던 '지적 직관'을 인간도 가지고 있다고 하면서 칸트가 신비경험에 도달할 필요가 있다고 여겼지요. 30년 전에 저는 이 길이 통하기 어렵다는 것을 말한 적이 있어요. 머우쭝싼의 3기설과 달리, (제가 주장한 4기설의) 유학 4기에서는 캉유웨이(그는 인생의 길이란 "괴로움을 없애고 즐거움을 구할 따름이지 다른 길은 없다"[40]고 했다)를 기점으로 삼고 현실생활을 근거로 삼고 정욕론을 중심으로 합니다. 정욕 등의 문제를 어떻게 대할 것인지를 굉장히 중시하지요. 물론 정욕론은 그저 철학적 시각을 제시한 것이니 좀더 진전시킬 필요가 있답니다.

사실과 가치는 둘로 나뉘지 않는다

문: 윤리학은 형이상학의 근본적 문제와 관련되는데요. 형이상학은 선악의 근원을 탐구하고자 합니다. 서양에서는 일반적으로 하느님 혹은 플라톤의 선의 이데아를 지향하고 이를 우주의 근원으로 간주하잖아요. 머우쭝싼의 도덕 형이상학 역시 심체·성체의

40_ "去苦以求樂而已, 無他道矣."

도덕법칙이 우주법칙이라고 간주하고요. '악'에 대해서는 의견이 분분한데요. 어떤 이는 '악'이 인간의 자유의지라고 봅니다. 하느님의 뜻을 어기고 금지된 과일을 훔쳐 먹은 것처럼요. 어떤 사람은 악이 신 자체에서 유래했다고 보지만, 신이 고의로 악을 만들었는지 아니면 무심코 악을 만들었는지를 놓고는 의견이 갈립니다. 머우쭝싼은 이에 대해 깊이 있게 말하지 않은 것 같은데요. 선생님께서는 어떻게 생각하시는지요?

답: 그건 형이상학·신학과 관련된 큰 문제로, 심오하고 복잡합니다. 여기서 상세히 말할 수 있는 게 아니지요. 하이데거가 셸링 Schelling의 자유에 관한 논문[41]을 그토록 칭찬한 것은 이 논문이 '악'이 신 자체에서 비롯되었으며 존재의 영원한 동력임을 명확히 밝혔기 때문입니다. 힌두교에서 시바의 춤은 선이자 악이고, 생존이자 파괴인 것도 이와 마찬가지에요. 저는 중국 전통이 이것과는 매우 다르다고 봅니다.

문: 노자는 "세상 사람들 모두가 아름다움을 아름다움으로 아는 데 추함이 존재하고, 모두가 선善을 선이라고 아는 데 불선이 존재한다"고 하지 않았나요?[42]

답: 제 생각에 유가의 측면에서 보자면 본원적인 선 즉 "인성은 선"이라는 의미에서의 '선'은, 악과 구별되고 대립되는 그런 선이 아

41_ 셸링Friedrich Wilhelm Joseph von Schelling의 『인간적 자유의 본질에 관한 철학적 고찰 Philosophische Untersuchungen über das Wesen der menschlichen Freiheit』(1809)을 가리킨다. 국내 번역본(최신한 옮김, 한길사, 2000)이 있으니 참고하기 바란다.—옮긴이
42_ "世人皆知美之爲美, 斯惡已, 皆知善之爲善, 斯不善已."

니에요. 윤리·도덕·규범의 선이 아니라 "하늘의 운행은 강건하다"와 마찬가지로 인간의 '유정 우주관'에서 비롯된 선, 근본적으로 본래 선악이라 할 게 없는 "타고난 그대로를 성이라 한다" "식과 색이 성이다"의 성, 인류라는 총체적 의미에 부여된 선의 자질이지요. 즉 중국 전통은 인류의 생존·연속 즉 인간의 생활·실천·활동을 최고의 선(지선至善)으로 간주합니다. 따라서 중국 전통에서의 선이란 인간의 정감과 이성을 아우른 설정일 따름이지요.

문: 머우쭝싼이 이렇게 말했지요. 슝스리熊十力가 탁자를 치면서 평유란馮友蘭을 반박하며 말하길, 양지良知는 가설이 아니라 드러남呈現이라고 했다고요.

답: 그들이 말하는 '드러남'이란 구체적으로 말하자면 모종의 신비경험 내지 신비체험이에요. 평유란의 주장은 서양철학처럼 확실히 이성적 설정이지요. 제가 말하는 설정은 정감 내용을 중시합니다.

문: 왜 그렇게 말씀하시는지요?

답: '하늘의 운행'은 '강건'의 여부와는 관계가 없어요. '강건'은 인간이 하늘에 부여한 자질입니다. 따라서 군자야말로 마땅히 자강불식의 생존자여야 하는 것이지요. 인성이 선이라는 것도 마찬가지에요. 인성이 본래 선하다는 것에는 인성이 마땅히 선해야 한다는 의미가 포함되어 있어요. 중국 전통에는 근본적으로 악의 자리가 없답니다. 악은 파생적이고 부차적인 것이죠. 인간의 생에는 죄가 없어요. 도리어 인간과 만물의 생은 그 자체가 선이지요. 따라서 이러한 선은 일반적인 행위에서 선악으로 대비되는 선이 아니에요. 바로 대선大善·지선至善이지요. 중국을 낙감樂感 문화라고 말하는 것도 바

로 이것 때문입니다. 중국 전통은 우주·인생·생명·생활·생존에 긍정적이고
적극적인 가치와 정감을 부여했어요. 바로 '유정 우주관'이지요.[43]

문: 그건 파괴를 숭상한 셸링·니체·하이데거과 완전히 다릅니
다. 암흑으로 돌아간 독일 낭만파와도 다르고, 고난이 광명임을 인
정하며 구원 받고자 하는 동방 정교의 몇몇 유파와도 완전히 다르
고요. 또한 그것은 "삶에 대해서도 모르는데 어찌 죽음을 알겠는
가"로, "죽음에 대해서도 모르는데 어찌 삶을 알겠는가"와도 다르
잖아요?

답: 그것 역시 "정은 성에서 나왔다" "성은 본래 선하다"의 성을
무엇보다도 자연 생물의 성으로 확정하고 이를 기초로 삼아 이성
과 도덕을 이야기했기 때문이지요.

문: "타고난 그대로를 성이라 한다"가 선악과 상관없다는 말은
방금 말씀하신 "성은 본래 선하다" "인성은 선하다"는 것과 모순되
는 것 아닌지요? 이것들이 선생님의 정 본체와는 어떤 관계가 있나
요?

답: 하나는 총체를 두고 말한 것이고, 다른 하나는 개체를 두고
말한 겁니다. 하나는 추상적으로 말한 것이고, 다른 하나는 구체적
으로 말한 것이죠. 인류의 생존과 연속 즉 지선은 정감과 이성을
아우른 설정이에요. 총체적이고 추상적으로 말한 것이지요. 하지만
개체에 적용되었을 때 인간의 생존·생명·생활의 유지와 연속은 성선性善의 배양

43_ 리쩌허우, 『중국고대사상사론』, 1985.

을 필요로 합니다. 이것은 개체적이고 구체적으로 말한 것이지요. 개체에 있어서 성은 자연적인 잠재 가능성으로, 선악과는 상관없어요. '미발未發'인 것이죠. 정은 사회성과 이성이 스며든 현실성으로, 인간의 생존과 생명의 실재이며 여기서 비로소 선악이라 할 게 있지요. '이발已發'인 것이죠. '이발'이야말로 진실한 인생이기에 성 본체가 아닌 정 본체입니다. 인류의 성이 본래 선하다는 총체적 설정과 성에는 본래 선악이 없다는 개체적 실재를 한데 섞어서 이야기해서는 안 됩니다. 인류 총체의 생존·연속을 지선으로 간주하는 것은 앞에서 말했듯이 일종의 설정이에요. 우주는 본래 선악과 관계없기 때문이죠. 유가는 지선이라는 설정을 통해 자신의 현실적 생존과 연속을 긍정합니다. 이것은 바로 '무정 변증법'(노자)과 '유정 우주관'(공자)의 관계이기도 하죠. '무정'은 우주의 본상本相이지만 '유정'이야말로 진실하고 현실적인 인생이에요. 공자로 대표되는 원전 유가는, 본래 정감이랄 것도 없고 의의랄 것도 없는 세계 속에서 정감과 의의가 풍부한 인생을 적극적이고 강인하게 가꾸고 만들고자 하지, 신이나 다른 세계에서 구하고자 하지 않습니다. 그것은 '무'에서 '유'를 수립하고 고양하는 것이에요. 종교가 아니지만 종교성을 지니고 있지요. 제가 『논어금독』에서 강조한 것이기도 한데, 이것은 신이라는 버팀목이 있는 것보다 더 비창悲愴하고 장엄합니다. 바로 "불가능하다는 것을 알면서도 하는" 것이죠.

"인성이 선하다"는 것은 칸트가 말한 목적성의 '규제적 원리'이고, "성에는 본래 선악이 없다"는 것은 현대성의 '구성적 원리'입니다. 전자는 후자를 이끌고 고무하며, 후자는 전자를 실현하기 위해 힘쓰지요. 맹자는 전자와 후자를 하나로 합쳤고, 순자는 "성은 본래 악하다"고 말하면서 후자를 보다 부각시켰어요. 두 사람 모두 궤도를 이탈했어요. 그래서 저는 『답변』에서 맹자와 순자는 공자로 통일되어야 한다고 했답니다. 물론 공자·맹자·순자에 대해서나, 성·정·미발·이발·이理·기·명命·도 등에 대해서 더 깊이 연구해야 할 복잡하고 세밀한 문제가 많아요. 여기서는 더 말하지 않겠습니다.

문: 송명이학의 성은 일종의 추상적 총체인데요. 선생님께서도 추상과 총체를 말씀하셨는데, 송명이학과 어떻게 구별되는지요?

답: 송명이학과 머우쭝싼이 말한 성체性體는 선험적 도덕율령으로, 인간의 자연적 생존 및 생리적 존재와는 관계가 없을뿐더러 상호 대립하거나 충돌하기까지 합니다. 하지만 제가 말하는 추상적인 성은 여전히 인류의 생존·연속의 자연적·생리적 존재로, 개체의 생리적 존재와 일치하며 불가분의 관계랍니다. 그것은 경험적인 존재이지 선험적 법칙이 아니에요. 인성이 선하다는 것은, 총체를 놓고 말하자면 생물 종으로서 인류의 생존·연속을 긍정하는 것이고, 개체를 놓고 말하자면 본래 선악이라 할 게 없는 성을 선하게 배양하고자 추구하는 겁니다. 인류 총체의 자연적 생존과 생명은 선이지만, 개체는 반드시 인위적인 통솔·지도·배양을 통해야만 비로소 그것을 구체적으로 실현할 수 있지요. "성을 이끄는 것을 도라고 한다"는 게 바로 이 말입니다. 그리고 완전하도록 끊임없이 닦는 것이 바로 '가르침教'이고요.

문: 포스트모던은 추상과 총체를 말살하고 구체具體와 개체를 부각하는데, 이것은 선생님께서 말씀하신 구체·개체와 어떻게 다른지요?

답: 저는 구체적으로 개체의 인성이 선함을 실현하려면 반드시

배양이 필요하다고 강조합니다. 그 배양에서 중요한 것은 정감-이성 구조를 건립하는 것이죠. 자연적 정욕을 선하다고 보는 게 아닙니다. 제가 강조하는 것은 자연 인성론과 굉장히 다르지요. 한편 송명이학은 앞에서 말했듯이 추상적인 '미발'(성)을 선이라고 하지만, 실제로는 전통의 윤리질서를 가지고 현실 인생의 희로애락(정)을 관할·제어하는 것을 선이라고 봅니다. 극단적인 경우에는 각종 금욕주의의 길로 들어서게 되지요. 또 이것에 철저히 반대하게 되면 자연 인성론의 종욕縱慾주의에 빠지게 되고요. 푸코가 '한계 경험'을 얻고자 공중목욕탕에서 동성애에 몰입했던 것처럼 말이죠. 제가 정 본체와 정감-이성 구조를 강조하는 것은 바로 이 두 가지에 반대하기 위해서랍니다.

문: 선생님에게는 인성이 선하다는 게 두 가지 의미인데요. 하나는 인류 존재에 대한 형이상적 설정이지요. 즉 인간의 자연적 생존·연속을 긍정하는 겁니다. 또 하나는 구체적으로 말해 인간의 성이 선하다는 것으로, 후천적으로 배양해야 하는 것이고요. 맞는지요?

답: 맞습니다. 이것은 대선大善(형이상)과 소선小善(형이하)의 관계라고도 할 수 있습니다. 전자는 유정 우주관의 설정이고, 후자는 현실의 구체적인 인위人爲이지요. 순자는 "사람의 본성은 악하니, 그 선한 것은 작위다"[44]라고 했어요. 이런 의미에서 인성이 선한 것은 교육의 결과, 즉 '배움'의 산물이에요. 후자의 진보는 전자를 보

44_ "人之性, 惡, 其善者, 僞也."

다 완벽하게 해줍니다. 이것이 바로 구체·개체와 추상·총체의 관계이기도 하지요.

문: 어떤 사람은 선생님께서 성性을 동물성으로 간주했다고 말합니다. 즉 성을 생리·자연으로 간주해서 너무 저급해졌다는 건데요.

답: 전혀 저급하지 않습니다. 인간에게 자연·생리가 없다면, 이런 동물성이 없다면 다른 게 어떻게 있을 수 있나요? 그것이야말로 인간의 현실 존재의 기초입니다. 무엇보다도 육체가 있고 생명·생활·생존이 있어야만 정신·의식·영혼도 있을 수 있지요. 저는 여태껏 영혼과 육체의 분리에 반대했고 영혼의 승천과 신선 세계도 믿지 않는답니다.

문: 선생님께서 인류 총체의 생존·연속을 '지선'으로 간주하신 것은, 사실事實과 가치가 양분된 서양철학의 오랜 난제를 근본적으로 해결하시고자 하는 게 아닌지요?

답: 맞습니다. 그건 아주 중요합니다. '양분'은 근본적으로, 가치가 신에서 비롯되고 선험 이성에서 비롯되고 의식·정신에서 비롯된다고 여기기 때문에 사실이 가치를 인도하지 못해요. is(~이다) 역시 ought to(해야 한다)와 분리되고요. 가치가 바로 이 세계에서 비롯된다고 여겨야만 해요. 바로 이 경험 세계에서 인류의 생존·연속은 사실이고 본체이자 가치의 내원·바탕·기초입니다. 가치는 선천적으로 부여되는 것이 아니라 인류 자신이 창조해내는 것이지요. 이 세계에서의 삶 자체가 신성한 가치를 지닙니다. '지선'은 역사 사실이자 가치의 근원

이에요. 그래야만 사실과 가치의 통일이 가능하지요. 물론 이 커다란 문제는 보다 깊은 학술적 연구가 필요합니다.

문: 여기서 공교롭게도 선생님께서 말씀하신 역사와 윤리의 이율배반과 만나게 되는데요. 이것은 바로 사실과 가치의 이율배반이기도 하지요.

답: 확실히 그렇습니다. 여기서는 "악이 역사 전진의 동력이다"(사실)와 인성 심리가 빚어낸 정언명령(가치)의 심각한 모순과 충돌이 나타나게 마련이지요. 역사는 비극 속에서 앞으로 나아가기 때문에 "신의 사업은 선에서 시작하고 인간의 사업은 악에서 시작"(칸트)하고, 저는 이를 적용해서 역사를 형이상학으로 끌어들일 수 있었답니다. 이 형이상은 바로 형이하 가운데 존재하고 현실 가운데 존재하지요. 이것이야말로 진실한 Being의 문제입니다. 이 Being은 우선 인류와 관련되고 확대되어 우주와도 관련되지요.

문: 그건 "유와 무는 상생한다"[45]라는 문제와도 관련되네요.

답: 공자와 유학의 요점은 유가 무를 낳는다는 것이지, 무가 유를 낳는다는 게 아닙니다. '유'는 근본적이고 가장 중요한 것이죠. '무'는 파생적이고 부차적인 겁니다. 하느님이 무에서 유를 창조한 게 아니고, 송명이학의 "무극無極이면서 태극太極이다"[46]도 아니에요. '태극'은 마왕두이 백서에 따르면, '대항大恒'의 오류에요. '대항'은 바로

45_ "有無相生."
46_ "無極而太極."

'유'가 영원히 존재하는 것이지요. '무극'은 불교사상을 받아들인 뒤의 산물이에요.

'유'의 세계가 이렇게 존재하고 있다는 것을 인정하는 것은 비록 이성의 신비에 속하지만(비트겐슈타인Wittgenstein이 말한 것처럼 신비한 것은 이 세계가 이렇게 존재한다는 것이다), 인류의 역사라는 구체적인 길로 펼쳐져 나타납니다. 그리고 이 길에서 시비·선악과 관련된 갖가지 수많은 가치 논쟁이 생겨나지요. 이성과 정감의 복잡한 뒤얽힘, 사실과 가치의 소통과 연계로 인해 인류의 역사 무대 위에서 각종 희비극이 연출됩니다. 여기서 형이상학은 더 이상 순전히 추상적인 서재의 사변이 아니라 풍부하고 생동적인 내용을 갖게 되지요.

역사가 형이상으로 진입하다

문: 역사가 형이상으로 진입한다는 것은 선생님께서 처음 제기하신 거죠?

답: 1980~1990년대에 언급한 적이 있지만 자세히 말하지는 않았어요. 역사가 형이상으로 진입해야 인류학 본체론이 비로소 완성되고 「무사 전통을 말하다」 역시 비로소 완성되지요. 또한 '하나의 세계'의 중국 전통이 말한 체용일원體用一源과 현미무간顯微無間47을 진정으로 계승하게 되지요. 이理는 기氣에서 벗어나지 않고 도道

47_ 정이程頤의 『이천역전伊川易傳』에서, "지극히 은미한 것이 이理이고 지극히 현저한 것이 상象이다. 체와 용은 근원이 하나고 현저함과 은미함에는 간극이 없다至微者理也, 至著者象也. 體用一源, 顯微無間"고 했다.─옮긴이

는 기器 가운데 존재합니다.

문: 일반적으로 형이상학은 시공을 초월한 절대적 존재를 추구하고자 하는데, 역사에 형이상을 끌어들인 것은 너무 황당한 것 같습니다.

답: 인간은 역사적 존재입니다. 인간의 정신·의식·관념을 포함해 모든 게 역사의 산물이지요. 초역사적인 것은 오직 여러 철학의 망상일 뿐이에요. 일반적으로 역사를 말할 때, 그것의 시대성과 상대성에 주목하는 반면 그것의 누적성은 비교적 소홀히 하는데요. 사실은 역사의 누적이야말로 인문Civilization과 인성Human psychology을 창조한답니다. 바로 역사의 비극 속에서 그것이 형성·전개됨으로써 만물을 뛰어넘는 인류의 강한 생명력이 비로소 드러나게 되지요.

문: 역사 형이상은 소위 역사의 필연성인지요?

답: 그렇기도 하고 아니기도 합니다. 역사의 필연성은 인류가 우연성으로부터 창조해낸 것이지 이미 정해진 필연 같은 건 없어요. 군체부터 개체에 이르기까지, 인간의 생존과 연속은 필연적으로 인간이 자각적으로 분투·창조·개척함으로써 실현되는 겁니다. 그 과정에서 매우 구체적인 온갖 어려움·험난함·괴멸·사망(군체와 족류의 괴멸과 사망을 포함)의 우연을 겪게 되지요. 윤리학의 각도에서 말하자면, 이 과정에서 인류는 한편으로는 도덕의 절대성 즉 인성 능력의 심리형식을 건립하여, 형이상적 인성론이 개체의 내재적 정감-이성 구조로 구체적으로 실현되게 되지요. 다른 한편으로, 현

실생활은 물질적 욕망의 끊임없는 확장에 놓여 있습니다. 강자가 약자를 능멸하고 다수가 소수를 기만(살육이나 전쟁 같은 온갖 방식을 포함)함으로써 잔혹하게 앞을 향해 나아갑니다. 즉 '악은 역사의 동력'이지요. 이렇게 해서 역사와 윤리, 사실과 가치의 이율배반이 생겨난답니다.

문: 하지만 선생님께서 말씀하시길, 도덕심리 구조 속의 선악 관념은 끊임없는 변천과 변화 과정에 있으면서 수많은 공동의 보편 규범과 가치를 누적해 나간다고 하셨는데요. 선생님의 역사관은 진보를 인정하는 것인지요?

답: 그렇습니다. 역사는 인성의 진보를 창조했을 뿐만 아니라 관념의 갱신을 통해 나날이 진보하는 도덕심리 구조를 건립했고, 이로써 역사 역시 인문의 진보를 창조하고 시대와 사회의 진보를 구현했답니다. 오늘날에는 포로를 죽이지 않고 영아를 익사시키지 않아요. 개체는 독립을 확보했고, 여성은 인권을 획득했습니다. 탐욕·흉악함·파렴치함·잔학함·음험함·기회주의 등은 더 이상 부귀와 성공의 충분조건이나 필요조건이 될 수 없어요. 히틀러의 사업은 다시 생겨나기 어렵고 스탈린식의 폭정은 소멸이 가까웠어요. "부끄러움 없는 자가 부유해지고 말 많은 자가 현달하는"[48] 일은 결국 더디지만 차츰 퇴색할 겁니다. 전쟁·약탈·착취·식민주의는 더 이상 역사의 전진을 추동하는 데 불가결의 요소나 역량이 아니에요. 인류의 사업은 비록 악에서 시작되긴 했지만 나날이 선을 향해

48_ "無恥者富, 多信者顯"

나아간답니다. 비록 과정은 매우 더디고 완성되기까지는 한참 멀었지만, 결국 악은 결코 영원한 역사의 동력이 될 수 없어요. 악은 신이 내린 것이기에 영원히 존재한다고 보았던 셸링과 카를 슈미트 Carl Schmitt의 견해와는 다르지요.

도구 본체와 심리 본체를 포함한 본체로서의 인류는 끊임없는 형성의 과정에서 완전함을 이루어 갑니다. '지선至善'은 영원한 운행 속에서 부단히 자신을 완성해 나가는 것이지요. 특히 장래의 어느 때가 되면 인성이 점차 인문보다 우세한 지위를 획득해 새로운 내성외왕의 도가 더욱 두드러지도록 이끌 거예요. "한 번은 음이 되고 한 번은 양이 되는 것을 도라고 한다"는 것은 우주의 존재·운행입니다. "이를 잇는 것이 선善이다"라는 것은 인류 생활의 역사적 실천이지요. "이것을 이루는 것은 성性이다"라는 것은 인성의 정감-이성 구조가 빚어낸 성과입니다.

문: 그렇다면 선생님의 역사주의는 철학이군요. 분석철학이나 실존주의 같이 역사를 내던지고 역사를 경시하는 다른 철학들과 구별되는 철학요.

답: 그것이야말로 '인류학 역사본체론'이라는 주제가 마땅히 지니고 있는 의의랍니다. 이 철학형이상학은, 인류의 우주관과 본체론에서 벗어날 리 없기에 인류의 물질생활과 사회실천에서 벗어난 개념의 유희일 수가 없습니다. 또한 개체의 신비한 정신적 추구일 리도 없지요.

문: 하지만 역사에는 너무 많은 우연이 존재합니다. 선생님께서

도 이것을 강조하셨고요. 이런 우연이 오히려 인류와 개인의 운명 심지어는 생명까지 결정하잖아요.

답: 그렇습니다. 그건 바로 족류族類와 개체를 포괄한 인간 모두가 각종 우연 속에서 자신의 생존·연속의 필연적인 길을 모색해내고 자신의 운명을 만들어야 한다는 것을 보여줍니다. 이건 바로 오늘날 다시 직면한, "인류는 어떻게 가능한가"이지요. 과학기술의 발전으로 인해, 인류의 자기 파괴라는 우연성을 포함한 예측 불가능한 우연성이 나날이 커져가고 있어요. "인류는 어떻게 가능한가"를 제기하는 것은 당연히 인류가 오늘날 어떤 방향으로 갈 것인가, 즉 인류의 운명과 긴밀히 관련되어 있답니다. "인류는 어떻게 가능한가"를 인류가 진지하게 이해함으로써 자신의 운명을 꽉 틀어쥐어야 할 때가 된 것입니다.

문: 그게 바로 '입명立命'인지요?
답: 맞습니다. 개체·군체·민족·국가 그리고 인류 모두에게 바로 이 '입명'의 문제가 있답니다.

문: 그런데 선생님께서는 '명'의 우연성을 견지하시는 건지요?
답: 맞습니다. 인식할 수 없고 헤아리기 어려울뿐더러 따를 만한 규율이 부족하기 때문에 경외하게 되는 것이지요. 이것이 '명'이고, 우연성의 특징이기도 하답니다. 하지만 이로 인해 명에 따르거나 운명을 인정하거나 숙명으로 받아들여서는 결코 안 됩니다. 반드시 '입명'해야 합니다. 군자의 자강불식은 시비를 뚜렷이 하고 애증을 분명히 하고 의지를 강건히 함으로써 어짊과 지혜와 용기로 우연을 대면하는 것이지요. 온갖 우연 속에서 백절불굴의 자세로

자신에게 속한 필연을 세워나가는 겁니다.

문: 형이상학은 본래 Being을 연구하는 사변인데요. 선생님께서 역사를 형이상으로 끌어들이신 게 바로 인류의 생존·연속 및 그 운명을 Being의 사변 대상으로 삼은 것이라고 이해할 수 있을까요?

답: 순자는 장자를 두고 "하늘에 가려서 사람을 모른다"[49]고 비판했지요. 인간을 떠나서 하늘을 이야기하고, 인류의 생존·연속을 떠나서 우주 본체를 이야기하고, 비본래적인 것을 떠나서 본래적인 것을 이야기하는 것, 저는 이것이야말로 동서고금에 있어온 여러 철학의 실수라고 봅니다. 인류를 떠난 Being은 과학의 대상이에요. 그런데 오히려 과학은 인류 생존의 역사에서 벗어날 수 없지요. 스티븐 호킹은 우주가 인류의 우주 모형에 기대어 존재한다고까지 말했답니다.[50] 우주의 존재마저도 인간을 따른다는 거예요.[51] 그렇다면 심체·성체·도체를 추상적으로 논하는 것을 비롯해 인간을 떠나서 하늘이나 본체를 말하는 게 어떤 의의가 있을까요? 이건 원전 유학에 위배되는 겁니다. 궈뎬 죽간에서 아주 분명히 말했지요. "도에는 4가지가 있는데 오직 인도만이 진정한 도다."[52] "도에

49_ "蔽於天而不知人."
50_ 스티븐 호킹이 『위대한 설계』에서 말한 모형 의존적 실재론model-dependent realism과 관련된 내용이다. 모형 의존적 실재론이란, 우리가 세계를 인식할 때 하나의 준거 틀로서 어떤 모형에 의존한다는 것이다. 호킹은, 모형 의존적 실재론은 과학적 모형뿐만 아니라 우리가 일상세계를 해석하고 이해하기 위해서 창조하는 의식적·무의식적 정신적 모형들에도 적용된다고 주장한다.─옮긴이
51_ 물론 이것은 틀린 말이다. 우주의 존재는 불가지의 '물자체物自體'다.
52_ "所爲道者四, 唯人道爲可道也."

는 4개의 술術이 있는데, 오직 인도만이 진정한 도이다. 나머지 3개의 술은 인도를 따를 뿐이다."[53]

　인류 역사로서의 Being에 대한 추적일지라도 단지 인생의 의의와 생활의 가치에 대한 탐구에 그치지 않고 우주와 '천도'와도 관련된답니다. 하지만 존재가 존재가 되는 것은 무엇보다도 인간의 존재가 존재Being가 되는 거예요. 역사가 존재로 진입해야만 진정 구체적으로 이 존재가 "존재이자 활동"[54]이 되도록 할 수 있답니다. 그래야 "공부工夫가 바로 본체"[55]라는 것을 보다 깊이 있고 정확하게 인식하고 이해할 수 있습니다. 인간이 지닌 사명감과 책임감의 실천 활동이 공부이자 본체예요. 이것은 도덕이면서도 도덕에만 그치지 않는답니다. 이것은 정태적인 개체의 수신과 양성養性에 그치는 게 아니라 동태적인 사회 활동과 행위에요. 전자는 후자를 위한 것이지, 하늘로 올라가고 신과 통하기 위한 게 아닙니다. 신비한 '초월'을 위한 것도 아니지요. 이것은 사회 실천 속에서 역사를 창조하기 위한 것입니다. 이것이야말로 "공부가 바로 본체"라는 말에 대한 역사적인 새로운 해석이지요.

　문: 그렇게 말씀하시는 건 인류의 역사가 Being보다 근본적이고 마땅히 형이상학의 사변 대상이라는 의미인지요?

　답: 거듭 말씀드리지만 인류의 생존·연속 즉 역사가 바로 Being입니다. 이 Being의 추구는 이성적 사변에 그치지 않고 정감의 침투가 있게 마련이지요.

53_ "道四術, 唯人道而可道也. 其三術者, 導之而已."
54_ "卽存有卽活動."
55_ "工夫卽本體."

문: 그건 바로 선생님께서 강조하시는 미련·슬픔·깨달음·아낌이자 심미가 종교를 대신하는 방향을 지향하는 것이겠지요?

답: 거기에는 역사에 대한 경외가 있답니다. "지난 일을 잊지 않음이 뒷일의 스승이 된다"[56] "천·지·국·친·사師"의 '스승'이 바로 역사에요. 무사巫史 전통의 특징 가운데 하나는 바로 역사를 매우 중시한다는 것이죠. 상나라 사람들의 갑골문부터 『주역』, 사마천司馬遷, 사마광司馬光에 이르기까지 역사 기술은 외재적 인문 윤리의 '자치資治'(다스림에 도움을 주는 것)이자 내재적 인성 도덕의 '은감殷鑑'(경계로 삼아야 할 지난 일)이었습니다. 그것은 사람들의 사고와 행동을 인도하는 중대한 역할을 합니다. 역사는 바로 오늘의 운명 및 내일의 전망과 관련되어 있어요. 개체와 인생은 이토록 미미하고 짧고 우연적이지요. 아무리 위대한 공적일지라도 역사라는 긴 강에서는 순간에 불과합니다. 하지만 역사라는 긴 강은 수없이 많은 순간에 의해 창조되고 형성되고 결정되었어요. 이 순간은 미미하면서도 중요하지요. 그리고 오직 한 차례이고 되풀이할 수 없어요. 그래서 당나라의 진자앙陳子昻은 "앞으로는 옛사람 보이지 않고, 뒤로는 올 사람 보이지 않네. 천지의 아득함을 생각하니, 홀로 슬픔에 겨워 눈물 흘리네"[57]라고 했답니다. 또 캉유웨이는 "천추가 일순간이고, 산악이 언덕"[58]이라고 하면서, 구천九天을 치달리며 광활한

56_ "前事不忘, 後事之師."
57_ "前不見古人, 後不見來者. 念天地之悠悠, 獨愴然而涕下." 출처는 「유저우의 누대에 올라 노래하다登幽州臺歌」이다. ─옮긴이
58_ "千秋一瞬, 山嶽一丘."

곳을 한가로이 거닐고픈 마음을 토로했어요. 이게 바로 천지와 역사에 대한 경외이자 슬픔이고 초탈이 아닐까요?

'천지'는 느낄 수 있으되 알 수 없는 '구천'이라는 물자체이고, '국國·친親'은 느낄 수 있고 알 수도 있는 고향과 혈육과 벗이지요. '사師'는 과거(시대성)이자 영원(누적성)이에요. 그것은 또한 우연이자 반드시 존재하는, 이성과 정감이 어우러진 경외할 만한 역사입니다. 그것은 설명의 여지없이 나의 생명·생활·생존을 구성하는 불가결한 부분이지요.

문: '스승'이 역사라고 이처럼 명확히 말씀하신 것은 이번이 처음인 것 같습니다. 역사를 형이상에 귀속시킨 것은, 역사적 경험이 주목할 만한 가치가 있다는 정도의 가벼움과는 거리가 멀지요. 그건 주목하느냐 아니냐의 문제가 아니지요. 역사는 이미 나의 생존과 피와 살이 되었기에 벗어날 수 없는 것이니까요.

답: 그건 바로 궈뎬 죽간에 나오는 "하늘이 만물을 낳음에 인간이 귀하다"[59]라는 관념을 관철하고 발전시킨 겁니다. 또한 "인도가 천도"라는 전통을 관철한 것이지요. 이게 바로 인류학 역사본체론이 '무사 전통' 및 중국 유학과 근본적으로 접속하는 지점이에요. '천·지·국·친·사'는, 인식을 추구하는 이성과 귀의처를 추구하는 정감의 궁극적 관심이랍니다. 역사를 객관적으로 공간화한 것이 시계와 달력의 시간이지요. 그것을 주관적으로 정감화한 것이 미련·슬픔·깨달음·아낌이라는, 나만이 가지는 시간성이고요. 이것

59_ "天生百物, 人爲貴"

은 자기 생명을 깊이 있게 이해하고 장악하는 것이지요. 이것이야 말로 풍부하고 구체적인 내용을 지닌 '현존재^{Dasein}'입니다. 본래적인 것과 비본래적인 것이 바로 여기서 하나로 합쳐지지요. 비본래적인 것을 접어두는 게 아니라, 비본래적인 것 중에서 본래적인 것을 파악하는 겁니다. 이렇게 해야 '현존재'가 비로소 진실하게 생존하며, 비로소 명을 알고^{知命} 명을 세우게^{立命} 되지요. 그 가운데 역사의 누적성이 있답니다. 그것은 진실한 생명의 노래이자 인간의 정감-이성 구조의 고차원적 합류랍니다.

"신은 죽었다" 그 이후

문: 선생님께서는 인류의 생존·연속 및 역사로써 신이 인간을 주재하는 것을 대체하길 바라시는 것이죠?

답: 인문과 인성은 모두 인류가 역사의 노정에서 스스로 건립한 겁니다. 인류는 당연히 자기 운명의 주재자여야 해요. 니체가 "신은 죽었다"고 외친 이후 세 갈래의 반역사적 조류가 출현했습니다..

문: 어떤 조류인지요?

답: 첫째는 물론 포스트모더니즘 즉 허무주의예요. '이성과 고별'한 뒤 '실컷 즐기고 죽자'로 진입한 겁니다. 이 방면의 논저는 정말 많아서 제가 말할 필요가 없겠군요. 그 특징 가운데 하나는 개별을 중시하고 보편을 경시하며, 이성에 반대하고 계몽에 반대하면서 "무엇이든 괜찮다"고 주장하는 겁니다. 여기서 역사는 허구이니

말할 가치도 없는 것일뿐더러 역사의 지위 역시 앞에서 말한 것처럼 숭고하지 않아요.

문: 신역사주의는 역사 서사가 대부분 허구이고 상상이고 소설이라고 확정적으로 간주하는데요.

답: 기록된 수많은 역사, 특히 정치사는 확실히 대량의 상상과 거짓말로 날조되고 은폐되어 있다고 제가 일찍이 말한 바 있답니다. 하지만 총체적으로 말하자면 인류의 생존·연속이, 변화하는 온갖 시공간의 역사를 거쳤다는 이 기본적인 사실과 가치는 결코 거짓이나 허구가 아니에요. 그것은 언어나 텍스트보다 우선하고 중요하답니다. 실천·활동·행동인 그것을 부인할 수는 없지요.

문: 다음으로 두 번째 조류는 무엇인지요?

답: 신을 찾는 겁니다. 신이 죽은 뒤 신을 회복하고 신을 찾고 신을 다시 만들려는 것이지요. 초월적인 신을 다시 만들거나(예를 들면 레오 스트라우스Leo Strauss, 카를 슈미트), 속세의 신(예를 들면 옛 성인이나 새로운 국부國父)을 다시 만드는 게 여기에 포함됩니다. 인류와 개체에게는 가장 근본적인 강력한 지지자 혹은 주재자가 있어야만 생활하거나 생존할 수 있다고 보는 겁니다. 이들에게 역사주의는 신의 인도에서 벗어났기 때문에 상대相對와 허무를 초래하게 된다고 여겨지지요.

문: 왜 역사주의가 상대나 허무를 초래하게 된다는 건지요?

답: 역사는 인류의 것이고 절대적인 존재물이 아니기에 만약 신

의 인도가 없다면 사실事實의 전망이 없을뿐더러 가치 역시 허무라는 것이죠. 역사는 우연과 변이로 가득하고 신의 절대적 규범이 결핍되어 있기에, 군체와 개체의 흥망성쇠에는 아무런 기준도 없고 아무런 의의도 없다고 보는 겁니다. 신을 찾는 이들은 역사가 상대 속에서 절대를 형성할 수 있다는 것을 물론 거절합니다. 인류 역사가 실체(사실事實)이자 가치라는 것을 부인하지요.

문: 그렇다면 세 번째 조류는요?
답: 생물파, 즉 과학파입니다. 인간의 모든 것을 생물 유전자로 해석하기에 역사는 필요가 없지요. 또한 신이 인간을 창조했다는 것을 믿지 않기에, 인간이 인간인 이유는 바로 유전자 돌연변이의 결과라고 봅니다.

문: 인류가 2000년 가까이 특히 최근 200년 동안 이토록 신속히 발전한 게 유전자 돌연변이로 설명할 수 있는 것인지요?
답: 불가능하다고 봅니다. 오직 역사로만 해석 가능하지요. 어떤 사람은 저를 비판하길, "왜 당신의 철학은 늘 발생학(역사)과 한데 연결되어 있는가? 발생학은 과학 범위에 속하는데 철학은 과학이 아니다"라고 합니다. 저는 이렇게 대답하지요. 인류 본체를 상정하는 나의 철학에서는 도구 본체든 심리 본체든 모두가 역사의 산물이기에 당연히 발생학과 관련이 있다, 때문에 항상 발생학에 근거해서 논증한다고 말입니다. 그리고 저는 철학과 과학을 일도양단하는 것에 반대합니다. 양자는 전혀 관계없고 연결지어서는 안 되며 그렇지 않을 경우에 '제이의第二義'로 추락한다는 관점에 반대해

요. 물론 역사와 과학의 관계에 대해서는 더 심화된 토론이 필요합니다.

문: 과학자들은 늘 인간 뇌의 유전자 돌연변이로 언어가 생겨났다고 보면서 언어로 인간과 동물을 구분하는데요.

답: 1970년대부터 지금까지 제가 거듭해서 말한 게 언어가 아닌 실천(특히 도구를 제작-사용하는 인간의 활동), "태초에 말言이 있었다"가 아닌 "태초에 행위爲가 있었다"는 것이야말로 인류의 근원이자 근본이며 실천 가운데의 이성이 실천이성을 낳는다는 겁니다. 이것은 항상 제 철학의 동심원의 중심이었지요.

문: 하지만 인류와 유전적으로 가장 비슷한 침팬지를 비롯해서 많은 동물이 도구를 제작하고 사용하잖아요.

답: 그 문제 역시 여러 번 대답했답니다. 저는 인류의 생존을 유지하는 데 없어서는 안 되는 필요조건을 기준으로 인간과 침팬지를 구분했지요. 그 기준은 바로 도구 제작-사용의 보편성 및 필수적 도구 제작-사용의 다양성이에요. 침팬지에게는 도구의 제작-사용이 없으면 생존하지 못하는 보편성이 없답니다. 또한 도구의 제작-사용에 있어서 종류·양식·용도에 따른 수많은 다양성도 없지요. 도구의 제작-사용에 있어서 인간이 다른 동물과 구별되는 데는 여러 전제조건이 있습니다. 생물 진화의 단계, 대뇌 체적, 직립보행, 군체의 관계 등이죠.

문: '실천 가운데의 이성'이란 어떤 것인지요?

답: 거기서 아주 중요한 것은 질서감입니다. 동작에서 생겨나는 조작操作과 같은 것이지요. 조작은 동작을 추상적으로 제련한 것이고 감성의 추상 형식이지요. 그 가운데 질서감이 있어요. 비트겐슈타인이 말한 것처럼 조작을 거듭한 것이 숫자의 기원이지요. 숫자는 사실을 묘사한 게 아니라 사실의 행위 규범을 묘사한 겁니다. 제가 여러 번 언급했듯이 서수序數가 기수基數보다 우선인 데는 질서감이라는 문제가 있어요. 질서감은 가장 기초적인 측면에서 말하자면, 차가움과 뜨거움, 부드러움과 딱딱함, 건조함과 습함, 날카로움과 둔함, 무거움과 가벼움처럼 동물에게도 있는 감각기관의 지각이 아니에요. 도구를 사용--제작하는, 초超생물적인 신체의 동작 활동 속에서의 감지·깨달음·장악·제련 그리고 반복적인 연습을 통해 조작의 순서·선후·균형·대칭·박자·리듬이 된 것이 바로 질서감이죠. 이것이 바로 '실천 가운데의 이성'입니다. 형식인形式因인 그것이 질료인質料因을 장악하고 추동하여, '도度'의 구체적 실현이 되고 끊임없이 앞으로 나아가 자신을 풍부하게 만들지요. 또 언어에 보존되어 인간 특유의 어의語義가 되고, 정감에 보존되어 인간 특유의 질서와 구조가 됩니다. 이것이 바로 초생물적인 인류의 언어와 인류의 심리지요.

아동 교육에서 동요의 리듬이 반복되고 이야기의 내용이 반복되는 것은 인성 중의 이성적 질서랍니다. 이것은 문화심리 구조cultural-psychology formation 혹은 정감–이성 구조emotion-rational structure이기도 하지요. Formation은 구체적인 동태의 형성을 부각하고, Structure는 추상적인 공유共有의 형식을 부각합니다. 조작에 기초해서, 리듬은 인간의 시각공간의 질서가 될 수도 있답니다.(곰브리치E. H. Gombrich) 이 질서 속에서 정감과 이성이 만나고 스며들고 융합해 초생물적 감지가 되고, 나아가 초생물적인 정감·상상·이해를 낳지요. 이 모든 것들이 앞으로 보다 깊이 있게 전개되어야 해요.

문: 언어가 여전히 중요한지요?

답: 그건 당연합니다. 동물에게도 정보를 전달하고 상호 교류하는 언어가 있긴 하지요. 제가 중시하는 것은 인류 언어의 어의랍니다. 저는 인류가 언어를 입 밖으로 소리내기 전에 혹은 그와 동시에 수화가 존재했다는 이론을 지지하고 중시합니다. 원시 인류의 어의는 바로 도구를 제작-사용하는 동작 조작의 보존이자 전달이기 때문이지요. 수화는 원시언어에서 가장 중요한 언어이자 가장 먼저 발생한 언어에요. 도구를 제작-사용하는 게 바로 손의 활동 아닌가요? 수화는 바로 도구를 제작-사용하는 각종 자세·기교·조작을 손짓으로 보존하고 전달하는 겁니다. 이것이 바로 다른 동물과 다른 점이지요.

문: 만약 유전자로 말하자면 침팬지는 고릴라가 아닌 인간과 같은 부류로 귀속시켜야 하겠지요? 인간이 도구를 제작-사용함으로써 인류는 선생님께서 말씀하신 것처럼 초생물적인 신체(도구)를 보유하게 되었고 초생물적인 언어(주로 어의)를 낳게 되었지요. 그리고 이를 통해 초생물적인 심리·의식과 생활·생존을 낳았고요. 인류는 날이 갈수록 먹고 입는 걱정이나 추위와 더위의 괴로움이 사라지며 생명은 연장되고 생활은 풍부해집니다. 외재적이자 내재적인 정감-이성 구조 역시 끊임없이 발전하고 풍부해지고요. 이것들이 모두 역사인데요. 그래서 선생님께서 "역사가 이성을 건립한

다"고 말씀하시는 건지요?

답: 맞습니다. 구체적으로 말하자면 그것들은 '도度, proper measure'를 통해서 실현된답니다. 인간은 참신한 '도'를 끊임없이 창조함으로써 자기의 생존이 동물과 다르도록 만들지요. 가장 근본적인 '도'는 도구 본체의 도예요. 인간은 먼저 밥을 먹어야 하죠. 인간이 밥을 먹는 게 동물과 다른 점은 인간에게는 다양한 도구가 있다는 겁니다. 이것은 '도'의 끊임없는 개척과 장악을 필요로 해요. 오늘날에도 하늘에 오르고 땅으로 내려가고 바다로 들어가고 공중을 누비는 온갖 과학기술의 '도'를 창조합니다. 그것들은 도구에서뿐만 아니라 인간의 모든 생활 속에서 끊임없이 한걸음씩 확대되지요. 그래서 인류 역사본체론을 '도의 철학'이라고도 할 수 있어요. 유·무가 아니고, 정신·의식이 아니고, 물질·원자가 아니고, 신·신명이 아닌 인류의 활동 가운데의 '도'가 역사본체론의 제1범주랍니다.[60]

문: "미로써 진을 연다以美啓眞"는 것이 도와 관계가 있는지요?

답: '도'는 길지도 짧지도 않고 많지도 적지도 않게, 꼭 맞게 파악하고 창조하는 것이니까 "미로써 진을 연다"는 것과 당연히 관계가 있지요. "미로써 진을 연다"는 것은, 논리 사유 이전 혹은 논리 사유와 수반한 모종의 느낌이자 깨달음이에요. 그것은 감성적이지만 감성의 특수성 속에서 보편을 추구합니다. 반성적 판단력인 이러한 심미는, 보편을 통해 특수한 결정과 판단력을 확정하고 진을

60_ 리쩌허우, 『역사본체론』.

열어 진을 획득하는 것啟眞得眞을 도와줄 수 있어요. 진을 획득하기 위해서는 논리와 숫자가 필요해요. 비트겐슈타인이 말한 것처럼 숫자는 인류의 발견이 아닌 발명이에요. 인간이 발명한, 사유 규범의 기술 체계지요. 마치 물질 활동에서의 도구 같은 겁니다. 또 곰브리치가 말한 것처럼 "인류의 기교는 우리의 자연환경보다 더 많은 규칙을 표현해"(『질서의 감각』) 내지요. 그것은 인간이 끊임없이 진리를 발명하도록 해줍니다.

문: "미로써 선을 쌓는다以美儲善"는 것은요? 제1철학으로서의 미학은 윤리학과 훨씬 더 관계가 있을 텐데요.

답: '도度'는 인류 생존의 물질적 기층에서부터 인류 생존의 정신적 고층에 이르기까지 존재한답니다. 최초에는 인간의 생존과 긴밀히 연결되었고("맞았다!"61), 최후에는 인생의 경지("악樂으로 완성한다")와 연결되었지요. 그래서 미학이야말로 제1철학이랍니다. 제가 여기서 사용한 '미학'은 일반적인 학과 의미에서의 미학이 아니에요. 심미적 성질의 창작이나 감상 활동에 국한된 것도 아니지요. 여기서 '미'는 천지가 지닌 '커다란 미大美'예요. 인간이 천지만물과 협동·교제하는 '미'지요. 이 '미학'이 구현하는 것은, 물질적 생활과 생산을 기초로

61_ "실천하는 가운데 자신이 도를 파악하여 꼭 알맞게 되고 순조롭게 되었음을 발견했을 때 '맞았다!'라고 하는 바로 이 찰나에 드는 마음의 느낌 역시 '미'예요. 갑자기 기쁨과 원활함을 느끼게 되지요. 곰브리치는 『예술 이야기The Story of Art』의 도입 부분에서 원시인이 이런 느낌일 때 '맞았다Right!'라고 한다고 했는데, 이 순간 정감의 승화가 일어나지요. 사실 이것이 바로 미와 미감의 원천이에요. 그래서 저는 '미학은 제1철학'이라고 말한답니다."(리쩌허우 지음, 이유진 옮김, 『중국 철학은 어떻게 등장할 것인가?』, 74쪽, 글항아리, 2015.) — 옮긴이

인류가 생존·연속하면서 도구를 제작-사용함으로써 생존 환경을 개조하고 인성 구조를 구축하는 규율적인 활동 과정입니다. 이 활동은 정감과 인지, 감성과 이성, 내재적 인성과 외재적 인문, 물질적 전제와 정신적 승화를 연결하지요. 최종적인 의미에서, 개체 생명의 천지경지天地境界와 인류 전체의 세계적 조화를 연결하고요.

중국 전통은 '중용'을 강조합니다. "중용이라는 덕은 지극하다"[62]고 했어요. '중용'이 바로 '도度'이기도 하지요. 중용은 수단mean이 아니고 중간도 아니에요. 웅비雄飛하고 숨는 것雌伏, 타협하고 고수하는 것 모두가 '도'일 수 있답니다. 그것들은 온갖 우연과 불확정 속에서 시기적절하게 덜거나 더하고 때에 맞게 처리해서 꼭 알맞게 하는 것이죠. 끊임없이 변화하며 행위와 활동을 장악함으로써 족류와 개체가 생존·연속할 수 있도록 하는 겁니다. 이는 "생生하고 생生하는 것을 역易이라고 한다"는 것이기도 하지요. 저는 이것이야말로 중국 정신이자 중국 전통이라고 생각해요. 이 전통이 저로 하여금 "미육美育으로 종교를 대신한다"는 차이위안페이蔡元培의 말을 다시 떠올리게 했답니다. 그것은 실제로 인류의 생존이라는 요점을 틀어쥔 것이지요. 그것은 개체 영혼의 구원과 승천이 아니라, 물질생활의 지속적 풍부와 정신생활의 정감의 고양이예요. 이것이 야말로 중국의 형이상학입니다. 그 최종적인 최고의 정감-이성 구조는 바로 형이상의 '인仁' '안安'이고, 바로 "미로써 선을 쌓는다"는 것이지요.

"미로써 진을 열고" "미로써 선을 쌓는" 것은 족류이자 개체인

62_ "中庸之爲德也, 其至矣乎."

인간의 생존·연속을 다른 동물 종과 구별시켜줍니다. 즉 더 이상 생물진화의 경쟁규칙이 아닌 정감-이성 구조의 문화의 누적-침전 규칙이, 인류가 끊임없이 속도를 높여 앞으로 신속히 나아가도록 이끌어주지요. 그것의 중요한 함의는 공자와 칸트(『판단력 비판』) 모두에게 깃들어 있습니다. 그것은 또한 무사 전통이 오늘날까지 연속된 것이기도 하지요. 제1철학으로서의 미학을 제기하는 건 참으로 까닭이 있답니다.

문: 중국의 형이상학은 공자에 칸트를 더한 것이라고 개괄할 수 있을까요?

답: 형이상학과 관련해서 저는 세 가지 큰 문제를 제기하고 대답했답니다.

첫째, 인류는 어떻게 가능한가?

– 도구를 제작-사용하는 역사 경험이 이성을 낳았다.

둘째, 무엇이 인성인가?

– 정감-이성 구조, 즉 자연적 정욕과 이성의 각종 모순·융합이다.

셋째, 중국 전통에서 인간의 위치는 왜 높은가?

– 무사 전통과 하나의 세계 때문이다.

따라서 인류학 역사본체론은 공자를 위주로 하여 칸트와 마르크스를 흡수·소화한 것입니다. 그래서 저는 중국의 5000년 문명과 1000만 제곱킬로미터에 가까운 국토와 십 몇 억 인구라는 거대한 시공 실체의 실천·탐색을 기초로, 오늘날 중국이 자신의 현대적 길을 분발하여 걸어가야 한다고 생각해요.

윤리학의 측면에서 말하자면, "천지의 커다란 덕을 생生이라고 한다" "생生하고 생生하는 것을 역易이라고 한다" "타고난 그대로를 성性이라고 한다" 등을 근원으로 삼아, 공자가 강조한 정감-이성 구조로써 칸트의 이성 동력과 흄의 정감 동력을 탑재하고 이를 마르크스의 물질 기초 및 생산 노동과 연결시켜서, 비록 고생스럽고 비참하고 고통스럽더라도 신에게 의지할 필요 없는 길을 흔들리지 말고 굳세게 걸어가는 겁니다. 인류 스스로가 인류를 만들고 스스로 역사를 창조하며 미래의 길을 창조하는 것이기도 하지요. 그것은 시종일관 온갖 불확정성과 예측불가능성과 우연성 속에서 분투하며 전진할 겁니다. 루쉰이 말했지요. "세상엔 본래 길이 없었지만 지나가는 사람이 많아지면 길이 된다"라고요.

문: "신은 죽었다", 그 이후의 결론은 무엇인지요?
답: 결론은 신이 죽은 이후에 중국철학이 등장했다는 겁니다.

신이 죽었어도 인간은 여전히 살아가며, 주체성이 자신의 길을 개척하기 위해 끊임없이 앞으로 나아갈 것이다.('주체성 논강' 가운데 세 번째)

「왜 공자에 칸트를 더해야 한다고 말하는가」라는 이 글은 여기서 끝입니다. 더 나아간 논의가 다시 이루어지길 기대합니다.

무와 예와 인의 삼중주

1. 리쩌허우를 추억하며

리쩌허우(1930. 6. 13~2021. 11. 2), 이제 그는 고인이 되었다. 이 책의 번역을 끝낸 지 몇 년이 지난 2021년 늦가을, 리쩌허우가 향년 91세로 별세했다는 기사를 접했다. 한 시대를 풍미했던 사상계의 거장이 세상을 떠났다는 소식에 여러 감정이 일었다. 그의 책을 몇 권 번역한 인연이 꽤나 묵직한 무게로 다가왔다. 리쩌허우가 팔순이 되었을 때 "저는 지금 조용히 살고 있고, 또 조용히 죽어가려 합니다"[1]라고 했던 말이 문득 떠올랐다. 떠들썩한 생일잔치를 마다한 그는 팔순에 세 식구가 집에서 함께 밥을 먹은 것으로 되었다고 했다. 구순까지 살라는 축원도 의미가 없다고 했지만 10년 뒤 그는 또 조용히 구순을 맞았다.

1_ '팔순의 리쩌허우: 적막한 선지자'라는 제목으로 게재되었던 『남방인물주간南方人物週刊』(2010. 6. 14)과의 인터뷰(『중국 철학이 등장할 때가 되었는가?』(리쩌허우 지음, 이유진 옮김, 글항아리, 2013)에 수록)에서 했던 말이다.

일찍이 리쩌허우는 자신에게 네 가지의 '조용함'[2]이 있다고 했다. 조용히 글을 쓰고, 그렇게 쓴 글이 독자들에게 조용히 읽히고, 조용히 살아가며, 조용히 죽는 것이 바로 그것이다. 그의 조용함은 결코 적막하지 않았다. 그가 조용히 써서 낸 글은 세상에 큰 반향을 일으켰다. 평범한 독자들은 그의 글을 조용히 읽으며 큰 울림을 받았다. 강연과 티브이 출연을 거절하며 조용히 살아갔지만 많은 이가 그의 목소리를 듣고 그의 얼굴을 보고 싶어 했다. 그의 뜻대로 다른 사람이 염려하지 않도록 가족들만 알게 조용히 죽어갔을 테지만, 그의 죽음은 이튿날 바로 매체를 통해 세계 곳곳에 알려졌다.

리쩌허우가 떠난 지 3년이 되어가는 올해 그의 뇌가 '냉동 보관' 중이라는 기사를 접했다. 그의 유언에 따른 조치라고 한다. 『중국 철학이 등장할 때가 되었는가?』에서 리쩌허우가 자신의 그런 뜻을 밝히긴 했지만 실제로 이행되었다는 사실이 새삼스러웠다. 묘지명에 뭐라고 쓸 것인지에 대한 물음에 그는 이렇게 대답한 바 있다. "저한테 묘지명은 없을 거예요. 저는 장래에 뇌를 냉동 보존시킬 작정이랍니다. 300년이나 500년쯤 지난 뒤에 다시 꺼내게 할 거예요. (…) 어떤 사람은 부활을 바라지만, 저는 부활하는 건 불가능하다고 생각해요. 저는 문화가 대뇌에 영향을 미치는지를 증명하고 싶답니다. 수백 년 뒤에 제 뇌에서 중국 문화의 자취를 발견할 수 있는지, 저의 누적-침전積澱 이론을 증명할 수 있는지 말이지요.

2_ 『중국 철학은 어떻게 등장할 것인가?』(리쩌허우 지음, 이유진 옮김, 글항아리, 2015), 210~212쪽 참고.

만약 문화가 대뇌에 끼치는 영향을 증명한다면, 그건 저의 모든 책을 합한 것보다도 더 큰 공헌이라고 생각합니다."[3] 자신의 냉동 보관된 뇌를 통해 자신의 '누적-침전' 이론을 증명하는 것이야말로 자신의 모든 책을 합한 것보다도 더 큰 공헌이 될 것이라고 정말로 믿었던 것이다! 그가 뇌과학에 그토록 관심을 가졌던 것도 이해가 간다.

'누적-침전'설에 대하여 리쩌허우는 "자신의 모든 연구를 둘러싸고 있는 동심원의 중심"이라고 밝힌 바 있다. 아마도 그의 책 가운데 가장 많은 이에게 읽혔을 『미의 역정』(1981)은 '누적-침전'설을 적용한 대표적인 저서로, 중국의 예술과 문학과 역사와 철학을 한데 녹여낸 역작이다. 구석기시대부터 청대에 이르는 미의 순례를 통해 리쩌허우는 그토록 오래된 것들이 오늘날에도 여전히 감동과 흥분을 주는 이유가 무엇인지 질문을 던지고, 인류의 심리구조에서 그 답을 찾는다. 즉 역사가 누적-침전된 산물인 심리구조가 예술의 영원성을 창조한다는 것이다.[4] '누적-침전'은 인간의 심리에 실천과 역사와 문화가 누적되고 침전된 것으로, 리쩌허우의 철학·미학·사상사는 모두 이 '누적-침전'이라는 동심원에 속한다.[5] 1980년에 발표하여 세계적으로 반향을 일으켰던 「공자 재평가」(『중국고대사상사론』(1985)에 수록)에서 리쩌허우가 공자를 그 누구보다 높게 평가한 이유는, 누적-침전되어 형성된 '중국 민족의 문화심리 구조'의 기틀을 마련한 인물이 공자라고 보았기 때문이다.

3_ 『중국 철학이 등장할 때가 되었는가?』, 264쪽.
4_ 『미의 역정』, 리쩌허우 지음, 이유진 옮김, 글항아리, 2014, 484~489쪽 참고.
5_ 『중국 철학이 등장할 때가 되었는가?』, 108쪽 참고.

이 문화심리 구조는 이 책 「유학의 심층구조설」에서 말한 것처럼 "'하나의 세계'를 기초로 하고 '낙감樂感문화'와 '실용이성'을 특징으로" 한다. 「유학의 심층구조설」에서 인용한 「공자 재평가」의 한 단락을 보자.

인생과 삶을 대하는 적극적이고 진취적인 정신, 이성에 복종하는 깨어 있는 태도, 실용을 중시하고 사변을 경시하는 것, 인간사를 중시하고 귀신을 경시하는 것, 집단과의 조화에 능숙한 것, 인간사의 일상 속에서 정욕의 만족과 균형을 유지하는 것, 반反이성적인 광적 열광과 맹목적 복종을 피하는 것 등은 결국 한漢민족의 집단무의식의 원형原型 현상이 되어 민족적 문화—심리 구조를 구성했다. 공학孔學이 중국 문화의 대명사처럼 된 것은 결코 우연이 아니다.

비공批孔을 외치던 문화대혁명의 광풍이 지나간 지 불과 몇 년 지난 시점에서 공자를 중국 문화의 대명사로 치켜세운 건 시대의 패러다임이 전환되었음을 말해주는 것이었다. "문화대혁명의 금욕주의로부터 필사적으로 벗어나고자 했던 중국인들은 청바지·선글라스·립스틱의 유혹에 직면하기 시작했다. 그들은 자신의 욕망의 충동에 대한 이론적 지지가 필요했다. 미학은 이때 사상 해방의 조력자가 되었다. 미를 인식하고 추구하는 과정에서 사람들은 한동안 잃어버렸던 자아의 가치를 되찾았다. 여러 해 동안 잠자코 있던 리쩌허우의 철학·미학·사상사 저작이 잇달아 출판되었다."6 『비판철학의 비판』(1979), 『중국근대사상사론』(1979), 『미의 역정』(1981), 『중국고대사상사론』(1985), 『중국현대사상사론』(1987), 『화하미학』

(1988) 등의 거작을 쏟아내며 리쩌허우는 사상계의 우상이 되었다. 격동의 1980년대 중국의 문화사와 학술사 중심에 그가 있었다.

1989년 톈안먼天安門 사태 때 민주화를 요구하는 시위를 지지했던 리쩌허우는 정부 당국의 눈엣가시가 되고 말았다. 이후 여러 나라에서 그를 초청했고, 결국 1992년 미국으로 가게 된다. 혹자는 그를 두고 "민주를 찾으러 미국으로 도망갔다"고 비판했다. 리쩌허우는 자신이 결코 도망간 게 아니고 외교부에서 내준 여권을 들고 당당하게 나갔으며, 국내에 남을 수도 있었고 남았더라도 자신을 어쩌지는 못했을 것이며 어쩌면 거장으로 받들어졌을 수도 있었다고 회고했다. 그는 미국으로 가는 게 당시로서는 최선의 선택이었고 자신의 선택에 후회하지 않는다고 했다. 민주를 찾으러 미국으로 도망갔다는 비판에 그는 마음속으로 이렇게 생각했다. '지금 내가 다시 돌아오지 않았는가? 그리고 앞으로도 돌아올 것이다. 결국 나에게는 베이징의 민주, 중국의 민주가 미국의 민주보다 훨씬 중요하다.'7 그는 미국의 대학에서 사상사와 미학을 강의하고 지내면서 해마다 중국으로 돌아와 몇 달씩 머물렀다. 30년 가까이 미국에 살면서도 왜 아직 미국으로 귀화하지 않았느냐는 질문에 리쩌허우는 중국 여권을 갖고 있는 게 마음이 편하다고 했다. 그에게 미국 국적을 얻는 일이 쉽긴 하지만 미국 공민公民이 되기에는 '심리적 난관'을 극복하기 어렵기 때문이라는 것이다.8 그렇다! 리쩌허

6_ 『중국 철학이 등장할 때가 되었는가?』, 226~227쪽.

7_ 『중국 철학이 등장할 때가 되었는가?』, 215쪽, 258쪽 참고.

8_ 리쩌허우의 오랜 지인이었던 마췬린馬群林이 리쩌허우의 삶에 대하여 두 사람의 가상 대화 형식으로 엮은 『인생 소기: 리쩌허우와의 가상 대화人生小紀: 與李澤厚的虛擬對話』(마췬린 지

우가 자주 인용했던 『논어』의 일화, 삼년상을 둘러싸고 재아宰我와 공자가 나눈 대화의 핵심이 바로 마음이 '편안하냐 편안하지 않느냐'다.[9] 공자는 재아에게, 태어나 부모의 품에서 3년 동안 지낸 일을 상기시킴으로써 삼년상이 정감 차원의 보답임을 일깨운 것이다. 리쩌허우에게 미국 국적의 취득은 마음이 '편안하냐 편안하지 않느냐'의 문제였으리라.

2. 무에서 예로, 예를 인으로

일찍이 '정情 본체'를 주장했던 리쩌허우는 '정감'을 중요시하는 것이 중국 사상의 특징이라고 강조한다. 그는 '정 본체'의 단서가 바로 무술 의례에 있다고 본다. 무사巫師와 참가자는 모두 강렬한 정감이 발현된 광적 상태에 빠져드는데, 그 움직임이 세밀한 의례와 결합되고 광적인 정서가 이지적인 억제력에 의해 제어됨으로써 인간 특유의 정감(공포·경모·용기 등을 포함한 고급의 복잡한 정감)[10] 상태로 발전한다는 것이다. 무술 의례의 특징으로, 정감 요소가 중요하다는 것 외에도 리쩌허우는 다음 몇 가지를 꼽는다. 인간사를 위하여 행해지는 실용적인 것이고, 일련의 복잡한 규범이 수반되며, 인간이 주동적으로 천지 귀신을 제어하고 주재한다. 리쩌허우에 따르면, 이러한 언급은 결국 '무巫'의 특징이 인간과 신이 분리되

음, 난징대학출판사, 2022)에 나오는 내용이다.

9_ 이 책 안의 「무에서 예로」에서도 자세히 언급하고 있다.

10_ 『중국 철학은 어떻게 등장할 것인가?』, 132쪽 참고.

지 않는 '하나의 세계'에 속함을 말하고자 한 것이다. 그가 말하는 '하나의 세계'란, 절대적 신과 초월할 다른 곳이 있는 '두 개의 세계'에서 비롯된 서양 전통과 변별되는 중국의 전통이다.

사실 동서양을 막론하고 초기에는 모두 '무巫'에서 시작했다. 그렇다면 차이는 과연 어디서 비롯한 것일까? 서양은 무巫에서 과학과 종교의 두 길로 나아간 반면 중국은 '무'에서 '사史'로 나아갔으며 '예禮'와 '인仁'이라는 이성화 단계로 이행했다고 리쩌허우는 말한다. 정감과 이성이 분리되는 서양의 루트와 달리 중국에서는 정감과 이성의 결합이 해체되지 않았다는 말인데, 중국의 경우 신과 통하는 무의 능력은 역사적 사명감과 사회적 책임감이라는 개체의 정감-이성 구조로 변했고 무의 신비함은 예와 인의 신성함으로 변했다는 것이다.

리쩌허우는 무巫에서 사史로 나아가는 데 있어서, 즉 중국 문화의 기본 정신을 다진 '무사巫史 전통'이 형성되는 데 있어서 핵심적 일환으로 거북점과 시초점, 수數, 역易 및 예제禮制 체계의 출현을 꼽는다. 그중에서도 '무에서 예로 나아간 것'을 관건으로 꼽는다. '무사 전통'은 결국 무가 이성화된 것으로, 원시 무술 의례에 각종 생활 습속을 결합해 일련의 예의禮儀 제도를 전환적으로 창조한 것이 바로 '무 → 예'라는 중국 상고시대의 독특한 이성화 루트라고 리쩌허우는 말한다. 또한 예가 고도로 이성화되었을지라도 무의 신성성이 보존되어 있었기에, 예는 인간세상의 규범을 뛰어넘는 우주의 보편적 법칙으로서 신성성을 지닌 것으로 강조되었다고 한다.

리쩌허우가 보기에 공자가 요구한 '인仁' 역시 궁극적으로는 상고시대의 신성한 무술 의례에 보존되었던 두려움·공경·정성 등의 진실한 정감 요소, 즉 신성한 마음 상태일 따름이다. 이러한 신성한 정감을 세속으로 가져옴으로써 일상생활과 인간관계가 신성한 의미를 지니도록 한 것, 즉 '예'를 윤리 심리학적으로 새롭게 해석한 것(리쩌허우는 이것 역시 '전환적 창조'라고 했다)이 바로 공자가 주공을 계승하여 이룬 중대한 공헌이라고 리쩌허우는 역설한다. 그는 '무'의 이성화 과정이 주공과 공자에 의해서 최종적으로 완성되었음을 강조한다.

주공이 '예악을 만들어' 외재적 무술 의례를 이성화하는 최종 과정을 완성했다고 한다면, 공자는 '예'를 해석하여 '인'으로 귀결시킴으로써 내재적 무술 정감의 최종 과정을 완성했다. 이들 두 사람의 위대한 역사적 위치가 바로 여기에 있다.(「무사 전통을 말하다」)

요컨대 저는 주공이 '예악을 만든 것'은 원시 무술을 외재적으로 이성화한 것이며, 공자가 '예를 인으로 귀결시킨 것'은 주나라 초의 '경' '덕'을 계승하여 그것을 내재적으로 이성화한 거라고 생각합니다. 이것은 바로 '무에서 예로' '예에서 인으로', 즉 무를 안팎에서 이성화한 중국 전통이지요.(「무에서 예로」)

주공은 외재적인 체제·제도의 측면에서, 공자는 내재적인 심리·정감의 측면에서 원고시대 무술을 이성화함으로써 중국인의 인문과 인성을 형성했어요. 주공은 '무에서 예로 나아갔고', 공자는 '예를 해석하여 인으로 귀결'시켰지요. 예악이 붕괴되었기 때문에 '예'를 위해서 무술 신명을 대체할 견실한 근거를 찾아야 했는데, 그게 바로 공자의 '인'입니다.(「예를 해석하여 인으로 귀결시키다」)

책의 부제인 '무에서 예로, 예를 인으로'는 바로 주공과 공자가 무를 안팎에서 이성화한 중국 전통이라 할 수 있다. 주공은 무에서 예로 나아갔고, 공자는 예를 해석하여 인으로 귀결시켰다. 2000년 중국을 지배한 예악 전통이 이렇게 형성된 것이다.

3. 중국 문화의 근원인 무사 전통

그런데 '무에서 예로, 예를 인으로'라는 순서가 아닌 예와 인의 근원으로서의 '무사 전통'을 읽어내는 것이야말로 이 책의 핵심일 것이다. 리쩌허우의 말처럼 그가 중국의 문화와 사상을 설명하고자 제시했던 실용이성, 낙감문화, 정감본체, 유가와 도가의 상호보충, 유가와 법가의 호용, 하나의 세계 등의 개념이 결국은 '무사 전통'이라는 용어로 통섭되기 때문이다. 그가 중국 문화의 특징을 묘사하는 데 '무사 전통'이라는 용어를 사용한 이유는 중국 문화의 근원이 바로 여기에 있다고 생각하기 때문이다. 리쩌허우는 「무사 전통을 말하다」(1999)에서 본격적으로 '무사 전통'을 이야기한 이래로 10여 년 동안 끊임없이 이 주제를 다루면서, 예악으로 대변되는 중국(유교) 전통의 기원과 본질을 무사 전통이라는 프리즘으로 조명했다. 리쩌허우 학술 사상의 최종 단계에서 천착한 주제이기에 더욱 주목하지 않을 수 없다. 책의 영문판 제목은 *The Origins of*

*Chinese Thought: From Shamanism to Ritual Regulations and Humaneness*다. 중문판 제목은 부제로 삼고 '중국 사상의 기원'이라는 제목을 따로 단 것이다. 책의 내용과 저자의 의도가 잘 드러나는 제목이다.

리쩌허우는 '무^巫'라는 심연에서 비롯한 무사 전통이 '예'와 '인'이라는 반짝이는 물결을 빚어낸 무와 예와 인의 삼중주를 펼쳐 보인다. 책은 「무사 전통을 말하다」 「무사 전통을 말하다'에 대한 보충」 「무에서 예로」 「예를 해석하여 인으로 귀결시키다」의 본편 4편과 부록 3편으로 구성되어 있다. 본편 4편은 '무사 전통'을 본격적으로 다룬 내용이다. 리쩌허우에 따르면 부록의 「중화문화의 근원기호」는 무사 전통 이전에 대한 내용이고, 「유학의 심층구조설」은 예를 해석하여 인으로 귀결시킨 이후에 대한 내용이며, 「왜 공자에 칸트를 더해야 한다고 말하는가」는 지금과 미래에 대한 이야기다. 까마득한 과거로 거슬러 올라가 훑어 내려오면서 인류의 미래까지 전망하고자 하는 바람이 읽히는 책이다.

마지막 글에 나오는 다음 내용이야말로 조용히 자신의 책을 읽는 독자들에게 리쩌허우가 진정 전하고 싶은 말일 듯하다. "비록 고생스럽고 비참하고 고통스럽더라도 신에게 의지할 필요 없는 길을 흔들리지 말고 굳세게 걸어가는 겁니다. 인류 스스로가 인류를 만들고 스스로 역사를 창조하며 미래의 길을 창조하는 것이기도 하지요. 그것은 시종일관 온갖 불확정성과 예측불가능성과 우연성 속에서 분투하며 전진할 겁니다. 루쉰이 말했지요. '세상엔 본래 길이 없었지만 지나가는 사람이 많아지면 길이 된다'라고요." 지극히 평범한 말이다. 그런데 이 지극히 평범한 말이 큰 울림을 준다.

신이 죽었어도 인간은 여전히 앞으로 나아갈 것이라는 리쩌허우의 외침에서는 신성한 비장감(어쩌면 신성한 희열?)마저 느껴진다. 자신의 철학을 요약하자면, '인간이 살아가는 것'(중국 전통의 '생생불식生生不息')으로 서양 전통의 Being을 대체하는 것이라고 하지 않았던가. 리쩌허우가 만년에 무사 전통이라는 주제에 천착한 이유도 범속한 이 세계가 갖는 신성성의 자원이 바로 그것에 있다고 여겼기 때문이리라. 그가 보기에 그 신성성의 자원은 오늘날까지도 연속된다. 그리하여 정감-이성 구조를 지닌 문화의 누적-침전 규칙이 인류를 앞으로 나아가도록 이끌어준다는 것이다.

첫머리에서 소개했듯이 리쩌허우가 자신의 뇌를 냉동 보관하라는 유언을 남긴 이유는 훗날 '누적-침전' 이론을 증명하기 위해서였다. 과연 먼 훗날, 문화의 '누적-침전'을 그의 뇌에서 밝혀낼 수 있을까. 과연 그것은 그의 모든 책을 합한 것보다 더 큰 공헌이 될 것인가. 아무튼 이는 먼 훗날의 일이다. 한 시대를 풍미한 사상계의 거장은 이미 세상을 떠났다. 지금으로서는 그가 남긴 책을 통해 가르침을 얻을 수밖에 없다. 리쩌허우는 자신의 여러 책 가운데 가장 마음에 드는 세 권으로 『윤리학신설술요倫理學新說述要』『인류학역사본체론』과 더불어 이 책을 꼽았다. 2015년 싼롄서점에서 처음 출간했고, 2022년에 런민문학출판사에서 다시 출간했다. 리쩌허우 생전에 판권을 허락한 마지막 책이라고 한다.

4. 부디 영면하시길

책이 중국에서 출간된 2015년에 바로 번역에 들어갔다. 일찍이
리쩌허우의 『기묘오설己卯五說』[11]을 기획하여 번역하신 노승현 선생
님의 밝은 눈이 이 책을 놓치지 않은 덕이다. 특별히 깊은 감사의
말씀을 드린다.[12] 번역과 일차 교정까지 이듬해에 마무리되었지만
결국 이제야 출간되었다. 10년이 다 되었어도 놓아버리지 않고 끝
내 세상에 선보일 수 있도록 정성을 다하신 글항아리 강성민 대표
에게도 감사의 마음을 전한다.

이 책의 번역을 마친 뒤 공교롭게도 중국 정사正史의 「예지禮志」
와 「악지樂志」를 번역하는 프로젝트에 6년이라는 긴 시간을 쏟게
되었다. 중국을 지배한 예악 문화의 증좌를 목도하는 시간이었다.
내가 목도한 예악의 성질은 신성성으로 충만한 종교적인 것이었고,
예악을 핵심으로 하는 유학은 준準종교의 역할을 하기에 충분한
것이었다. 무에서 비롯한 중국의 예악 전통에 무의 신성성이 보존
되었다는 리쩌허우의 주장은 매우 설득력 있다.

한참 지난 번역 원고를 올해 다시 꼼꼼하게 읽어보니, 바로잡아
야 할 부분이 꽤 눈에 띄었다. 번역 직후에 출간되지 않은 게 어쩌
면 다행인 듯하다. 그래도 오역이 없다고 장담하긴 어렵다. 독자들
께 양해를 구한다. 마지막으로, 공부하는 아내와 엄마를 지지하고

11_ 국내 번역본 제목은 『학설』(들녘, 2005)이다. 이 책(『중국 사상의 기원: 무에서 예로, 예를
인으로』)의 첫 편인 「무사 전통을 말하다」는 바로 『기묘오설』에 처음 실렸던 글이기도 하다.
12_ 역자가 번역한 리쩌허우의 다른 여러 책(『미의 역정』『중국 철학이 등장할 때가 되었는가?』
『중국 철학은 어떻게 등장할 것인가?』) 역시 노승현 선생님의 제안이었다.

응원해주는 남편 김용천과 딸 진아에게 사랑한다는 말을 전한다.

오랜 마음의 짐을 이제야 덜어냈다. 리쩌허우 선생님, 부디 영면하시길…….

2024년 7월

옮긴이

인명

개념·기타

중국 사상의 기원: 무에서 예로, 예를 인으로

초판인쇄 2024년 7월 26일
초판발행 2024년 8월 12일

지은이 리쩌허우
옮긴이 이유진
펴낸이 강성민
편집장 이은혜
기획 노승현
책임편집 강성민
마케팅 정민호 박치우 한민아 이민경 박진희 정유선 황승현
브랜딩 함유지 함근아 박민재 김희숙 이송이 박다솔 조다현 정승민 배진성
제작 강신은 김동욱 이순호

펴낸곳 (주)글항아리 | **출판등록** 2009년 1월 19일 제406-2009-000002호

주소 경기도 파주시 심학산로 10 3층
전자우편 bookpot@hanmail.net
전화번호 031-955-8869(마케팅) 031-941-5161(편집부)

ISBN 979-11-6909-281-4 93150

잘못된 책은 구입하신 서점에서 교환해드립니다.
기타 교환 문의 031-955-2661, 3580

www.geulhangari.com